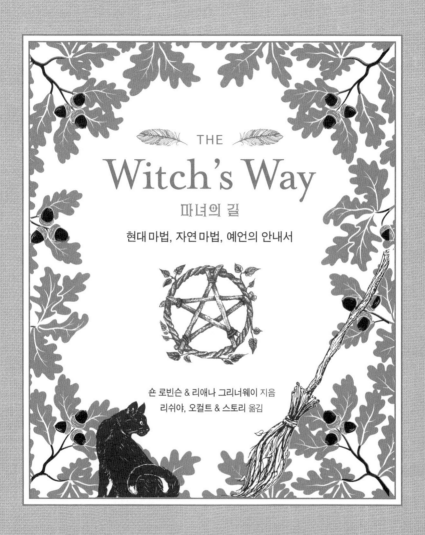

THE

Witch's Way
마녀의 길

현대 마법, 자연 마법, 예언의 안내서

숀 로빈슨 & 리애나 그리너웨이 지음
리쉬야, 오컬트 & 스토리 옮김

OCCULT

이 책에 수록된 삽화는 다음 명기된 업체 및 출처로부터 허가를 받았습니다.

Clipart.com , ClipArt Etc/FCIT, Depositphotos, Courtesy Dover Publications, Getty Images, National Gallery of Art, Rijksmuseum, Shutterstock, Courtesy Wellcome Images, Courtesy Wikimedia Commons, Courtesy Yale University

The Witch's Way

Text © 2019 by Shawn Robbins and Leanna Greenaway

Cover © 2019 Sterling Publishing Co., Inc.

Originally published in 2019 in the U.S. by Sterling Ethos, an imprint of Sterling Publishing Co., Inc. under the title The Witch's Way: A Guide to Modern-Day Spellcraft, Nature Magick, and Divination.

Korean translation copyright © 2025 Bookdream

All rights reserved.

This edition has been published by arrangement with Sterling Publishing Co., Inc., 33 East 17th Street, New York, NY, USA, 10003 through KidsMind Agency, Korea.

위치스 웨이

1판 1쇄 발행. 2025년 2월 15일

지은이. 숀 로빈스, 리애나 그리너웨이 | 옮긴이. 리쉬야, 오컬트 & 스토리

교정교열. 심은정 | 표지 및 본문 디자인. 슬로스

ISBN. 979-11-91509-57-1 (13180)

도서 관련 문의. occult_pub@gmail.com

오컬트 & 스토리 인스타그램. @occult_pub

※책 값은 뒤 표지에 있습니다.
※파본은 구입처에서 교환해드립니다.

"무한한 가능성과 마법의 빛으로 환히 비추어질

결코 끝나지 않는 여정에 바친다."

-숀 로빈스-

"늘 마음만 먹으면 무엇이든 이룰 수 있다고 말해주신

사랑하는 아버지께 이 책을 바친다."

- 리애나 그리너웨이-

CONTENTS

PART 1
위카와 마법

PART 3

점술 마법

리애나 그리너웨이

어떤 믿음이 당신의 영혼 아주 깊은 곳을 울린다면 그것을 따라야 한다. 영혼을 울리지 않는 믿음은 거짓이다. 우리 모두는 각자 고유한 존재이며 자신만의 방식과 속도로 살아가야 한다. 나는 10대 때부터 마녀의 길을 걷기 시작했다. 하지만 사실 아주 어릴 때부터 마녀로서의 소명을 느꼈고 늘 더 높은 차원의 힘과 가까워지려는 욕구가 있었다. 위치크래프트Witchcraft를 연구하면서 이 길이 나의 길임을 확실히 깨달았다.

마침내 내가 마녀임을 밝혔을 때 가족들은 쉽게 받아들이지 못했다. 그렇지만 스스로를 부정할 수는 없었다. 시간이 흐르면서 우리 가족은 고맙게도 있는 그대로의 나를 인정해주었다. 현재 나는 코번(마녀 모임)의 수장으로 한 달에 한 번 아홉 명이 모여 인류의 행복을 위한 의식을 한다. 또 마법을 시연하는 개인 유튜브도 운영하고 있다.

이제 막 마녀의 길에 들어선 사람들에게 나는 '마음 깊은 곳에서부터 위카[1]가 그대를 위한 길임을 알게 될 것이다'라는 메시지를 전하고 싶다. 위카는 강렬한 매혹으로, 이 길에 들어선 당신을 마녀의 삶으로 이끈다. 이제 막 마녀의 길로 들어선 당신이 위카 수행 과정에서 익숙함을 느낀다면 당신은 다른 생에서 마녀나 치유자의 삶을 살았을 수도 있다. 나에게 위카는 인생의 사랑 그 자체이며 이 진리의 길을 따르지 않는 삶을 상상할 수 없다.

---

1. 위카(Wicca): 영어 문화권을 중심으로 전 세계에 널리 퍼진 신흥 종교. 1954년 영국인 제럴드 가드너(Gerald Gardner)가 처음 공표했는데 그는 위카가 수백 년 동안 비밀리에 존재해온 마법 전통을 잇는다고 주장하였다. 그래서 위카는 구 종교로 불린다. 위카에 속한 사람들은 스스로를 '위칸(Wiccan)'이라 칭한다.

손 로빈스

우리는 무한한 가능성의 세계를 살고 있다. 세상은 수수께끼로 가득 차 있고 자신의 본질을 찾아나서는 여정은 모두 다르다. 나에게 있어 이런저런 이름 표는 나 자신과 다른 객체들, 그리고 우리가 누구인지 파악하는 데 아무런 도움이 되지 않는다. 그저 삶의 진정한 의미를 깨닫기 위한 관문이었을 뿐이다. 가만히 생각해보니 내가 선택한 길은 산과 골짜기를 지나는, 사람들이 잘 가지 않는 길이었다. 나는 평생 배움의 자세로 살았던 이 여정에서 만난 마고 애들러[2]나 시빌 릭[3] 같은 사람들을 떠올려본다. 이 둘을 포함해 많은 사람이 친구이자 스승으로서 나의 관점과 사상의 형성에 많은 영향을 미쳤다.

이 책의 저자로서 그리고 위칸의 길을 인도하는 우리는 우리에게 성장의 길을 열어준 '과거의 동료'에게서 많은 것을 배워야 한다고 믿는다. 알레이스터 크로울리Aleister Crowley, 헬레나 블라바츠키Helena Blavatsky, 스콧 커닝험 Scott Cunningham, 레이먼드 버클랜드Raymond Buckland, 로버트 그레이브스Robert Graves, 엘리파스 레비Eliphas Levi, 스튜어트 파라 Stewart Farrar, 새뮤얼 리델 맥그리거 매터스Samuel Liddell MacGregor Mathers, 오웬 데이비스Owen Davies, 조지 피킹길George Pickingill, 그리고 제럴드 가드너는 현대의 위치크래프트에 지대한 공헌을 했다.

---

2. 마고 애들러(Margot Adler): 1970년 버클리대학교에서 정치학 학사학위를, 컬럼비아대학교 저널리즘 대학원에서 석사학위를 받았다. 『드로잉 다운 더 문(Drawing Down the Moon)』이라는 네오페이거니즘 관련 저서를 저술했다.

3. 시빌 릭(Sybil Leek): 영국의 마녀, 점성술사, 오컬트 작가이다. 영국에서 가장 유명한 마녀로 자신이 마녀사냥 당시 마녀로 몰린 몰린 몰리 리(Molly Leigh)의 후손이라고 주장했다.

오늘날의 위치크래프트,
종과 책 그리고 마법

위치크래프트의 기원은 아무도 모른다. 하지만 사람들이 집단을 이루고 태양, 달, 별들을 숭배하면서 처음 시작되었을 것이라고 여긴다. 기록에 따르면, 위치크래프트는 고대 그리스인, 로마인, 히브리인, 이집트인들로부터 유래했다고도 하고 다른 문화권에서는 고대 켈트족이 시작했다고 믿는다(이 기원은 기원전 700년경으로까지 거슬러 올라간다). 어디에서 시작했든, 마법과 초자연적인 모든 것은 대부분 문명의 시작과 동시에 존재했다고 볼 수 있다. 페이거니즘[1]에 뿌리를 둔 위치크래프트는 현재 가장 인기 있는 믿음이 되었다. 인간은 이전보다 더 똑똑해졌고 내적 진리를 탐구할 때 감각과 논리를 사용한다. 우리는 『성경』이나 다른 종교적 가르침을 두고 논쟁을 할 수는 있으나 하늘에 태양과 달이 있고, 땅에서 허브가 자라고, 우리 곁에 자연이 있음은 부정할 수 없다.

위카의 길은 자신에게 맞게 변형할 수 있는 자유로운 영적 여정이다. 그리고 영혼의 깊숙한 곳에 존재하는 진실의 종이 가슴을 울려야 믿음이

---

1. 페이거니즘(Paganism): 전통 신앙을 가리키는 말로 기독교가 확립되어가면서 기독교 외 다른 종교를 이교, 즉 페이간(Pagan)으로 칭한 데서 유래했다. 고대에는 그리스, 로마, 노르딕 신화와 같은 다양한 다신교를 페이거니즘으로 간주하였으며 현대에는 전통적인 다신교 믿음과 의례를 포함하는 넓은 범위의 종교적 신념 체계를 가리키는 의미로 사용한다.

라 할 수 있다. 위카가 지닌 최고의 장점은 전부나 일부만 받아들일 수 있고, 기독교 같은 다른 종교와의 결합도 가능하다는 점이다. 위카는 다른 종교를 배척하지 않는다. 이 길을 걸으려는 모든 사람을 위한, 스스로 선택하는 개인적인 여정이다.

역사를 살펴보면 위카의 많은 전통이 고대 다신교에서 왔음을 알 수 있다. 옛날에는 크리스마스, 부활절, 핼러윈같이 해마다 의미를 되새기는 중요한 기념일을 사바트²라 불렀으며 생일에 소원을 빌면서 촛불을 끄는 관습 역시 고대 그리스에서 시작하여 지금까지 이어졌다. 케이크에 촛불을 켜는 것은 달빛을 상징하는데 옛날에는 촛불을 아르테미스 신전에 바쳤다. 기도가 양초의 연기를 타고 하늘로 올라간다고 믿었기 때문이다. 이런 의식Ritual을 매년 생일에 반복하고 있다는 사실 자체가 흥미로운 일이다.

위치크래프트는 시대를 거쳐 진화해왔다. 요즘 위칸은 자신들의 신앙을 자랑스럽게 여기며 항상 더 큰 선(善)을 행하기 위해 노력한다. 하지만 과거에 위카는 사회적, 문화적 오해와 편견에서 비롯된 나쁜 평판으로 힘든 시기를 겪었고 다소 줄었지만 지금도 마녀와 위치크래프트를 사악한 이미지와 연관시키는 사람들이 여전히 존재한다. 하지만 마법의 역사를 깊이 들여다보면 현재 위카를 둘러싼 대다수 편견이 얼마나 잘못된 것인지 알 수 있다.

---

2. 사바트(Sabbat): 고대 유럽의 농업 사회에서 계절의 변화를 축하하는 전통적인 축제에서 유래한 의식이다. 고대 사람은 자연 주기와 계절의 변화를 이해하고 그에 맞춰 생활을 조정해야 했기에 이러한 주기를 기리기 위한 축제와 의식들이 발전했다. 이 전통을 현대에 위카가 계승하여 현대적인 사바트로 발전했다.

영국에서 마녀재판은 1645년경에 일어났다. 마녀사냥꾼 매튜 홉킨스 장군General Mathew Hopkins은 전 영국에 공포를 퍼뜨리며 죄 없는 많은 사람을 악마와 거래했다며 기소하고 고문하며 죽음으로까지 몰아넣었다. 홉킨스는 모두가 두려워하는 사악한 마녀 사냥꾼이었다. 순전히 돈을 위해 존 스턴John stearne과 함께 마녀사냥을 했다. 그는 영국 이스트 앵글리아를 휩쓸고는 액세스를 지나 더 멀리까지 가서 마녀로 지목된 여성들을 재판하고 처형했다.

무고한 피해자들을 마녀로 만들기 위해 그에게 고용된 많은 이들이 고문을 자행했다. 며칠 동안 잠을 재우지 않고 지칠 때까지 뱅글뱅글 돌게 하는 고문도 있었다. 기소된 여성들은 고문을 못 견디고 결국 자백할 수밖에 없었다. 무딘 칼로 피해자들을 베는 고문도 있었는데 무딘 칼에 베어 피가 나면 무죄이고 피가 나지 않으면 마녀로 선고되었다. 홉킨스가 선호한 고문 방법 중 하나는 물에 가라앉히기 시험Witch Swimming Test이었다. 피의자로 지목된 여성들의 손목과 발목을 서로 묶어 강이나 호수에 던진 다음 떠오르면 유죄로 단정하고 가라앉으면 무죄로 판결했다.

홉킨스는 점차 영국 전역에서 유명해졌고 마녀를 몰아내 준다며 각 마을에서 23파운드나 받아냈다. 오늘날로 치면 거의 4,000파운드(700만 원 이상)에 달한다. 마녀사냥은 수익성이 높은 사업이었다.

심지어 오늘날에도 사람들은 여전히 마녀라는 단어를 입 밖으로 꺼내기를 피하는데 그러면 악마들과 일련의 거래를 한다고 여기기도 한다. 위치크래프트는 일부 사람이 생각하듯 사탄(악마) 숭배가 아니다. 마녀들은 악마를 믿지 않는다. 악마는 기독교적 개념이기 때문이다.

수세기가 지나면서 사람들의 사고의 폭이 넓어졌고 위치크래프트에 대한 편견도 서서히 줄어들었다. 대다수 위칸은 좋은 의도와 넘치는 자연 친화력을 갖춘 온화한 영혼의 소유자다. 위칸들은 물리적인 영역과 영적인 영역에서 조화를 이루며 지구를 더 깊게 바라보는 것에 자부심을 느낀다.

위카에도 다른 모든 영적 활동과 마찬가지로 선과 악이 공존할 수 있다. 하지만 오늘날 위칸은 모든 일에 선의를 가지고 임한다. 다른 사람에게 무례하게 굴거나 고의로 고통을 준다면 그 행위가 자신에게 되돌아온다고 믿기 때문에 대개 올바르고 순수한 일만 하려고 노력한다. 나쁜 일은 그대의 발목을 잡는 카르마가 되기에 그대도 비슷한 일을 겪을 수 있다. 위칸이 가장 중요하게 지키는 윤리강령은 '아무도 해치지 않는 선에서 그대가 하고 싶은 바를 행하라'이다. 위칸은 전적으로 개인의 자유의지를 믿는다. 의식을 매우 진지하게 수행하며 그 과정에서 누구도 해를 입지 않도록 주의한다.

이 책은 '현대 마녀 시리즈'의 세 번째 책이다. 우리 둘이 쓴『위카피디아 Wiccapedia』와 숀과 체리티 베델이 쓴『좋은 마녀 가이드The Good Witch's Guide』에 이어 이 책에서 우리는 다양한 마녀와 수행 방법을 더 깊게 탐구한다. 우주적 존재들을 연구하고 그들과의 협력을 통해 다양하고 효과적인 주문을 만드는 법을 배우며 꽃에서 요정에 이르기까지 모든 종류의 자연 마법을 다룬다. 이에 더해 펜터클Pentacle의 힘에 관한 컬러 챕터와 점술, 점성술, 식물과 허브 점술인 보타노맨시 등을 설명하는 장도 있다. 부록의 FAQ에는 마법에 관해 자주 묻는 질문의 대답을 실어놓았다.

Part 1

위카와
마법

Chapter 1

마법과 관련된
모든 것

현재의 위카 신앙은 전능한 태양신과 최초로 기록된 고대 상징의 이미지로부터 시작해 다양한 교리와 구(舊) 교리를 통합해 이루어졌다. 다른 딱딱한 종교들과 달리 위카에는 각양각색의 위치크래프트가 있는데 어느 정도는 비슷하나 세부사항으로 들어가면 차이가 난다.

마녀가 곧 위칸이라고 하는 사람도 있으나 이는 정말 잘못된 지식이다. 위치크래프트는 자신의 영혼을 울리는 자신만의 길을 개척해나가는 믿음으로 가장 중요한 것은 자기 자신이다. 개인적으로 우주와 자신을 둘러싼 것들과 어떻게 하나가 될지 그 의미를 찾아야 한다.

스스로 새로운 삶을 개척하고 무엇보다 마녀가 된다는 것의 진정한 의미를 깨달아야 한다. 이는 그저 크리스털 몇 조각을 사고 이상한 주문을 외우거나 허브를 넣어 차를 끓이는 것 이상의 일이다. 삶의 방식이자 내 머릿속에서 울리는 목소리로 소명과도 같다. 어렸을 때부터 늘 마법적인 것에 끌렸다면 당신은 마녀로 태어난 것이 분명하다. 지식이 많든 적든 마녀로 살아가려면 끊임없이 배워야 한다.

　모든 위카는 BTW(영국 전통 위카)에 기반하여 탄생했으나 시간이 흐르며 많은 분파가 생겼고 이들은 위치크래프트를 새롭게 변화시켰다. 1930년대에는 제럴드 가드너가 유명해지며 위치크래프트가 대중의 관심을 받았다. 가드너는 평생을 바쳐 위카의 오명을 씻어내는 데 헌신했으며 '위치크래프트의 아버지'로 추앙받는다. 가드너의 추종자는 전 세계적으로 퍼져 있으며 이들은 BTW의 뉴포레스트New Forest 분파로 가드너리언Gardnerian 위카로 불린다.

　또 다른 사례는 잉글랜드의 오컬티스트이자 대사제High Priest인 알렉스 샌더스Alex Sanders가 1960년에 설립한 알렉산드리안Alexandrian 위카이다. 크게 이 두 위카가 유명한데 그 밖에도 독자적인 방식으로 전통을 쌓아온 작은 단체가 존재한다.

　가드너는 네오페이거니즘[1] 위카 탄생에 큰 역할을 하고 경이로운 고대 위치크래프트를 되살려 오늘날 마녀들에게 자유롭게 수행할 수 있는 마법의 길을 열어주었다. 우리는 그에게 무한한 경의를 표한다.

---

1. 네오페이거니즘(Neo-Paganism): 신이교주의. 기독교에 의해 이교라 폄하되었던 고대 신앙과 토착 신앙, 신비주의 종교 관습으로 여겨지는 것들을 부활시키고자 하는 현대의 여러 시도를 총칭하여 부르는 말이다.

그대가 마녀라는 열세 가지 증거

1. 기이한 꿈, 예지몽을 꾸고 마녀의 시간에 깬다

전통적인 마녀의 시간은 자정이지만 많은 마녀가 새벽 3시를 마녀의 시간으로 꼽는다. 꿈을 중요하게 여겨라. 침대 옆에 공책을 두고 이 시간에 겪고 느낀 것들을 기록하라.

2. 자연과 유대감이 깊고 동물 생태계를 걱정한다

마녀는 아주 작은 개미부터 거대한 고래를 비롯해 모든 자연을 사랑한다. 당연히 살생을 혐오한다. 거미와 벌레 같은 곤충도 죽이지 않고 조심스럽게 집에서 내보낸다. 마녀는 일반적으로 반려동물을 키운다.

3. 지구를 보호해야 한다고 느끼며 쓰레기를 줄이려 애쓴다

마녀들은 상당히 자연 친화적이기에 가능한 한 재활용을 하려 노력한다. 지구를 사랑하고 모든 생명체를 존중한다.

4. 야외 활동을 좋아하고 식물과 허브 키우는 것을 사랑한다

마당이든 좁은 창턱이든 마녀의 주변에는 수많은 식물이 존재한다. 허브 요법과 허브 의학에 강렬한 관심을 보이며, 흔히 홀리스틱 치료[2]에 허브를 응용한다.

---

2. 홀리스틱 치료(Holistic Therapy): 몸과 마음과 영혼을 치료하는 것으로, 인간의 정서적·정신적·육체적·영적 균형을 이루려는 노력이다.

5. 행운, 번영, 보호의 힘이 있다고 믿는 자신만의 물건이 있다

이를 '행운의 부적Lucky Charm', 애뮬릿Amulet(보호를 위한 주물), 탈리스만Talis-
man(특정 목표나 소망을 이루기 위해 사용하는 주물)이라고 부르며 마녀는 이것
을 믿고 의지한다.

6. 직관력이 뛰어나다

마녀들은 어떤 방에 들어가면 거의 즉각적으로 그 방의 분위기를 알아차
린다. 주변 사람이 잘못된 길로 들어서는 것도 직관적으로 알아채고 경
고한다. 주변 사람의 에너지를 감지하는 능력 덕분이다. 자신을 둘러싼
모든 것을 매우 깊이, 예민하게 느낀다.

7. 고양이, 강아지, 거미, 까마귀 등 특정 동물과 함
께하고 있다

위치크래프트 초창기부터 마녀의 곁을 따르는
동물이 있는 것으로 알려졌다. 그대는 이미
보물 같은 고양이, 강아지 혹은 애완 새를
키우고 있을 수도 있다.

8. 우주와 태양계에 매혹되고 생명은 모든 곳에 존재한다고 믿는다

마녀는 자신의 관심 분야 외에도 열린 마음으로 여러 분야를 탐구한다.
우주와 다른 행성의 생명체에도 강렬한 호기심을 가진다.

9. 윤리적이고 정직하며 더 나은 선이 있다고 믿는다

위카는 세상이 강력한 인과응보의 원리로 돌아간다고 믿는데 이 때문에 마녀는 절대 의도적으로 자신들의 카르마를 망치는 일은 하지 않는다. 주변 사람에게 친절을 베푸는 그대의 습관이 이를 증명한다.

10. 정령이나 신화적 존재에 매혹된다

마녀의 집에는 보통 신비로운 물건과 장식품이 가득하다. 또한 많은 마녀가 일반인이 보지 못하는 또 다른 세계가 존재한다고 믿기 때문에 종종 숲이 우거진 곳에 조용히 앉아 자연을 느끼고 정령과 교감을 시도한다.

11. 영적 세계의 힘을 믿는다

마녀로서 항상 영적으로 도움을 받을 수 있고 영적인 세계에서 누군가가 그대를 돌봐준다고 믿는다. 이는 이미 떠나간 연인이나 더 상위의 존재일 수 있다.

12. 더할 나위 없이 창조적이다

예술, 공예, 글쓰기, 그림 그리기 같은 창조적인 활동을 즐긴다. 향신료와 허브를 사용하는 음식과 위치크래프트는 많은 마녀에게 중요하다.

13. 초능력과 점술에 강한 관심을 갖는다

모든 마녀가 영매는 아니지만 많은 마녀가 타로나 찻잎 점에 빠져 지낸다. 혹시 펜듈럼Pendulum이나 수맥봉Divining Rod을 갖고 있지 않은가?

당신은 어떤 마녀인가?

내면의 마녀가 그대를 부른다면, 받아들이자. 그렇다고 어느 한 범주에 속할 필요는 없다. 자신에게 적합한 믿음의 방식을 결정하기 전에 다양한 형태의 위치크래프트를 연구할 수 있다. 그러다 보면 위치크래프트에 여러 방법을 접목하는 절충주의Eclectic 마녀가 될 수도 있다. 선택은 전적으로 자신에게 달렸다. 그대의 삶이고 그대의 믿음이기 때문이다. 오늘날 활동하고 있는 세계적으로 유명한 마녀 그룹을 소개한다.

• **가드너리언 마녀** 특별히 네오페이거니즘 위카의 수행에서 제럴드 가드너의 가르침을 따르는 집단이다.

• **그린 마녀** 앤 모라Ann Moura에 의해 유명해졌고 환경적인 위치크래프트를 한다. 자연의 영과 어머니 대지를 숭배한다. 헤지 마녀처럼 허브 처방과 식물을 키우는 데 능하다. 선택하는 신은 마녀마다 다르나 무엇보다 지구와 우주에 경이로움을 가지고 존중한다. 많은 친환경주의 마녀는 돌, 크리스털, 4대원소(불, 물, 흙, 공기)와 같은 자연 에너지를 이용하는 하는 것을 좋아한다. 일부는 고대의 민속 관습과 전통 마법을 수행하는 것으로 알려져 있다.

• **드루이드 마녀** 드루이드교Druidsm의 요소와 위카를 결합한 것으로 자연과 영혼을 숭배하며 영적·물질적으로 더 나은 환경을 창조하기 위해서 조화를 중시한다. 많은 추종자가 있는데 서로 다른 길을 걷는 두 유형이 존재한다. 한 부류는 신을 공경하지만 다른 부류는 종교적인 의도가 없다. 치유를 위해 허브를 쓰고 미래를 예측하기 위해 점술을 행한다. 숲 드루이드Forest Druids는 켈트족의 위치크래프트를 중시한다.

• **루나 마녀** 달을 공경하며 달의 영향력을 주문이나 의식에 사용한다. 마법적인 목적으로 달의 주기를 따질 뿐만 아니라 일상에서 달의 변화에 맞춰 일하고 계획한다. 헤지 마녀의 전통도 따른다면 농부의 달력Almanac을 사용해 작물을 재배하기에 정확한 달의 주기에 맞게 심고, 수확한다.

• **블러드 마녀** 세습 마녀라고도 불리며 가족 구성원에게서 위치크래프트를 배운다. 보통 '옛 방식'을 따르며 이를 다음 세대에 전승한다.

• **샤머닉 마녀** 몇몇 사람은 위치크래프트와 샤머니즘이 아무 관련이 없다고 주장하나 유럽인들에게는 나름의 샤머니즘 신앙이 존재하며 세계 도처에도 다양한 샤머니즘 형태가 있다. 이 신앙은 선하기도 악하기도 한 영혼의 존재를 깊게 믿으며, 그들과의 소통을 추구한다. 북과 춤으로 고양된 무아지경 상태에서 자기최면을 통해 특정 의식 수준에 도달해 소통을 하기도 한다. 식물과 허브에 의학적 지식을 가지고 있어 치유사의 역할을 한다. 고대 신앙이 기원인 이 마녀 수행법은 서구 사회에서 급속도로 성장하고 있다.

• **세큘러 마녀** 의식적, 심리적, 철학적 측면에 중점을 두며 마법 수행과 의식을 활용하되, 신이나 여신 숭배와 같은 신앙적 측면은 배제한다. 신념 체계보다는 개인의 경험과 자기계발에 더 큰 가치를 두며, 자연의 리듬과 마법적 행위를 통해 자기 인식을 증진시키는 데 중점을 둔다.

• **솔리터리 마녀** 혼자서 수행하는 마녀를 지칭한다. 예전에 마녀들은 자신의 믿음을 드러내지 않고 비밀스럽게 의식을 했다. 하지만 오늘날에는 마녀에 대한 인식이 달라지면서 솔리터리 마녀들도 커밍아웃을 하

고 있다. 여전히 혼자서 수행하는 경향이 있으나 자신들의 마법 개념을 비슷한 성향의 다른 사람들과 소통하는 것을 꺼리지 않는다.

- **알렉산드리안 마녀** 알렉스 샌더스가 만든 수행법을 따른다. 모든 위치크래프트를 믿지만 주로 전통적인 위치크래프트에 관심을 갖는다.

- **엔젤릭 마녀** 현대적으로 위치크래프트에 접근해 영국과 유럽에서 인기를 얻었으며 급속도로 성장하고 있다. 우주적 파동에 접속하고, 전통 의식과 주문 시전에 등장하는 신과 여신을 천사로 대체한다. 제단은 깃털, 오너먼트, 천사 카드처럼 천사를 나타내는 것들로 장식한다. 신성한 근원뿐 아니라 천체(하늘의 행성과 별)도 믿는다. 그들은 정신의 힘을 믿기에 우주에 요청하는 것을 의식에 통합시킨다.

  - **웨더 마녀** 최악의 날씨일 때 밖으로 나가 빗물이나 눈을 모아 의식에 사용한다. 폭풍이나 번개의 에너지를 끌어당기며 모든 종류의 자연과 원소들을 경배한다.

  - **절충주의 마녀** 자신의 영혼이 하는 말에 귀 기울이고 다양한 위치크래프트 중 자신과 어울리는 것을 선택한다. 엄격하게 규칙을 따르기보다는 옳다고 느끼는 것을 좇는다. 이교 혹은 네오페이거니즘의 수행 방법을 차용해 개인의 믿음 체계에 활용한다. 이는 세계 각지의 다양한 문화를 망라한다. 절충주의 위카는 초보자들에게 가장 인기 있으며 빠르게 퍼지고 있다.

  - **켈틱 마녀** 켈트 문화에서 유래한 마법 수행을 하며, 지역의 민속과 전통을 따른다. 그래도 위카의 기본과 전통 형식도 많이 수용한다.

- **키친 마녀** 집과 화로를 주된 활동 무대로 삼아 마법을 수행한다. 이들은 대개 훌륭한 요리 실력을 지니고 있으며, 맛있는 음식을 만드는 것을 즐긴다. 특히 식사에 마법을 불어넣거나, 식재료와 마법의 물약을 의식에 활용하는 것으로 유명하다. 음식을 준비할 때 키친 마녀는 주문을 외우며 빵을 반죽하고, 마음속 의도를 투영하면서 내면의 에너지를 불러낸다. 또한 일상적인 집안일을 할 때도 마법을 접목하는데, 빗자루로 부정적인 에너지를 쓸어내거나 향이 나는 허브와 오일을 세탁에 사용하는 것 등이다.

- **티 마녀** 찻잎을 읽어 미래를 예지한다. 또한 사소한 질병을 치료하기 위해 허브를 섞어 우린 차를 일종의 물약으로 사용한다.

- **헤지 마녀** 헤지[3]는 사람들이 숲이나 삼림지대 근처의 마을에서 살던 고대에서 유래했다. 숲 혹은 삼림지대 주변을 헤지라고 불렀기 때문이다. 이들은 자연에 기반한 모든 것을 사랑하며 마법 의식에 다양한 야생식물을 사용한다. 영적인 작업을 좋아하며 명상, 치유, 자각몽을 중요시한다. 솔리터리 마녀처럼 종종 혼자 의식을 수행하지만 많은 이들이 온라인 코번에서 만나 지식을 공유한다. 사소한 질병을 치유하려면 헤지 마녀를 찾으면 된다. 허브와 식물에 관한 광범위한 지식을 지니고 있으며 달빛으로 치유력을 높인다.

---

3. 헤지(Hedge): 보통 울타리라는 뜻이지만, 물리적인 세계와 영적 세계의 경계를 의미한다. 위카 수행자들은 보통 물리적 세계와 영적 세계를 넘나들며 소통하는 능력이 있다고 여겨졌다.

여신 vs 천사

21세기 현대 마녀인 우리는 고대 전통 마녀들의 방식을 전적으로 존중하고, 다양한 마녀가 존재한다는 것과 우리는 모두 다르다는 사실을 인정한다. 누군가에게 어울리는 것이 꼭 다른 사람에게 맞으리라는 법은 없다.

일부 마녀는 마법을 할 때, 천사나 여신의 에너지를 소환하는 것을 선호할 수 있다. 마녀들은 천사나 신적 존재에게 동질감을 느끼며 이들에게 마법 수행을 도와달라고 요청하는 데 편안함을 느낀다. 이들과 같이 경이로운 존재 외에 그 누가 마법 수행에 도움을 줄 수 있겠는가?

개인적으로 천사에게 친밀감을 느낄 수도 있다. 신과 여신을 숭배하는데 천사는 왜 소환하면 안 되는가? 천사와 여신은 동급의 존재이며 다른 이름으로 불릴 뿐이다. 고대의 신에게 끌리든 천사에 끌리든 믿음에 있어 옳고 그름은 존재하지 않는다. 그대가 특정 존재에 끌린다면 자신의 가슴속 울림을 따라야 한다. 마녀는 영적 발전의 단계에서 각자 다른 순서를 따른다.

이 책을 쓴 우리는 절충주의 마녀이다. 우리는 가끔 주술에 신과 여신의 힘을 빌린다. 특히 오래된 주술책에 있는 의식을 할 때는 더욱 그렇다. 우리는 천사의 힘을 믿듯이 여신의 힘을 신뢰한다. 그리고 모든 위치크래프트를 즐겁게 탐구하기에, 어떤 방식이든 거리낌 없이 받아들인다. 일부 전통주의 마녀는 선호하지 않을지 모르나 우리에게는 효과가 있었다!

마법에 소환하는 여신

위카의 뿌리는 인류 문명 초창기까지 거슬러 올라가는데 그 당시 위치크래프트는 신과 여신을 숭배했다. 신들은 위치크래프트와 의식에서 상황에 맞춰 강한 영향력을 발휘해 중요한 역할을 한다. 오늘날에도 많은 전통 위칸은 신과 여신을 사랑한다.

고대 문서나 동굴 벽화를 보면 신과 여신 숭배에 대해 잘 알 수 있다. 무려 기원전 3200년 전의 문서와 벽화에도 신과 여신을 숭배한 기록이 보인다. 기독교보다 역사가 더 오래된 것이다. 세상에는 수많은 문화와 믿음이 존재하고 숭배할 신과 여신 또한 많다. 이집트의 이시스 여신은 현대 마녀들이 의식에서 자주 소환한다. 다음은 현대 마법에서 흔히 소환하는 여신이다.

- **데메테르** 그리스 신화에서 대지의 여신. 때때로 트리플 여신,[4] 어머니 여신으로도 불리며 달과 정원 마법, 풍년 기원, 식물과 허브들의 건강한 성장을 위한 의식에 소환된다.
- **로즈메르타** 켈트와 로마 신화에서 풍요의 여신. 사업 성공, 부, 임신과 다산을 위한 의식에 소환된다.

---

4. 트리플 여신(Triple Goddess)은 네오페이거니즘과 위카 신앙 체계에서 중요한 개념으로, 여신의 세 가지 측면을 나타낸다. 세 가지 측면은 여신의 생애와 자연의 주기를 반영하며 각각 처녀, 어머니, 노파로 구분된다. 달의 주기와도 연관을 지어 초승달(처녀), 보름달(어머니), 그믐달(노파)로 트리플 여신의 상징성을 더욱 강조한다. 이 개념은 여신의 복합적인 성격과 역할을 드러내며, 자연과 인간 삶의 주기를 반영하는 중요한 신화적, 상징적 요소로 사용된다.

- **루나** 로마 신화에서 달의 여신. 루나 마녀들이 의식 전에 달의 힘을 끌어당기는 데 소환된다.

- **마아트** 이집트의 진리와 정의의 여신. 긍정적인 법적 결과를 가져오거나 개인에게서 진실을 찾기 위한 의식에 소환된다.

- **브리지드** 창조, 시, 공예의 여신으로, 내면의 창조성, 글쓰기, 그림이나 예술을 위한 의식에 소환된다.

- **사라스와티** 힌두교에서 교육의 여신. 시험을 볼 때 집중력을 높이기 위한 의식과 모든 종류의 교육 문제를 해결하기 위한 의식에 소환된다.

- **세리드웬** 예언의 여신. 심령 능력과 예언이 필요한 의식에 소환된다.

- **솔** 북유럽 신화에서 태양의 여신. 주문을 걸 때 태양의 힘을 끌어내기 위해 소환된다.

- **아르테미스** 순결과 출산의 그리스 여신. 로마에서는 다이애나라 했다. 사냥의 여신이기도 하며 흔히 달과 연관된다. 임신과 순산을 위한 의식에 소환된다.

- **아테나** 지혜, 보호, 전쟁의 여신. 로마에서는 미네르바라 했다. 교육을 장려하고 분노를 진정시키기 위한 의식에 소환한다. 또한 지혜를 구하는 의식, 보호 의식, 전쟁 중인 가족이나 이웃을 위한 의식에 소환된다.

- **아프로디테** 아름다움, 사랑, 쾌락을 상징하는 그리스 여신. 로마 신화에서는 비너스Venus에 해당하며 금성과 동일시되었다. 내면의 아름다움, 사랑, 결혼 및 로맨스를 위한 의식에 소환된다.

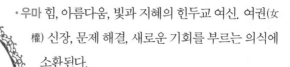

- **우마** 힘, 아름다움, 빛과 지혜의 힌두교 여신. 여권(女權) 신장, 문제 해결, 새로운 기회를 부르는 의식에 소환된다.

- **이시스** 창조와 마법의 이집트 여신. 약자를 보호한다. 주문을 강화하고, 타인에 의한 괴롭힘을 멈추며, 창의성에 집중할 수 있도록 돕는 의식에서 소환된다.

- **주노** 로마 신의 여왕이자 결혼의 여신. 결혼 및 연애 의식에 소환된다.

- **칼리** 시간과 죽음의 힌두교 여신. 영혼이 다른 세계로 넘어가는 것을 돕고 모든 위험 상황을 방어하는 의식에 소환된다.

- **포르투나** 부와 행운을 상징하는 로마 여신. 금전운 상승과 사업 및 물질적 성공을 위한 의식에 소환된다.

- **프리그** 결혼과 가정 관리를 관장하는 북유럽 여신. 가정 내 문제 해결과 결혼 생활에서의 갈등 해소를 위한 의식에 소환된다.

- **하토르** 고대 이집트의 주신으로 사랑, 모성애, 즐거움의 화신이다. 새로 어머니가 된 이들에게 힘과 인내를 주기 위한 의식과 가정에 행복을 가져다주기 위한 의식에 소환된다.

- **헤스티아** 가정을 관장하는 그리스 여신. 화목한 가정을 위한 의식에 소환된다.

- **헤카테** 마법과 위치크래프트를 관장하는 그리스 여신. 마법 주문을 강화하고 마법 준비 의식에 소환된다.

주술을 돕는 천사

천사들은 원래 기독교 이전에 유대교에서 존재했다. 그들은 빛과 어둠의 전쟁에서 하나님의 사자로 싸웠다. 시간이 지남에 따라 천사들에게는 다양한 이름이 부여되었다. 심지어 어떤 사람들은 이집트 여신 이시스가 날개 달린 천사의 모습으로 나타났다고 믿기도 한다.

오늘날 많은 종교에서 천사의 존재를 인정하며, 기도나 의식을 통해 수백만의 이 아름다운 존재들을 소환할 수 있다. 천사들은 당신이 어떤 종교를 믿는지 신경 쓰지 않는다. 그들은 우리가 우리의 영혼을 완벽하게 하여 모든 것을 주관하는 보편적 진리를 깨닫기를 바랄 뿐이다.

어떤 천사를 소환해야 하는지 모르겠다면 단순하게 원하는 유형의 천사를 불러도 된다. 다음과 같이 말해보라. 당신에게 필요한 천사가 함께하며 도와줄 것이다.

"마법 작업을 도와주실 풍요의 천사를 소환합니다."
"주문을 도와줄 사랑과 로맨스의 천사를 소환합니다."

다음은 현대 마녀들이 흔히 소환하는 천사들이다.

- **가브리엘** 모든 천사의 전령사로 두려움 극복을 돕는 대천사. 임신과 출산, 자녀와 관련된 문제에도 널리 소환된다. 질문에 대한 답을 찾고, 두려운 상황을 극복하며, 자녀가 멀리 있을 때 보호하고, 자녀가 괴롭힘을 당하지 않도록 돕는 등 자녀와 관련된 모든 의식에 등장한다.
- **라파엘** 치유의 대천사. 질병 치유, 우울증 및 정서적 치유 등 건강 문제와 슬픔을 극복하고 의지력을 향상시키기 위한 의식에 소환된다.
- **메타트론** 동기 부여와 긍정적 변화를 주관하는 대천사. 이사, 이직 등 삶의 변화, 성공을 위한 동기 부여, 더 나은 변화를 위한 의식에 소환된다.
- **미카엘** 방어와 보호의 대천사. 모든 천사들 중에서 가장 존경받는다. 긴급한 위기 상황일 때 위험에서 보호하거나, 사람이나 주거지에서 부정한 에너지를 없애고, 악을 쫓아내는 의식에 소환된다.
- **사무엘** 역경에 처했을 때 힘과 용기를 주는 대천사. 삶의 역경을 헤쳐나가기 위해 내면의 힘이 필요할 때, 지배적이거나 강압적인 사람에게 맞서는 용기가 필요할 때, 잃어버린 물건을 찾아야 할 때나 이사를 해야 할 때 이를 위한 의식에 소환된다.
- **하니엘**(또는 아나엘) 기쁨의 대천사. 로맨스, 행복과 성취감을 고조시키고 좌절감과 실망감을 줄이는 의식에 소환된다.
- **아리엘** 동물과 환경의 대천사로 동물, 야생 생물, 식물과 자연 마법, 지구를 보호하는 의식에 소환된다.

- **아즈라엘** 죽음의 대천사. 죽음의 시점에 영혼을 맞이해 영계로 인도한다. 삶에서 죽음으로 건너가는 과정을 순조롭게 하거나 슬픔을 극복하는 과정을 돕기 위한 의식에 소환된다.
- **예레미엘** 꿈과 비전의 대천사. 육체적 능력 강화, 예지몽, 명상, 이미지화, 아스트랄 프로젝션Astral Projection(유체이탈)을 위한 의식에 소환된다.
- **우리엘** 지혜와 구원의 대천사. 상상력을 자극한다. 집중력을 향상시키고 창의적인 영감을 주며, 더 높은 힘과 연결하는 의식에 소환된다.

그대가 신과 여신을 소환하든 천사에게 도움을 청하든, 여기에 옳고 그름은 없다. 내면의 목소리에 귀를 기울이고 그에 따라라. 그대만의 마법을 행하라!

마법 의식의 기본 - 마법진, 양초, 주문

어떤 형태의 위치크래프트를 따르든 대부분의 책은 마법 의식을 시작하기 전에 몇 가지 준비가 필요하다고 설명한다. 그중 가장 기본이 마법진 그리기, 양초 준비하기, 원하는 바(의도)를 실현하기 위한 주문 준비하기이다. 왜 이런 준비를 해야 하고, 어떻게 해야 제대로 준비하는 걸까?

마법진 시전

모든 마법 의식에서 마법진 시전은 자신을 보호하기 위한 필수 요소이다. 마법진은 그대의 공간으로 들어올 수 있는 부정적인 에너지를 막는 좋은 에너지장 역할을 한다. 또한 그대가 소환한 힘을 증폭시켜 마법을 확장시킨다. 마녀는 다양한 방식으로 마법진을 시전한다. 이 역시 선택의 문제이다. 원한다면 자신만의 방식을 더해도 좋다. 마법진 시전이 처음이라면 우리가 사용하는 다음의 방식을 이용해볼 수 있다.

1. 평평하고 탁 트인 공간에 제단을 마련한다. 공간이 클 필요는 없다. 그저 그 안에 설 수 있다면 충분하다. 원을 그린다.

2. 나침반이나 스마트폰을 사용하여 동서남북 네 방위를 찾는다. 각 방위를 대표하는 물건을 하나씩 준비해 원의 각 지점에 놓는다.

    동쪽 공기를 상징한다. 가능한 물건은 말린 세이지, 세이지 스머지 스틱, 깃털, 인센스 스틱이다.

    남쪽 불을 상징한다. 가능한 물건은 오일버너, 양초, 티라이트 캔들이다.

    서쪽 물을 상징한다. 가능한 물건은 조개껍데기, 모래 한 그릇, 성배에 담긴 물 한 잔이나 컵에 모은 빗물이다.

    북쪽 흙을 상징한다. 가능한 물건은 흙이 담긴 화분, 화분에 심은 식물, 크리스털, 바위나 돌이다.

3. 원의 중심에 서서 동쪽을 향해 선다. 어깨를 이완하고 자유롭게 흐르는 공기를 이미지화하며 다음의 주문을 말한다. "공기의 영이여, 그대를 소환하노라."

4. 남쪽을 향해 서서 촛불이 깜박거리는 것을 마음의 눈으로 본다. 다음의 주문을 말한다. "불의 영이여, 그대를 소환하노라."

5. 서쪽으로 돌아 바닷가에 있는 자신을 상상하며 바다를 바라본다. 다음의 주문을 말한다. "물의 영이여, 그대를 소환하노라."

6. 마지막으로 북쪽을 향해 서서 거대한 참나무 아래에서 땅에 손을 대고 있는 자신을 상상하며 다음의 주문을 암송한다. "흙의 영이여, 그대를 소환하노라."

7. 북쪽을 바라보고 선 채로 마음속으로 네 가지 원소(공기, 불, 물, 흙)가 머리 위의 한 지점으로 빛을 비추는 모습을 상상하고 몇 분 동안 마음속으로 이미지화한다. 다음 주문을 말해 마법진에 축복을 받는다. "어머니 대지여, 축복을 주심에 감사합니다. 이 원을 밝은 빛으로 채워주소서. 어떤 부정적인 에너지도 이 공간에 침입하지 못하게 하소서. 그렇게 될지어다." 마법진이 시전되었다.

양초 준비

요즘 마녀들은 대략 13센티미터 길이(작은 시가 크기) 양초를 주술에 사용한다. 이는 온라인에서 손쉽게 구할 수 있고 마녀가 직접 만든 양초 중 자신에게 맞는 것을 살 수도 있다. 양초를 흐르는 물 아래 두어 정화한 다음 꺼내 순수한 식물성 오일 약간을 발라 스며들게 한다. (절대 초를 켜둔 채 방치하지 말라.)

주문은 의도가 중요하다

주문은 만드는 사람 마음대로다. 오늘날 수천 가지의 주문이 돌아다니고 있으나 정해진 옳고 그름은 없다. 라임을 맞춘 것도 있고 아닌 것도 있다. 유려한 표현이 중요한 게 아니다. 그대의 목적에 도달하기 위해 의도를 잘 담아내는 게 최우선이다.

자신에게 시인이나 작가의 재능이 있다고 생각한다면 주문을 직접 써보는 것도 좋다. 마법은 주문을 시전하는 사람의 내면 깊은 곳에서 나오기에 '의도' 자체가 강력한 힘을 가진다.

해당 과업에 적합한 천사나 신 또는 여신을 연구하고, 어떤 크리스털이나 허브가 가장 적합할지 찾아보자. 때때로 미땅한 주문을 찾기 어려울 때가 있다. 그런 경우, 이미 존재하는 주문을 수정하거나 자신만의 주문을 창작해봐도 좋다. 어떤 마녀는 양초나 허브 같은 재료들을 전혀 사용하지 않고 자신 있게 자기 생각을 투사하거나 필요에 맞게 시를 지어 읊기도 한다.

두려워 말고 다양한 주문을 실험해보라. 중요한 점은 자신의 힘을 믿고 주문이 성공할 것이라는 확신을 갖는 것이다. 털끝만큼이라도 의심하면 실패를 부를 수 있다는 점을 명심하라.

신과 천사의 힘을 이용하는 주문

다음은 다양한 신과 천사를 소환하는 의식의 예시이다.

여신 소환을 위한 시작 의식

일단 마법진을 만들었으면 주문 시전을 시작하기 전에 마법과 위치크래프트의 여신 헤카테를 소환하는 것이 중요하다. 헤카테 여신은 평화로운 분위기를 만들며 에너지의 균형을 잡아준다. 마법을 시전할 때마다 헤카테 여신을 부르는 선행 의식을 수행해야 한다.

　헤카테를 상징하는 색상은 은색, 흰색, 금색이다. 이 색상의 양초를 하나 이상 제단에 배치한다. 약간의 소금, 물, 크리스털을 양초 옆에 둔다. 이는 4대원소를 상징하기에 이상적인 제단이 된다. 원한다면 흙이나 마법용 단검 아싸메, 펜터그램 상징을 더해도 좋다. 준비가 끝나면 촛불을 응시하며 다음의 주문을 말한다.

> "헤카테, 마법의 여신이여!
> 신성한 빛을 내려주어서 주술이 행해질
> 이 공간과 나를 정화하소서.
> 당신의 권능과 교신하게 하소서.
> 그렇게 될지어다."

　그대의 마법 공간은 완전히 충만해졌고 축복받았으며 주문을 시전할 준비가 되었다.

≫≫≫ 화목한 가정을 위한 주술 ≪≪≪

준비물

- 7개의 파스텔색 양초(흰색, 분홍색, 담청색, 초록색, 연보라색, 노란색, 오렌지색)
- 30센티미터 길이의 폭이 좁은 리본 7개(양초와 동일한 색상)
- 촛대 7개

의식

초승달일 때 일곱 가지 색상의 리본으로 7개의 촛대를 각각 감아서 묶는다. 이때 양초의 색상과 촛대의 리본 색을 맞춰 짝을 짓는다. 양초를 꽂은 촛대를 제단에 올린다. 색의 순서는 중요하지 않다. 7개의 양초에 불을 붙인 뒤 다음 주문을 열두 번 말하고 '그렇게 될지어다'로 마무리한다.

> "헤스티아 여신이여,
> 이 집을 사랑과 평화로 감싸주시고
> 이 집과 여기 거주하는 모든 이에게 축복을 내리소서.
> 당신의 힘이 이곳에 머물게 하시며
> 제 기도를 들어주소서."

양초가 다 탈 때까지 두었다가 7개의 촛대를 감쌌던 리본을 푼다. 7개의 리본을 교차시키며 땋은 후, 끝부분을 매듭지어 고정해 창가에 둔다. 마법의 힘이 계속 작용할 것이다.

⋙ 금전운을 상승시키는 주술 ⋘

준비물

- 동전 몇 개
- 금전운을 위한 초록색 양초, 촛대
- 은행 거래 내역 문서나 입출금 내역서

의식

금전운을 위한 주술 시전에는 수요일 저녁이 최고다. 제단 중앙에 초록색 양초를 놓는다. 촛대 주위에 동전들을 흩뿌려 놓는다. 입출금 내역서는 양초 옆에 놓는다. 양초에 불을 켜고 다음의 주문을 아홉 번 말하고 '그렇게 될지어다'로 마무리한다.

"포르투나 여신이여, 제 기도를 들으소서.
품위 있고 여유롭게 청구서를 처리하게 하소서.
모든 금전적인 걱정이 사라지게 하소서."

양초를 태우면 며칠 안에 은행 계좌가 충만
해질 것이다.

천사와 함께하는 의식

여신을 소환할 때와 마찬가지로 마법진을 만
들고 양초를 준비한다(35~37쪽 참조). 시작 의식
에 가장 적합한 천사는 대천사 미카엘이다. 미카
엘 대천사는 헌신적인 수호자이며 마법을 수행할 때
어떤 부정적인 에너지도 들어오지 못하게 막아준다.

≫≫≫ 평화와 행운을 가져오는 주술 ≪≪≪

준비물

- 평온함을 불러일으키기 위한 말린 캐모마일 한 그릇
- 평화와 평온을 위한 라벤더향 티라이트 캔들
- 스트레스를 날리기 위한 셀레스타이트Celestite(천청석) 조각

의식

캐모마일 위에 셀레스타이트를 올린 다음 옆에 티라이트 캔들을 두고
불을 붙인다. 의도를 담아 다음 주문을 일곱 번 말하고 '그렇게 될지어다'
로 마무리한다.

> "대천사 하니엘, 기쁨과 행복의 천사여,
> 부정적인 감정을 씻어주소서
> 삶의 충실함과 만족감을 느끼게 하소서.
> 마법의 빛이 쏟아지게 하소서,
> 삶에 기쁨을 선물로 주소서."

티라이트 캔들이 다 탈 때까지 그대로 둔다. 행복한 기분을 느끼게 해주는 힘을 지닌 셀레스타이트를 항상 가까이 두고 하루에 한 번씩 적어도 5분 동안 들고 있는다.

⟫⟫⟫⟫ 부동산 매매나 이사를 위한 주술 ⟪⟪⟪⟪

준비물

- 태양을 상징하는 노란색 양초
- 이사를 위한 파란색 양초
- 장애를 없애기 위한 황수정Citrine 조각

의식

초승달일 때 준비된 원석을 제단 중앙에 놓는다. 제단 양쪽에 노란색과 파란색 양초를 놓고 불을 붙인다. 다음의 주문을 일곱 번 말하고 '그렇게 될지어다'로 마무리한다.

"대천사 메타트론, 천사들의 왕자여,
마법에 힘을 보태주소서.
모든 장애물을 제거하여
새로운 거주지를 얻게 하소서.
마법을 위해 신성한 빛을 내려주소서."

양초가 다 타면 황수정을 집 밖에 묻는다(정원이나 집 밖의 화분도 괜찮다).

Chapter 2

달의 힘을
사용하는 마법

이 장에서는 달의 힘을 사용하는 마법에 대한 정보를 소개한다.

혼히들 마녀 하면 빗자루를 타고 밤하늘을 나는 모습을 상상하곤 한다. 실제로 마녀들은 달을 사랑하며 달의 영향을 받는다. 달은 월령(달의 주기에 따라 나타나는 달의 모습)에 따라 다른 에너지를 발산한다. 그래서 마녀는 월력Lunar Calendar(달의 주기를 적어놓은 달력)에 맞춰 의식을 계획하고 준비한다.

위카 수행자는 주문을 걸고 마법을 행할 때 항상 내면의 힘을 믿고 본능에 따라 주문을 외우며 마법을 펼쳐야 한다고 말한다. 하지만 달의 힘을 사용하는 마법의 경우는 달과 그 작용에 대해 학습과 연구가 필수이다. 달의 힘을 사용하여 주변을 정화하고 마법의 힘을 증폭시켜 보자.

월령과 주술

월령에 따라 마법을 실행해야 한다. 달의 변화에 따라 어떤 마법의 효력이 높아지는지를 학습하고 이를 자신의 마법 노트(우리 마녀들은 이 노트를 『그림자의 서』라고 부른다)에 기록하라. 그래야 필요할 때 빠르게 참조할 수 있을 테니 말이다.

보름달

보름달은 감정에 영향을 미칠 수 있으며, 특히 금요일 저녁 보름달이 뜰 때 사랑 주술을 행하면 좋다. 보름달이 로맨스 및 관계와 관련된 에너지를 뿜어내므로 주술의 효과가 더 강력해지기 때문이다. 또한 창의적인 일을 위한 모든 주술에도 유용한데 이 모든 게 보름달의 특별한 에너지 덕분이다. 아름다운 글이나 회화 작업, 멋진 연주가 하고 싶다면 이 월령에 주술을 하자.

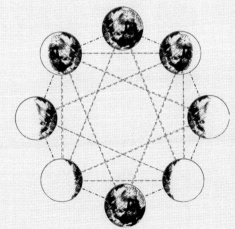

유용한 주술
- 조화로운 인간관계
- 결혼 생활 개선
- 예언과 점술
- 연인과 친구 사이의 다툼 해결
- 새로운 로맨스
- 음악적 재능 향상

- 심령 장벽Psychic Blocks 제거
- 가정과 재산 보호
- 감정 치유
- 행운 기원
- 업무 능력 및 경력 향상
- 자신감 향상
- 그 외 삶의 문제 해결

차오르는 달

삶의 질을 높이고 앞에 놓인 장애물과 문제를 해결하기에 좋은 시기이
다. 자신이 침체된 상태에 있거나 발전이 없다고 느껴진다면, 달이 차오
르는 시기(초승달부터 보름달까지)에 주술을 해보자.

일이나 반려동물 또는 건강 등 어떤 문제든 성공적으로 해결해주어
앞으로 나아갈 길을 열어줄 것이다. 차오르는 달이 가진 긍정적인 에너
지는 원하는 바를 실현할 수 있도록 돕는다.

유용한 주술
- 업무 문제 해결
- 건강 문제 해결 및 치유
- 반려동물 치유
- 금전 문제 해결 및 금전운 상승
- 사업 성장

- 학습 과정에서 정신적 문제 해결
- 시험 통과
- 생활 습관 개선 및 체중 감량
- 이사, 부동산 매매
- 신체적, 정신적, 정서적 성장 및 기술, 지식, 경력 등의 향상
- 새로운 프로젝트 시작
- 분실물 찾기

기우는 달

문제를 일으키는 요소를 제거하기에 적합한 시기로 가장 효과적인 주술은 타인에 의한 괴롭힘이나 자존감 문제와 같은 원치 않은 상황을 해결하는 것이다. 기우는 달(하현달에서 그믐달까지)을 통해 삶을 주도하고 내면의 힘을 강화하며, 자신감을 키워 두려움에 맞설 용기를 가질 수 있다.

유용한 주술
- 부정적인 기운 제거
- 거주지 축복 및 해로운 에너지 정화
- 직장 내 인간관계 해결
- 괴롭힘 및 위협 제거
- 정신력 강화
- 의지력과 결단력 향상
- 자신감 향상

- 사악한 영향력 제거
- 불안 장애 해결

초승달

오래된 것에서 벗어나 새로운 것을 받아들이기에 적합한 시기로 변화와 관련된 모든 주술을 행하는 데 적합하다. 일반적으로 달이 기우는 시기는 원치 않는 상황을 제거하는 데 적기이지만 달이 새로운 주기로 들어서면 긍정적인 변화를 가져올 주문을 걸 수 있다.

유용한 주술
- 체중 및 건강 기원
- 임신 기원
- 법적 문제 해결
- 구직과 승진
- 운전 면허 시험 통과
- 새로운 연애의 시작
- **결혼 기원**(인연을 맺기에 좋은 시기)
- 금전운 상승
- 멋진 휴가 기원
- **여행 관련**(국내 또는 해외 여행) 기원
- 이사나 부동산 거래
- 원활한 의사소통 기원

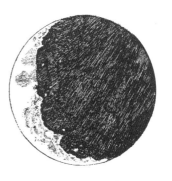

보이지 않는 달

보이지 않는 달은 그믐달과 초승달 사이의 단계로, 달의 표면이 거의 완전히 어둠에 덮여 보이지 않는 시기를 말한다. 과거에는 이 시기가 흑마법이나 어둠의 힘을 다루는 이들이 주문을 걸기에 적합한 때라고 여겨졌다. 그러나 이를 뒷받침할 실제적인 증거는 없다. 그럼에도 불구하고, 부정적인 에너지로부터 자신을 보호하기 위해 많은 마녀들은 보이지 않는 달 동안에는 의식을 피하는 것을 선택한다. 하지만 마법에 익숙하고 이전통을 뛰어넘고자 한다면, 다음과 같은 주술을 시도해볼 수 있다.

유용한 주술
- 주거지나 소유지 정화
- 질병 퇴치
- 예지
- 초사연적 통찰 향상
- 정신적인 평안 기원
- 분노 제어
- 정의 구현

달의 힘을 부르는 마법

달의 힘을 받거나 부르는 것은 신성한 본질의 빛에 휩싸이는 굉장히 즐거운 의식이다. 많은 마녀가 주문을 걸기 전에 항상 달의 힘을 끌어들인다. 한 달에 한 번, 보통 보름달에만 달의 힘을 부르는 마녀도 있다. 핵심은 달의 강력한 빛과 연결되는 것이다. 달이 당신과 함께하며 그 에너지가 당신의 의식에 힘을 더하도록 하는 것이다.

달의 힘을 부르는 마법은 실외에서 하는 게 좋지만, 다른 사람 눈에 띄는 것이 싫다면 실내에서 해도 무방하다. 실내든 실외든 효과에는 큰 차이가 없으며 모두 신성한 달빛 에너지를 받을 수 있다.

이 의식은 어떤 주술을 하기 전이나 새로운 달의 주기가 시작될 때 할 수 있다. 또한 그저 달을 통한 정화가 필요할 때 할 수도 있다. 이 의식으로 많은 마녀가 심신 양면에서 순수한 조화로움을 느낀다. 더 민감한

마녀는 감정적으로 매우 깊은 영향을 받기도 하는데 일부는 이 경험에 감동하여 눈물을 흘리기도 한다.

달의 힘을 부르는 의식은 많지만 이 책에서 소개하는 것은 정화 작용을 할 뿐만 아니라 당신에게 활력을 불어넣고 신성한 것과 조화를 이루는 느낌을 줄 것이다.

≫≫≫≫ 달의 힘을 끌어당기는 주술 ≪≪≪≪

준비물

- 소금 한 그릇(약 740그램)
- 지팡이 혹은 지팡이 대용으로 쓸 적당한 가지
- 의자 혹은 팔걸이가 없는 의자(선택사항)

의식

모험을 즐기는 마녀라면 탁 트인 야외에서 의식을 하고 싶을 것이다. 뒷마당, 숲 또는 이 의식을 수행하기 좋은 들판 같은 넓은 장소도 괜찮다. 중요한 것은 찬란한 달빛이 내리는 곳이어야 한다는 점이다. 명상에 도움을 주는 평화로운 음악을 틀어놓는 것도 적합한 환경을 만드는 데 좋은 방법이다. 실내든 실외든 의식의 방법과 효과는 동일하다.

1. 소금으로 땅에 큰 원을 만든다. 원 옆에서 다리를 약간 벌리고 편안히 선다. 지팡이가 있다면 그것을 달을 향해 가리킨다. (지팡이가 없다면 근처 나무에서 충분히 큰 나뭇가지를 가져다 쓴다. 이때 나무에게 감사의 인사를 잊지 말아야 한다.)

2. 달을 바라보고 달이 하늘에서 마법을 내리는 것을 상상한다. 몇 분 동안 달의 정수를 들이마시고, 달에서 마법의 빛이 내리는 것을 이미지화한다. (숨을 들이쉴 때 달의 힘을 받고 있다고 상상하고, 숨을 내쉴 때 몸 안의 불순물이 배출되고 있다고 상상한다.) 다음 주문을 세 번 말한다.

"달의 여신이여!
당신의 힘을 이곳에 내려주소서.
신비로운 달빛이 이 밤을 비추니,
저를 당신의 마법으로 가득 채워주소서."

3. 가부좌를 할 수 있다면 소금 원 안에 들어가 가부좌로 앉고 눈을 감는다. 가부좌가 불편한다면 의자나 팔걸이가 없는 스툴을 이용한다.

4. 양손으로 지팡이의 위와 아래 양끝을 잡고 명상한다. 지팡이가 무거워지거나 팔에 전율이 느껴질 수 있다. 이것은 달의 마법 에너지가 전달되는 신호다.

5. 몸을 충분히 이완하라. 고개를 툭 떨궈 턱이 가슴에 닿게 한다. 뒷목이 늘어나는 것을 느끼며 10초간 유지한다. 고개를 들고 오른쪽으로 돌린 뒤 10초간 있는다. 왼쪽 방향으로도 이 자세를 반복한다. 정면을 바라보며 어깨를 뒤로 밀어 10초간 유지한 뒤 이완한다.

6. 이 자리에 가능한 한 오래 머문다. 방해받지 않고 지팡이와 하나가 되는 시간이 길어질수록, 신성한 빛이 더 많이 당신을 감쌀 것이다.

　일부 마녀들은 삶에서 중요한 일을 계획하거나 주술을 할 때마다 음력을 사용한다. 마녀의 집이나 제단에는 종종 토끼나 오소리 같은 달과 연관된 동물의 상징이 놓여 있다. 이 동물들은 마법적인 영향을 깊이 품고 있으며, 달의 존재를 상징한다.

마녀는 흔히 월장석(문스톤)이나 트리플 문Triple Moon이 장식된 펜던트를 지니고 다닌다. 트리플 문은 보름달을 중심으로 양옆에 초승달과 그믐달이 배치된 형태로 데메테르나 트리플 여신Triple Goddess 혹은 어머니 여신을 상징한다. 종종 트리플 문의 보름달은 펜터그램으로 대체하기도 한다.

어떤 의식을 펼치든 거의 모든 마녀가 달에 친밀감을 느끼고 각자의 방식으로 달을 숭배한다는 것은 분명하다.

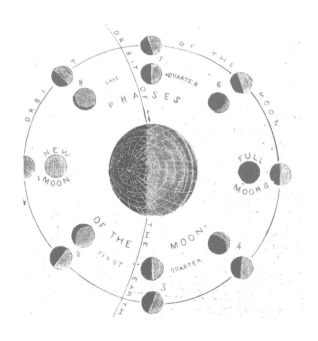

Chapter 3

자연의
신비와 마법

사람들이 마법과 관련된 모든 것에 매혹되는 이유를 아는가? 우리 다수
가 마녀, 용, 페어리[1] 그리고 여타 비슷한 것들에 관해 묘사하는 신화나
전설이 담긴 책이나 동화, 영화를 어릴 때부터 보기 때문이다. 신화나 민
담은 수세기 전 우리 선조들이 진실로 신비로운 생명체의 존재를 믿었음
을 말해준다. 옛날 사람은 현대인보다 과학적 지식이 적어 판타지에 가
까운 것을 더 믿었다고 주장할 수도 있지만 이런 전통은 문명의 시작부
터 존재해왔다. 그렇다면 페어리, 정령, 픽시,[2] 레프러콘[3]은 정말로 존재
한단 말인가? 아니면 오랜 세월 동안 전해져 내려온 끝없는 이야기들이
불러낸 우리의 상상에 불과한 것인가?

---

1. 페어리: 신화나 민담에 초자연적 생명체로 나오는 요정
2. 픽시(Pixies): 잉글랜드 남서부 지방의 신화 속 요정
3. 레프러콘(Leprechaun): 아일랜드 민속 설화에 등장하는 키가 작고 노인의 모습을 한 요정

우리 중 초자연적인 것에 통찰력을
가진 사람들은 종종 조롱당하거나
비웃음을 당하지만, 더 논리적으로
생각해보면 우리의 우주는 이미 믿
을 수 없을 정도로 신비롭다. 우리
는 우리가 살고 있는 이 행성에 대
해 거의 알지 못하며, 우주에 대해
서는 더욱더 알지 못한다.

첨단기술에 둘러싸여 사는 우리는
이 지구에서 사는 삶의 진정한 목적에 전혀 관심을 기울
이지 않고, 눈에 보이지 않는 그 너머의 것들은 종종 무시해
버리기도 한다. 그렇다면 왜 인류는 마법과 신화에 그렇게
많은 관심을 기울여왔을까? 요정, 픽시, 트롤이 정말 어딘가
에 존재하는 것일까? 우리가 완전히 이해하지 못한다고 해
서 그것이 사실이 아니라고 단정 지을 수는 없다!

모든 사람이 물리적으로만 주변 세상을 보고 느끼는 반면, 우리 중 일
부는 여러 세계가 우리가 속한 세계와 평행하게 동시에 존재한다고 믿는
다. 더 운이 좋은 사람들은 의식을 조율하여 실제로 이러한 평행 세계를
보기도 한다. 어떤 사람들은 정원에서 요정, 고블린,[4] 숲속 생물과 같은
정령들을 보거나 숲속을 걸을 때 환영처럼 이상한 생물들을 목격했다고
말하기도 했다. 터무니없게 들릴 수 있으나 우리가 사는 곳과 다른 차원

---

4. 고블린(Goblin): 유럽 전설에서 유래한 고블린은 보통 작은 키에 일그러진 외모를 가지고 있으며,
녹색 피부, 뾰족한 귀, 날카로운 이빨을 가진 모습으로 묘사된다. 주로 동굴이나 깊은 땅속에 산다.

을 구분 짓는 베일이 있다고 상상해보라. 일부 마녀는 이 베일을 걷고 평행 세계를 엿볼 수 있다. 신화적인 모든 것을 사랑하고 다른 세계와 연결되고 싶다면 함께 탐구해보자.

신화 속 마법의 동물

위카와 마녀는 모든 생명체를 존중한다. 우리는 크고 작은 생명체에는 존재의 목적과 가치가 있으며, 보호받아야 한다고 여긴다. 신화와 전설의 생명체도 마찬가지이다. 요정, 유니콘, 드라이어드뿐 아니라 위카의 상징인 그린맨Green Man까지 다양한 신화 속 마법의 생명체에 대해 이야기해보자.

요정

페어리Fairy, 페Fae, 페이Fey, 폴크Folk, 엘프Elf, 난쟁이Dwarf, 픽시Pixies, 정령Sprites, 브라우니,[5] 놈[6]이라고도 불리며 정기적으로 우리의 영역을 들락거리고 심지어 살기도 한다. 세상의 수많은 사람이 이들을 목격했다. 그대 역시 이들을 보았지만 인식하지 못했을 수도 있다. 그들은 나무 주변에서 반짝이는 작은 빛으로 나타나거나 때로는 높은 음의 방울 소리를 작게 내기도 한다.

---

5. 브라우니(Brownie): 스코틀랜드와 잉글랜드 전설 속 작은 요정으로 집안일을 돕고 가정을 돌본다.
6. 놈(Gnome): 유럽의 전설에 등장하는 작은 땅의 정령 또는 요정으로, 주로 땅속에서 생활하며 광물과 보물을 지킨다.

리애나의 경험

요정에 대한 환상이 깨지겠지만, 요정은 신화나 동화에서 묘사되는 것처럼 긴 금발 머리에 꽃으로 만든 드레스를 입고 날개를 팔랑이는 예쁜 소녀의 모습으로 나타나지 않는다.

나는 여러 해 전 여름에 잔디밭에 앉아 있다 요정을 보았다는 생각이 들었다. 눈 깜짝할 사이에 옆을 스쳐 갔는데 인간과 비슷하면서도 다소 달라 이질감이 들었다. 요정은 20센티미터 정도의 크기로 벌거벗은 인간의 형체와 비슷했지만 아지랑이처럼 연노랑 빛을 내고 있었다. 머리가 인간의 머리보다 더 크고 길었으며 머리카락이 하나도 없었다. 날개는 투명하고 거미줄과 비슷한 모양에 폭이 넓었다.

나는 직관적으로 그것을 요정으로 인식했고 몇 번 눈을 깜빡이며 다시 보려고 했지만 소용없었다. 평화롭고 고요한 상태에 있었기 때문에 다른 영역과 접촉할 수 있었던 것이리라. 그때 이후로 나는 요정을 믿게 되었다. 그들의 목적은 모르나 그들이 존재한다는 사실은 안다.

요정이 나타나는 곳

주로 연못, 호수, 울창한 숲, 나무 아래에서 발견된다. 요정이 좋아하는 나무는 영국 제도에 자생하는 꽃이 피는 산사나무이다. 민담에 따르면 이들은 둥그런 원을 형성하며 자라는 버섯들에 매혹된다고 한다. 그래서 이런 버섯들에 페어리 링Fairy ring 혹은 픽시 링Pixie ring이라는 재미난 별칭이 붙었다. 원을 그리는 버섯들은 잔디밭에서 자라는데 마치 어둡고 둥그런 원이 풀밭에 생긴 것처럼 보인다. 균류가 분해되면서 원 모양이 생기는 것이다. 또한 요정은 나무의 그늘 아래나 나무의 움푹 파인 구멍에서 살기도 한다.

요정들이 항상 자연에만 머무는 것은 아니다. 당신의 집 안에서도 살 수 있다! 요정이 근처에 있거나 집 안에 살고 있다는 징후를 찾아보자.

- 집 주변 길의 틈에서 불쑥 야생 식물이 돋아난다.
- 주변에 민들레가 많이 보인다. 요정들은 종종 민들레 홀씨를 불어 당신 쪽으로 날린다.
- 그대의 반려동물은 요정을 볼 수 있다. 개나 고양이가 곁눈질하거나 그대가 볼 수 없는 무언가를 응시하는 것을 발견할 수 있다.
- 새들이 창문 턱에 잠깐 앉아 있다가 날아오르는 모습을 본다.
- 조심하라, 요정은 훔치기를 좋아한다. 작고 반짝거리는 장신구나 동전이 사라질 수 있다. 몇 달 뒤 예상치 못한 곳에서 이를 찾기도 한다.
- 양말이나 넥타이 같은 작은 의류가 사라질 수 있다.
- 희미하지만 달콤한 냄새가 집 안에 퍼진다.

집으로 요정 불러들이기

- 집 안에 몇 가지 식물을 두어라. 요정들은 특히 라벤더 같은 향기로운 식물을 좋아한다.
- 매일 창문을 열어 햇빛과 신선한 공기를 집 안으로 들여라. 커튼이 햇빛을 가리지 못하게 하라.

- 집을 밝은 색조로 꾸며라. 요정들은 어두운 색을 좋아하지 않는다.
- 정원에 자갈, 돌, 작은 원석으로 페어리 링을 만들고 중앙에는 향기로운 것들, 예를 들어 꽃다발 같은 것을 두어라.
- 행복한 기분을 유지하도록 노력하라. 요정들은 당신이 찡그리거나 소리를 지르는 것을 좋아하지 않는다.

집 어딘가에 작은 요정 조각상이나 그림을 두어라. 이는 요정들에게 보내는 환영의 인사가 될 것이다.

ᐳᐳᐳᐳ 다른 세계와 연결하는 주술 ᐸᐸᐸᐸ

이 주술은 보름달이 뜬 맑은 밤에 수행해야 한다.

의식

야외에 앉아 달빛을 받으며 달을 응시한다. 두 손을 땅에 대고 마법으로 감싸달라고 대자연을 향해 기도하라. 5분 동안 눈을 감고 달빛이 그대의 머리와 얼굴에 쏟아지는 것을 상상한다. 다음의 주문을 세 번 말한다.

"보름달 뜨는 밤, 대자연이여!
마법의 힘으로 감싸주소서.
자연의 정령이여, 요정이여, 엘프여,
그 신비로운 모습을 보여주소서."

밖에서 5분 정도 머물다 실내로 들어간다. 앞으로 몇 주 동안 당신이 무엇을 느끼는지에 주목하고 이전에 놓쳤을지도 모를 징후를 찾아라.

⟫⟫⟫ 요정을 끌어당기는 주술 ⟪⟪⟪

요정을 집으로 불러들이려면 초승달일 때 이 주술을 해보라.

준비물

- 흰색 초와 촛대
- 당신이 선택한 크리스털 조각들
- 집 밖에서 가져온 자갈이나 돌 4개 이상
- 라벤더 한 줄기
- 헤더Heather 한 줄기

의식

집의 거실 등 중심이 되는 곳에 테이블을 놓고 양초를 꽂은 촛대를 올린다. 초 주위에 크리스털 조각과 자갈, 돌을 원형으로 배치한다. 라벤더와 헤더를 원 중심에 놓는다. 다음 주문을 일곱 번 말한다.

> "요정들이여, 미소로 여러분을 환영하나이다.
> 이곳을 여러분의 집으로 삼고, 저와 함께하소서."

양초가 다 탈 때까지 그대로 둔다. 불어서 끄지 않는다.

유니콘

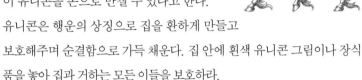

오늘날에도 많은 마녀들이 유니콘Unicorn
을 사랑한다. 유니콘의 에너지는 완전히
순결하기에 전설에 따르면 오직 처녀만
이 유니콘을 손으로 만질 수 있다고 한다.
유니콘은 행운의 상징으로 집을 환하게 만들고
보호해주며 순결함으로 가득 채운다. 집 안에 흰색 유니콘 그림이나 장식
품을 놓아 집과 거하는 모든 이들을 보호하라.

그린맨

위카의 멋진 상징인 그린맨Green Man
을 빼놓을 수는 없다. 그린맨은 잎, 가
지, 나뭇잎으로 둘러싸인 남성의 얼굴
상으로 표현되며 기원은 페이간에서
왔지만 전 세계의 많은 문화에서 그린
맨을 볼 수 있다.

그린맨을 명판이나 접시에 새긴 형태가 많이 보이며 이것을 집 벽에
걸어 두기도 했다. 그린맨은 정원 너머와 근처에 사는 모든 야생동물을
보살핀다. 그린맨의 역할은 동물과 식물을 위험에서 보호하는 것이다.
그린맨은 긍정적이고 보호의 힘이 있는 파동을 방출하여 마녀의 정원을
안전하게 지킨다.

마법의 꽃과 나무들

 거대한 나무를 두 팔로 껴안고 그 파동을 느껴본 적이 있는가? 나무를 껴안고 있는 당신의 모습을 보고 괴짜라 여겨 비웃는 사람들도 있을 것이다. 하지만 삶의 부산함을 떨쳐버리고 잠시만이라도 눈을 감고 나무를 껴안아보라. 지구의 허파와 직접적으로 접촉하는 시간이 될 것이다. 나무의 강력한 뿌리는 지구의 에너지원과 연결되어 있으므로 이 자세를 유지하고 충분히 집중하면 반드시 파동을 느낄 수 있다.

 나는 기이해 보이든 아니든 나무를 껴안은 것을 좋아한다. 모든 곳에 존재하는 이 놀라운 생명체는 우리에게 지대한 영향을 준다. 사람들은 잘 모르지만 두툼하고 불룩한 뿌리를 가진 나이가 많고 커다란 나무에는 드라이어드라는 정령이 살고 있다. 떡갈나무 같은 큰 나무 아래 앉아보라. 그들을 느낄 수 있는가? 민감한 사람들은 정령들의 에너지를 종종 느끼곤 한다.

 드라이어드는 정령 또는 우드 님프Wood nymph라고 불리는데 고대 그리스 신화뿐 아니라 오늘날에도 숲에 살며 식물과 나무들을 수호한다고 여겨진다. 우드 님프는 대개는 여성이며 각각 특정 나무를 지킨다. 그들은 수줍음이 많지만 나무를 해치거나 손상시키는 자에게는 반드시 벌을 내린다고 한다.

➤➤➤➤ 드라이어드의 힘을 이용하는 주술 ◄◄◄◄

자연과 최대한 가까워지고 싶고, 가벼운 질병을 치료하고 싶다면 숲이나
나무가 많은 곳으로 가 다음 의식을 수행한다.

의식

비가 눈이 오지 않는 날에 커다란 나무 아래에 담요를 깔고 앉아(가능하면
떡갈나무가 제일 좋다.) 높은 나뭇가지들을 쳐다보며 신선한 공기를 들이마
신다. 양손을 땅에 대고 몇 분간 가만히 있는다. 손끝을 뿌리에 집중하며
다음 주문을 조용히 읊는다.

> "대지의 뿌리에서부터 힘찬 나뭇가지까지,
> 그대의 힘과 마법이 함께합니다.
> 자연의 정령이여, 우드 님프여, 드라이어드여,
> 우리의 하나된 에너지로 영혼을 기쁨으로 채워주소서."

주문을 몇 번 말한 후, 일어나서 나무를 두 팔로 감싸고 드라이어드의
마법이 당신의 혈관을 타고 흐르는 것을 느껴보라. 조용히 주문을 반복
하여 말한다. 나무 근처에 머무르는 시간이 길수록 더 많은 힘을 얻을 것이
다. 이 주문은 가벼운 건강 문제가 있는 경우에 효과를 볼 수 있다. 나
무에게서 치유의 힘을 얻을 수 있다고 여겨지기 때문이다.

나무가 가진 마법적 영향력

말 그대로 세상의 모든 나무는 마법적인 영향력을 가진다. 이 주제에 관심이 있다면 자세히 알아보기를 권한다. 우선, 마녀가 의식에 사용할 수 있는 가장 인기 있는 나무의 목록을 소개한다.

이 책에서는 지팡이에 대해 자세히 다루지 않지만 지팡이는 마녀가 힘을 발휘하는 데 직접적인 도움을 준다. 소개하는 나무 중 하나로 지팡이를 만들면 나무의 특성이 주문에 스며들 것이다. 과일, 잎, 열매를 추가하여 주문을 강화하면 더 성공적인 결과를 얻을 수 있다.

아주 적은 양의 나무껍질, 잎사귀, 꽃을 가져오더라도 먼저 나무에게 허락을 구하는 것이 중요하다. 나무는 그대의 마음을 읽을 것이니 나무 앞에 서서 몇 분간 나무껍질을 만지며 그대가 왜 이를 필요로 하는지 설명하고 감사를 표하라.

- **너도밤나무** 치유, 특히 염증 관련. 큰 너도밤나무를 찾아 가지를 쓰다듬으며 자연의 정령에게 치유를 부탁한다.

- **단풍나무** 사랑과 로맨스. 완벽한 연인을 찾는다면 가을에 단풍나무 잎 하나를 주워 책에 끼워 두고 몇 주간 보관한다. 완전히 마르면 보름달이 떠 있는 동안 잎 위에 분홍색 양초를 올려 두고 불을 켠다. 양초가 다 타게 한다.

- **딱총나무**(엘더플라워) **치유와 보호.** 활짝 핀 딱총나무 꽃으로 치유의 묘약을 만들어라(딱총나무 꽃 코디얼[7] 레시피를 온라인에서 많이 찾을 수 있다). 코

---

7. 코디얼(cordial): 과일청을 만들어 물을 타 마시는 음료

디얼을 준비한 다음 노란색 초 옆에 두고 보호와 치유의
빛이 비춰지는 것을 시각화하면서 몇 분간 집중한다.
양초가 저절로 다 탈 때까지 두면 묘약이 완성된다. 이
딱총나무 묘약을 작은 잔으로 매일 두 잔씩 마신다.

- **레몬나무** 순결과 예지. 악령을 막기 위해 레몬 3개의 즙
  을 짜서 분무기에 담는다. 정향Clove 세 알을 추가하여 잘
  흔든 뒤에 집 입구에 뿌린다.

- **마가목** 마녀의 나무. 위카에 관심이 있다면 마가목을 정원이나 가까운
  곳에 심어두는 것이 좋다. 마가목은 재산과 주변의 야생동물을 보호하
  는 신성한 나무로 여겨진다.

- **무화과나무** 에너지와 힘. 에너지를 증대시키기 위해 무화과나무 뿌리
  주변의 흙을 조금 채취해 신발에 뿌리고 하룻밤 두자. 다음 날 아침, 밖
  으로 나가 신발 속의 흙을 털어낸다.

- **물푸레나무** 소통, 정신적 문제 해결, 창의성. 이 목적을 위해 주술을 행
  할 때 물푸레나무 잎을 제단에 놓는다. 의식을 마친 후에는 반드시 잎
  을 원래 있던 장소로 되돌려놓아야 한다.

- **배나무** 장수. 중국 전설에서는 배나무가 불사의 힘을 지녔다고 여겼다.
  건강한 삶과 장수를 위해 정원에 배나무를 심어라.

- **버드나무** 마법과 건강 증진. 버드나무 지팡이는 마법의 중심으로, 주문
  시작 전에 마법진을 그릴 때 사용한다. 또 아프거나 나이 든 사람에게
  활력과 건강을 선사한다.

- **사과나무** 연애 문제 치유, 관계 개선. 사과나무 지팡이는 사랑, 로맨스,
  조화, 평화와 관련된 모든 마법과 통찰력을 증진하는 데 사용한다. 사

과를 반으로 자르면 펜터그램의 상징이 보일 것이
다. 다른 방식으로 자르면 여성의 생식기와 비
슷해 보인다. 조화를 위해 사과의 반쪽 사이
에 당신과 연인의 사진을 놓고 꼬챙이로 고정
한 후 보름달 아래 하룻밤 두면 관계가 개선될 것이다.

- 산사나무 결혼과 화해. 문제가 있는 결혼 생활을 바로잡으려면 산사나무 꽃과 잎을 한 움큼 모아서 말린다. 이를 그릇에 담아 집에 두어라. 산사나무는 또한 요정을 끌어당긴다.

- 삼나무 번영, 금전운 및 현금 유동성 증가. 현금 유동성을 높이기 위해 삼나무 잔가지 몇 개를 꽃병에 꽂아 집 안에 둔다. 재정 상태를 개선하려면 삼나무 껍질 조금을 지갑에 넣어 둔다. 삼나무 지팡이는 집 안의 부정적인 에너지 정화에 탁월하다.

- 아몬드나무 사업 성공, 예지력 및 심령 능력 향상. 대출 승인이나 현금 융통력을 향상시키는 데 좋다. 매일 소량의 아몬드를 섭취하면 심령 능력을 높이고 사업이 번성할 수 있다.

- 떡갈나무 금전과 활력. 거대한 떡갈나무의 껍질, 잎, 뿌리는 마법적 특성을 지닌다. 활력과 금전운을 끌어당기는 주술에 이를 사용하라. 또 몸이 불편하다면 이 나무를 껴안아라.

- 올리브나무 신의. 연인이 신의를 지키기를 원한다면 작은 올리브나무를 구입하여 온실이나 햇볕이 잘 드는 베란다에 둔다.

- 자작나무 변화와 다산. 다산이나 감정 안정을 위한 마법을 강화하는 마법 지팡이로 쓰기에 탁월하다. 다산을 원한다면 새로운 달이 시작되는 초승달의 첫날, 자작나무 아래에서 떨어진 잎을 모은다. 이 잎을 작은

주머니에 넣어 침구 아래 두고 달이 차오르기 시작할 때까지 매일 밤 사랑을 나눈다.

꽃이 가진 마법적 영향력

마녀는 주술과 의식에 어울리는 꽃을 제단에 올린다. 또는 꽃잎을 제단 이나 양초 주변에 흩뿌린다. 신선한 꽃도 쓰지만 대개는 말린 꽃을 사용 한다. 말린 꽃은 많은 양을 사서 보관하기에 용이하기 때문이다. 꽃잎을 제단이나 양초 주변에 흩뿌려 놓으면 주술의 효력을 높여 더 성공적인 결과를 가져온다. 전 세계적으로 수천 가지 다양한 꽃이 존재하기에 마 녀들은 꽃과 그 마법의 상응성을 자신만의 비밀 노트에 적어둔다. 다음 목록은 마녀들이 의식에 자주 사용하는 꽃이다.

- **국화** 명료한 정신, 슬픔 치유에 사용
- **난초** 부와 호사, 성적 즐거움, 로맨스, 직관력 향상에 사용
  - **데이지** 아기 축복, 작명식과 위카닝[8]에 사용
    - **등나무꽃** 슬픔 치유, 스트레스 완화, 지혜 향상에 사용
      - **라벤더** 균형, 조화, 수면 및 불안 개선, 죄책감 해소에 사용
      - **라일락** 힘 강화, 차크라 균형에 사용
    - **마늘** 악을 쫓고, 집과 환경을 보호하는 데 사용

---

8. 위카닝(Wiccaning): 위카에서 신생아나 어린아이를 공동체에 소개하고 축복하는 의식으로 아이가 건강하고 행복하게 자라도록 신들에게 간구하는 과정이다. 기독교의 세례식과 비슷한 역할을 한다.

- **매리골드** 해독, 우울증 치유, 행복 기원에 사용
- **모란** 퇴마, 자신감 향상, 금전, 성공에 사용
- **목련** 여신의 에너지 소환, 개인의 힘 증진에 사용
- **물망초** 사랑의 주문과 약혼의 상징, 기억력과 조직력 향상에 사용

- **미나리아재비**(버터컵) 자녀와 우정 관련 주문에 사용
- **민들레** 동물 보호, 점술 능력 향상
  - **버베나** 직업 문제, 신체 치유, 마법에 사용
    - **벌꿀** 로맨스, 체중 감량을 위해 사용
    - **붓꽃**(아이리스) 내적 진실과 명료함, 정령의 메시지를 받기 위해 사용
    - **블루벨** 요정을 끌어들이고, 악몽 차단(베개 속에 넣어둔다), 겸손을 높이는 데 사용
    - **사과꽃** 행운을 부르는 데 사용
    - **세이지 꽃** 부정적인 것 제거, 감정적 얽힘을 개선하고 자존감을 높이는 데 사용
- **수선화** 짝사랑을 위해 사용
- **스위트피** 우정과 지지에 사용
- **아카시아** 비밀 연애를 숨기는 데 사용
- **양귀비** 긴장을 완화하고 죽음을 편히 받아들이는 데 도움을 줌
- **에키네이셔** 건강 문제를 개선하는 데 사용

- **워터히숍** 인디언 페니워트로도 알려져 있으며, 분말로 사용하면 슬픔과 불안을 없애는 데 도움을 줌
- **인동초** 충실함, 충성, 신의 및 성적 유희를 일깨우는 데 사용
- **일랑일랑** 휴식과 체중 감량(몸매 개선)에 사용
- **장미** 부와 재산, 축복, 감정 치유, 로맨틱한 사랑에 사용
- **재스민** 풍요, 기쁨, 성적 치유에 사용
- **카네이션** 사랑의 마법과 저주를 없애는 데 사용
- **캐모마일** 숙면, 동물 보호, 평화와 조화를 위해 사용
- **크로커스** 마음을 평안하게 하고, 기쁨을 주는 데 사용
- **튤립** 욕망과 소원, 애정 문제를 개선하는 데 사용
- **패션플라워**(시계꽃) 불안 감소, 신체 통증 완화에 사용
- **팬지** 스트레스 해소와 순수함을 끌어들이는 데 사용
- **페튜니아** 가정의 행복과 새로운 관점을 갖기 위해 사용
- **프림로즈**(앵초) 상처받은 마음 치유와 카르마 변화에 사용, 또한 마음을 열고 진솔한 표현을 하는 데 도움을 줌
- **피버퓨** 두통, 편두통 등 머리 통증에 사용
- **한련화** 새로운 상황에 대한 두려움을 없애는 데 도움을 줌
- **히아신스** 재능과 매력 향상에 도움을 줌

주술에 식물 사용하기

지구의 모든 생명체에는 나름의 목적이 있다. 인간, 동물, 식물의 삶은 모두 우주의 일부이며, 우리는 이러한 존재의 파동 에너지를 모아 소망을 이룰 수 있다. 대부분의 허브와 식물은 치유의 힘을 지니고 있으며, 모든 질병에는 그에 대응할 수 있는 식물이 존재한다. 우리가 해야 할 일은 그 역할을 하는 식물을 찾아내는 것이다.

헤지 마녀는 놀라운 허브 전문가로 물약과 약물을 섞어 사소한 질병을 치료한다. 하지만 식물이 가진 마법의 힘을 활용하거나 상징으로 제단에 두기 위해서 헤지 마녀가 될 필요는 없다. 우리는 피버퓨가 두통과 편두통 치료에 효과적이라는 것을 알고 있으니 피버퓨 잎을 샌드위치에 넣어 먹거나 증상을 신속히 해결하기 위하여 차로 우려 마실 수 있다. 머리 통증을 치유하기 위해 말린 꽃이나 잎(신선한 것도 좋다) 한 움큼을 제단에 놓아둘 수도 있다. 위치크래프트에는 변치 않는 절대 규칙이라는 것은 없기에 의식에 식물을 포함시켜 주문을 살짝 변경할 수 있다.

또 다른 예로 라벤더가 불안을 완화시켜 준다는 것을 잘 알고 있으므로 스트레스를 줄이는 주문을 할 때 의식에 사용되는 양초에 라벤더 오일을 바르거나 혹은 말린 라벤더 한 다발을 제단에 둘 수 있다.

물론, 라벤더 가지 몇 개를 식물성 오일이나 올리브 오일에 넣어 직접 라벤더 오일을 만들어 쓰는 것이 더 좋다. 작은 병에 넣어 24시간 동안 우려낸 다음 마법 의식에 사용해보라. 정원이나 창가에서 직접 라벤더를 키우는 것도 좋다. 마법 주문은 주변에 마법력을 높여줄 물건들이 있을 때 그 효과가 증폭된다. 다음은 식물을 사용하는 일반 주술이다.

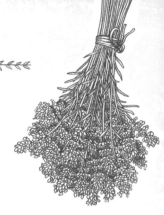

⫸⫸⫸ 스트레스를 날리는 주술 ⫷⫷⫷

준비물

- 순결을 상징하는 흰색 양초와 촛대
- 스트레스와 불안을 없애기 위한 라벤더 에센셜 오일
- 행복감을 증가시키기 위한 워터히숍 분말 한 종지
- 스트레스와 불안을 날리기 위한 말린 라벤더 한 다발

의식

양초를 잡고 몇 분간 어떤 걱정도 방해꾼도 없었던, 삶에서 가장 행복했던 순간을 떠올린다. 그다음 라벤더 오일을 손가락에 묻혀 양초를 위아래로 문지른다(281~283쪽 참조). 양초를 촛대에 꽂고 워터히숍 분말을 촛대 주위에 뿌린다. 촛대 옆에 라벤더 한 다발을 올리고 다음 주문을 세 번 말하고 '그렇게 될지어다'로 마무리한다.

"스트레스를 몰아내고 행복으로 나를 채울지어다.
주문과 마법의 도움으로
내면의 불안이 사라지리라."

촛불을 불어서 끄지 말고 타서 꺼질 때까지 그대로 둔다. 촛불이 저절로 꺼지면, 제단에 올렸던 라벤더 다발을 꽃이 아래를 향하도록 창가에 매단다. 이는 당신의 행복감을 증진시키는 데 도움을 줄 것이다. 제단에 올린 워터히숍 분말은 이제 충전되고 축복을 받았으므로, 나중에 사용할 수 있도록 따로 보관한다.

≫≫≫≫ 새로운 사랑을 끌어당기는 주술 ≪≪≪≪

준비물

- 사랑을 위한 분홍 새틴 리본
- 로맨스를 위한 벚꽃 가지 하나와 분홍 장미 꽃잎들
- 관능적인 사랑(83쪽 참조)을 위한 러비지 뿌리 한 움큼

  (러비지는 생강으로 대체 가능)
- 중간 크기의 오목한 그릇 1개
- 사랑을 위한 분홍색 양초와 촛대
- 사랑을 위한 장미 에센셜 오일

의식

보름달이 뜬 금요일에 벚꽃 가지에 분홍 새틴 리본을 둘러 묶는다. 러비지 뿌리를 그릇에 담고 그 위에 벚꽃 가지를 올린다. 장미 오일을 손가락에 묻혀 양초 위에서 아래로 바른다. 양초를 촛대에 꽂고 다음 주문을 일곱 번 말하고 '그렇게 될지어다'로 마무리한다.

> "사랑의 정령이여, 모습을 보이소서.
> 내 심장의 기도를 듣고 소망을 이뤄주소서.
> 새로운 인연을 보내주소서."

양초가 다 타면, 벚꽃 가지나 분홍 장미 꽃잎을 밖에 가져가 땅에 놓는다. 러비지 뿌리는 그 주위에 뿌린다. 벚꽃 가지에 손을 대고 소원을 들어달라고 조용히 기도한다.

73

>>>> 현금 흐름을 증가시키는 주술 <<<<

준비물

- 떡갈나무 껍질 몇 조각
- 재정을 보호하는 주니퍼 베리Juiper berry 에센셜 오일 두 방울
- 주문에 힘을 더하는 생강 뿌리 에센셜 오일 두 방울
- 부를 끌어들이는 유향(프랑킨센스) 에센셜 오일 두 방울
- 금전운을 위한 녹색 양초와 촛대
- 지폐 또는 다른 화폐
- 현금을 끌어들이기 위한 육두구 1개

의식

달이 차오르는 동안의 수요일이 금전운을 위한 주문을 시전하기에 최고의 시기다. 가까운 떡갈나무를 찾아 양손을 나무에 댄다. 조용히 나무에게 주문에 사용할 껍질을 조금 달라고 부탁한다. 껍질을 약간만 떼어내고 떡갈나무에게 감사를 표한다.

집으로 돌아와서, 주니퍼 베리, 생강 뿌리, 유향 에센셜 오일을 모두 섞는다(281~283쪽 참조). 오일 혼합물에 손가락을 적셔서 양초의 위에서 아래로 전부 바른다. 그다음 양초를 촛대에 꽂는다. 재료의 오일을 구하기 어려운 경우, 다른 식물성 오일로 대체해도 된다. 대체한 오일을 쓰면 주문 효과가 나는 데 시간이 조금 더 걸릴 수 있다.

달이 차오르는 동안, 소박한 제단을 차리고 중앙에 지폐를 놓는다. 지폐 위에 촛대를 올린 후 육두구와 떡갈나무 껍질을 양쪽에 배치한다. 다음 주문을 한 번 읽고 '그렇게 될지어다'로 마무리한다.

"육두구와 나무껍질을 바치오니
마법이 흐르고 풍요가 자라나게 하소서.
부와 재물이 나를 채우게 하소서."

양초가 다 탈 때까지 놔둔다. 의식이 끝나면 나무껍질을 챙겨 최소한 한 달 동안 외투 주머니에 넣어 지니고 다닌다. 현금 흐름이 개선되기 시작할 것이다.

≫≫≫ 야생동물 보호를 위한 주술 ≪≪≪

야생동물과 새들에게 겨울은 혹독한 계절이다. 마녀는 야생동물이 추위를 이겨내고 더 번창하도록 도와야 한다. 이 역시 마녀의 역할이다.

준비물
- 자연을 대표하는 세 가지 색상의 양초(초록색, 갈색, 파란색) 1개씩
- 양초와 같은 색의 리본 각각 하나씩

의식

3개의 양초를 마법 공간 중앙에 둔다. 어떤 순서로 둘지는 상관없다. 불을 붙인다. 3개의 리본을 합쳐 끝을 묶은 다음 땋는다. 마지막으로 풀리지 않게 끝을 묶는다. 양초 앞에 땋은 리본을 놓고, 다음 주문을 세 번 말하고 '그렇게 될지어다'로 마무리한다.

"야생동물의 여신이여,
밖에서 살아가는 동물들을 귀히 여기사,
안전과 평온을 내려주소서.
그들에게 위안을 주시고, 길을 밝혀주소서."

양초가 다 타게 둔다. 이후 밖으로 나가 땋은 리본을 정원이나 근처 나뭇가지에 묶는다. 날씨가 추워지면 새들에게 먹이를 주고 물을 제공하라. 얼음이 얼면 부수거나 녹여서 새들이 항상 물을 마실 수 있게 하라.

❯❯❯❯ 이혼한 부부가 좋은 관계를 유지하는 주술 ❮❮❮❮

현대 사회는 이혼율이 상당히 높고 이혼은 가족 구성원에게 많은 상처를 준다. 무엇보다 어린 자녀가 고통을 받는데 이혼 과정에서 이리저리 치이기 때문이다. 나는 이혼을 겪는 모든 사람이 상대방과 우호적인 관계를 맺고 싶어 한다고 확신한다. 어린아이가 연관되어 있을 때는 더욱 그렇다. 다음 주문은 이 어려운 시기에 긴장감을 완화하고 부정적인 마음이 만들어내는 고통스러운 감정을 없애는 데 도움을 준다.

준비물

- 다툼을 멈추기 위한 검은색 양초와 촛대 각각 하나씩
- 보호와 친절함을 위한 흰색 양초와 촛대 각각 하나씩
- 식물성 오일
- 펜과 종이
- 수용과 마음의 평화를 위한 말린 패션플라워 한 줌
- 작은 그릇

의식

초승달이 뜬 첫 번째 밤에 순수한 식물성 오일을 준비한 2개의 양초에 바른다. 이전 파트너의 이름을 종이에 적고 작은 탁자 중앙에 놓는다. 양초를 종이 양옆에 둔다. 패션플라워를 종이 주위와 양초 둘레에 흩뿌린다. 다음의 주문을 아홉 번 읽고 '그렇게 될지어다'로 마무리한다.

"오늘 밤, 나는 당신 마음 깊이 자리한 불만과 적의를 걷어내리라.
당신의 분노와 앙금은 부드럽게 녹아내리고,
앞으로 당신은 누구에게도 상처를 주지 않으리라.
수용과 우정의 따스함 속에서,
우리는 함께 우리의 아이를 길러나가리라."

양초들이 다 타게 둔다. 의식이 끝난 후 날린 패션플라워를 모아서 그릇에 담아 집에 둔다. 마법의 힘이 집 안 구석구석 스며들 것이다.

자연을 보호하는 마녀의 임무

자연을 함부로 대하고 훼손하는 사람을 보면 마녀는 마음이 울적해진다. 모든 마녀는 풀 한 포기나 작은 개미부터 하늘의 별까지 우리를 둘러싼 자연을 전부 숭배하고 존중한다. 존재는 다 자기 목적을 가지며 당연히 인간만큼이나 중요하다. 매일 시간을 내어 자연 환경의 경이로움에 감탄해라. 우리의 영적인 파동을 높이고 영혼이 충만해질 것이다.

Chapter 4

마법 인형과
마법 주머니

포핏Poppit, 피피Pippy, 모핏Moppet으로도 불리는 마법 인형Poppet(포핏)은
주문 수행에 사용되는 수제 인형이다. 인형은 특정 인물을 상징하며 마
법을 통해 그 사람을 도와주는 역할을 한다. 많은 문화와 민속을 살펴보
면 마법 인형은 치유의 목적 외에도 반대로 상대를 해치기 위해서도 사
용되었다. 이때 인형에는 대상자의 머리카락, 발톱 조각, 작은 옷 조각 같
은 개인 물건을 넣고는 했다.

일부 전통에서는 이런 마법 인형을 전형적인 부두Voodoo인형(저주 인
형)으로 생각하고 사용을 금한다. 하지만 다른 모든 마법에서와 마찬가
지로 의도가 제일 중요하다.

많은 현대 마녀는 마법 인형을 좋은 목적으로만 사용한다. 오직 사랑
과 빛을 떠올리며 누군가의 삶을 향상시키는 데 활용하는 것이다.

모든 인형은 자질구레한 장신구부터 크리스털, 허브에 이르기까지 다양한 물건들로 채운다. 기본적으로 사람들은 인형을 만드는 데 더 노력할수록 최종 목표를 달성하는 데 더 큰 효과가 있다고 믿었다.

이 장에서는 쉽게 구할 수 있는 재료3를 사용하여 마법 인형을 만드는 방법을 설명한다. 창의력을 발휘하는 것은 좋지만 당면 문제에 맞는 적절한 재료를 포함시키는 것이 중요하다. 자신을 상징하는 인형을 만들 수도 있고, 친구나 가족 중 도움이 필요한 사람이 있다면 그들을 위한 형상을 만들어 그들을 대신해 주문을 걸 수도 있다.

마법 인형 제작을 위한 요소

여기서는 천과 허브를 사용하여 쉽게 마법 인형을 만드는 방법을 설명한다. 크리스털이나 다른 아이템을 추가할 수도 있으며 의미를 안다면 더 좋다.

직물, 옷, 색상의 마법 효과

꿰맬 수 있다면 어떤 종류의 천이든 사용이 가능하다. 펠트, 면, 모직, 리넨이 가장 많이 쓰이지만 무엇이든 상관없다. 사랑하는 사람을 위한 인형을 만들고 싶다면 그의 옷을 잘라서 사용해도 좋다. 뒤에서 개인 물건을 포함시키는 것이 왜 중요한지 배울 것이다. 옷으로 만드는 것은 멋진 아이디어이다.

모든 색상에는 고유의 에너지 장이 내재되어 있으며 마녀들은 특정 목표를 위해 특정 색상을 사용한다. 다음은 색상의 위카적 의미이다.

- **갈색** 집 축복하기, 동물과 반려동물 관련 모든 일, 잃어버린 물건 찾기, 집중력 향상, 이사나 부동산 매매
- **검은색** 지혜 향상, 안전한 외출, 전반적인 보호, 삶에서 누군가 내쫓기, 저주 뒤집기
- **남색(인디고)** 심령적인 비전, 명상, 점술, 소문 없애기
- **담청색** 평화와 화합, 보호, 남자 아기, 이사
- **라벤더색** 숙면, 불면증 해소, 지적 능력과 직관력 향상, 불안 완화
- **보라색** 영적인 문제, 보호, 악령 퇴치, 영적 안내자 또는 천사와 소통하기, 나쁜 습관 없애기, 사업이나 자영업 관련 모든 문제
- **분홍색** 여성성, 로맨틱한 사랑, 부부 관계 개선, 소울메이트 찾기, 관계에서의 균열 치유, 여자 아기
- **붉은색** 성적인 열정과 힘 향상시키기, 활력 증진, 마음과 육체의 힘, 갈등 해소, 경쟁과 스포츠
- **어두운 노란색(또는 구리색)** 사업 성공, 업무적 성공, 경제적 성공
- **연노란색(또는 금색)** 남성성, 법적 문제 해결, 번영, 치유, 빠른 운 전환
- **오렌지색** 진정과 치유, 중독 극복을 위한 힘, 즐거움과 웃음, 기쁨을 제공하며 자기 표현과 창의성을 촉진함
- **은색** 달 마법, 명상과 이미지화, 예지몽, 원활한 소통, 안전과 보안

진청색(다크블루) 용서, 행운, 의지, 다이어트, 유체이탈, 신의, 가정 행복

초록색 금전운 상승, 정서 치유, 신체 건강, 시기나 질투에 대응

흰색 모든 상황에서 사용 가능, 순수와 평화, 균형과 조화, 불운에서 보호, 어린 자녀, 진실 찾기, 자신을 상징하는 인형 만들기

사례1 아이가 스포츠를 잘하도록 돕고 싶다면 흰 천에 흰 실(자녀를 보호하기 위해)로 꿰매거나 붉은색 실(경쟁을 위해)로 꿰맨다.

사례2 주위에 아픈 사람이 있으면 오렌지색 천(치유를 위해)을 골라 연노란색(금색) 실로 꿰맨다.

허브의 마법 효과

마법에 사용 가능한 허브는 말 그대로 수천 종류가 존재하는데 어떤 허브가 자신의 마법에 적합한지 알아볼 만한 가치가 있다. 다음에 시도해보고 싶어 할 만한 몇 가지 유명하고 영향력이 큰 허브들을 설명해두었다.

　이 모든 허브는 적절한 햇빛만 제공되면 씨앗을 심어도 잘 자라니 창턱이나 정원에 화분을 두면 좋다. 화초를 잘 키우지 못한다면 생허브나 말린 허브를 사서 쓸 수 있다. 3장을 참조해 적절한 꽃, 식물, 나무를 마법에 사용할 수도 있지만 허브를 더 선호할 수도 있다. 선택은 전적으로 그대의 몫이다.

- **개박하** 임신과 다산, 고양이 관련, 수면 중 심령 공격으로부터 보호하는 데 사용

- **딜** 사랑을 갈망할 때, 여성을 유혹할 때, 거주지 축복하기, 딜 씨앗은 재물 관련 의식에 사용

- **라벤더** 숙면과 행복한 꿈 촉진, 불면증 및 우울증 치유에 사용

- **레몬 밤** 치유와 성공, 심령 능력 개발과 향상, 신경 장애 완화에 사용

- **러비지** 관능적인 사랑, 법정 소송 성공, 예지몽, 아스트랄계 여행(유체 이탈)

- **로즈메리** 기억력 자극, 학습 능력 향상, 건강 개선에 사용

- **마늘** 악이나 부정한 것으로부터 수호, 물건이나 공간 정화, 흑마법에서 보호, 의지력과 자제력 증진에 사용

- **마조람** 영혼 정화(스트레스로 인한), 악몽 및 부정적인 것 제거에 사용

- **민트** 영적 상태 고양, 내적 평화와 균형, 에너지 활성화, 사업 번창 기원에 사용

- **바질** 두려움이나 약점 제거, 사랑, 연애, 다산, 금전운과 부, 번영에 사용

- **버베나** 사랑 기원, 번개와 폭풍으로부터 보호, 심신의 젊음, 좋은 꿈에 사용

- **베르가못** 질병에서 보호, 금전운과 번영, 숙면, 소문 막기, 골치 아픈 외부 간섭을 막는 데 사용

- **보리지**(서양지치) 용기를 북돋움, 심령 능력 개발, 악을 물리치는 데 사용

- **세이지** 부정과 악령 제거, 집 정화, 슬픔에 빠진 사람 돕기, 건강과 장수 기원에 사용

- **스피어민트** 천식 같은 호흡기 질환과 관련된 모든 것의 치유, 힘과 활력 증진에 사용

- **시나몬** 성적 열정, 사랑과 관련된 모든 것, 영성을 고취시키고 영적 파동을 높이는 데 사용

- **쑥** 요통 및 신경증 진정, 주문의 힘 강화, 다른 허브의 힘을 증가시키는 데 사용

- **안젤리카** 사람이나 장소 보호, 긍정적인 에너지를 끌어들이고 부정적인 에너지를 물리침, 저주를 막고 인내심을 증진하는 데 사용

- **에키네이셔** 신체의 강건, 감기와 독감 예방 및 치유, 금전과 풍요로움

- **월계수 잎** 번개로부터 보호, 퇴마, 명료한 정신

- **차이브** 무절제 개선, 다이어트에 사용

- **처빌** 영적 자아와의 동기화, 신성한 근원과 연결하는 데 사용

- **캐모마일** 불안과 스트레스 줄이기, 심신의 치유, 금전운 상승

- **컴프리** 집 밖이나 여행 중의 안전, 부동산 매입과 매매, 힘과 지구력 상승에 사용

- **타임** 더 나은 조직력, 신의와 충성심 함양, 도둑을 물리치고 물건을 안전하게 보호하는 데 사용

- **파슬리** 성욕 증가, 침입자나 부정적인 것으로부터 주택 보호, 행복감 증진, 번영과 풍요를 기원하는 데 사용
- **페퍼민트** 질병 치유, 모든 종류의 식이장애 치유에 사용
- **펜넬(회향)** 저주와 악에서 보호, 질병 치유와 보호, 활력 상승에 사용
- **피버퓨** 편두통과 두통, 위험과 사고, 독감 같은 질병 예방
- **헤더** 매력과 인기 상승, 범죄에서 보호, 가정의 평화 기원에 사용

사례 파트너의 신의를 걱정한다면 진청색 직물을 진청색 실(신의를 위해)로 바느질한 다음 소량의 타임을 그 안에 채운다(신의를 높이기 위해).

개인 물건 더하기

마법 인형은 특정인을 상징하는 것이므로 그 사람의 물건을 더하는 게 좋다. 몇 가닥의 머리카락으로도 효과를 높일 수 있다. 정말로 효과가 좋은 마법 인형을 만들고 싶다면 손톱이나 발톱 조각을 넣는다. 이는 상당히 구식이지만, 실제로 그 사람의 몸에서 나온 것이므로 마법 인형에 더 큰 영향을 미친다.

상대방이 모르게 돕고 싶다면, 그들의 머리빗에서 머리카락을 가져오는 게 가장 좋은 방법일 수 있다. 입던 옷(옷의 천 조각)이나 버려진 장신구

도 충분하다. 이런 것들을 구하는 데 실패했다면 사진을 구하거나(오늘날에는 소셜미디어에서 쉽게 입수할 수 있다) 이름을 작은 쪽지에 적어 인형 안에 넣는다.

인형 얼굴에 단추를 달아 눈을 만들거나, 펠트 같은 천을 사용할 경우 마커 펜으로 얼굴 특징을 그려 넣을 수도 있다. 머리카락을 표현하기 위해 인형의 머리에 실을 붙일 수 있는데, 이때 실의 색상은 그 사람의 머리색과 맞추는 것이 좋다. 인형에 솜, 허브, 개인 물건을 넣었다면 그것들이 튀어나오지 않게 개봉된 부분을 꿰맨다. 인형이 실제로 그 사람과 닮지 않아도 상관없다. 인형을 만들면서 무의식적으로 그 목적과 대상에게 어떤 도움을 줄지를 인형에 투영하는 것이 중요하다.

마법 인형을 만드는 데 옳고 그른 것은 없지만 당면한 문제에 맞는 정확한 허브와 색을 사용하는 것이 중요하다. 그래야 더 성공적인 결과를 불러온다.

축복하고 정화하기

어떤 마법 물체든 의식을 하기 전에 축복하고 정화하는 과정을 거쳐야 한다. 원하는 소망을 이미 인형에 담았겠지만 긍정적인 방향으로 작동시키기 위해서는 정화가 필수적이다. 인형에 축복을 내리는 방법은 '인형을 만들고 주문 시전하기'에서 설명하고 있다(88쪽 참조).

주문 시전

적합한 재료로 인형을 만들었다면 재료의 색과 같은 하나 혹은 그 이상의 양초가 필요하다. 주문은 세 번이나 그 이상 읊어야 하며 항상 '그렇게 될지어다'로 마무리한다. 양초가 다 타서 꺼질 때까지 그대로 둔다. 촛불을 불어서 끄면 주문은 작동하지 않는다. 무엇보다 다른 사람을 방해하거나 해칠 목적으로 인형을 만들어서는 절대 안 된다.

아무도 해쳐서는 안 된다

절대로 누군가를 방해하거나 해치기 위해 마법 인형을 만들어서는 안 된다! 모든 종교에는 착한 사람과 나쁜 사람이 존재하지만 마법을 사용하여 다른 사람에게 고통을 주거나 불안을 초래하면 세 배로 돌아온다는 점을 명심해야 한다.

우리 모두는 삶에서 우리를 괴롭히고 짜증 나게 하는 사람들을 만난다. 학교에서 자녀를 괴롭히는 사람, 무리한 요구를 하는 직장 상사, 혹은 통제하려 하는 가족 구성원이 있을 수 있다. 그들을 막기 위해 마법 인형을 만들 수 있지만, 인형을 만드는 동안 그들에게 나쁜 의도를 보내지 않도록 매우 주의해야 한다. 그들에게 위험할 정도로 화가 나 있거나 지나치게 감정적이라면, 다른 사람에게 부탁해 인형을 만드는 것이 나을 수 있다. 감정적으로 격잉된 상태에서 인형을 만들면 재앙을 낳을 수 있다.

주변에 성가신 사람이 있어 그들이 당신의 삶에 영향을 미치지 않도록 하고 싶다면 좀 더 순화된 마법을 할 수 있다. 그 사람이 관심을 다른 데로 돌리는 모습을 상상해보라. 그것이 당신의 삶에 가져올 평화를 시각화하고, 그들을 긍정적으로 그려보라.

상사가 당신을 괴롭히고 있다면, 그가 친절하게 프로젝트에 대해 유익한 방향을 제시하는 모습을 시각화하라. 시어머니가 악의적이거나 업신여기는 태도를 보인다면, 그녀가 따뜻함과 행복으로 가득하고 그대를 친절과 존중으로 대하는 모습을 그려보라. 이웃이 당신의 삶을 불행하게 만들고 있다면, 그들이 현관과 울타리 주위에 장미가 핀 아름다운 새집으로 이사 가는 장면을 상상하라. 순수하고 증오 없이 이런 생각을 한다면 모든 일이 잘 풀릴 것이다.

인형을 만들고 주문 시전하기

지금까지 필수적인 내용을 잘 숙지했는가? 이제 인형을 만들어보자. 천을 재단하고, 바느질하고, 인형을 축복하는 방법을 잘 살펴보라. 소울메이트 찾기, 집을 쉽게 팔거나 금전운을 증가시키는 주문이 예시로 제시되어 있다.

≫≫≫ 자신을 위한 마법 인형 만들기 ≪≪≪

천이나 실의 색, 허브, 다른 재료는 특정 목적에 맞게 바꾸어 선택할 수 있다. 기억하라, 무엇보다 선한 의도와 마음을 가지고 인형을 만드는 것이 중요하다.

준비물

- 30센티미터×30센티미터 천(81~82쪽 색상 목록과 의미 참조)
- 초크나 직물 펜
- 원단용 가위와 핀(선택사항)
- 적절한 색상의 실
- 속재료(짚, 쌀, 폴리에스터 파이버 필, 솜, 기타)
- 적절한 종류의 허브(83~85쪽 참조)
- 목표 대상에게서 가져온 개인 물건
- 펜과 종이
- 흰색 티라이트 캔들
- 적절한 색상의 양초

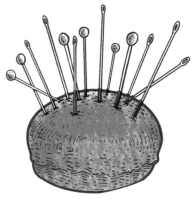

의식

1. 고른 직물을 안쪽을 맞대어 반으로 접는다(어떤 크기로든 제작할 수 있지만 대략 16센티미터 길이로 하는 게 적합하다).

2. 초크나 직물 펜을 사용하여 직물에 인형의 윤곽을 그린다. 인형 윤곽에 1센티미터 시접을 두고 가위로 모양대로 자른다(더 쉽게 자르려면 직물의 양 끝을 핀으로 고정한다). 동일한 크기와 모양의 천이 두 장 나왔다.

3. 색상 항목(81~82쪽)을 참조하여 실을 선택한다. (다시 한번 말하지만 목적에 맞는 색상이어야 한다.) 직물과 같은 색상, 또는 힘을 더할 새로운 색상을 선택할 수도 있다. 속재료나 물건을 넣기 위한 창구멍을 남기고 주위를 꿰맨다.

4. 인형에 허브나 종이, 개인 물건 등 효과를 높이기 위한 것을 넣을 수 있도록 합성이나 유기농 솜을 적당히 추가한다.

5. 이제 허브나 개인 물건, 대상이 될 사람의 이름이 적힌 종이를 인형에 넣는다(91~99쪽의 특정 주문을 활용할 계획이라면 그에 맞는 것을 지금 인형에 넣는다).

6. 모든 준비가 끝나면, 흰색 티라이트 캔들에 불을 붙이고 이를 제단에 올린 인형 양쪽에 놓는다. 이제 인형을 축복할 차례이다. 다음의 축복문을 양초가 타는 동안 세 번 읽는다.

"인형에 담긴 부정적인 기운은 모두 사라지리라.
이 부드러운 빛과 함께,
나는 누구에게도 해를 끼치지 않으리라."

양초가 다 타게 둔다. 이 모든 과정을 끝냈다면 이제 마법 인형이 완성되어 그 임무를 수행할 준비가 된 것이다.

관계를 위한 주문

관계에 대한 주문을 걸 때는 항상 하나는 자신을 상징하는 인형, 다른 하나는 상대방을 상징하는 인형, 2개를 만든다.

⟫⟫⟫⟫ 행복한 관계를 만드는 주술 ⟪⟪⟪⟪

준비물

- 천: 여성과 사랑을 위한 분홍색 혹은 남성을 위한 연노란색/금색
- 실: 가정의 행복을 위한 진청색
- 허브: 사랑과 로맨스를 위한 바질/성과 열정, 사랑을 위한 시나몬
- 양초: 사랑을 위한 분홍색 양초

의식

앞에 제시한 재료로 인형을 만든다. 각 인형에 키스를 하고 양초에 불을 붙인다. 다음의 주문을 세 번 말하고 '그렇게 될지어다'로 마무리한다.

> "사랑스러운 마음과 매력적인 입맞춤으로,
> 우리는 방해받지 않는 행복 속에 거하리라.
> 신성한 모든 것과 함께 사랑하리라.
> 그대와 나, 우리의 마음은 하나가 되었네."

두 인형을 함께 서랍에 넣어둔다.

⪢⪢⪢ 애인을 만드는 주술 ⪡⪡⪡

2개의 인형이 필요하다. 하나는 그대를 상징하고 또 하나는 미래의 애인을 상징한다. 이 의식은 보름달이 뜨는 금요일 저녁에 행한다.

준비물

- 천: 여성과 사랑을 위한 분홍색, 남성을 의미하는 연노란색/금색
- 실: 재미, 웃음과 기쁨을 위한 오렌지색
- 허브: 사랑을 갈망하는 딜/사랑을 기원하는 버베나
- 양초: 사랑을 위한 분홍색
- 기타: 중간 이상의 큰 화분, 화분용 흙, 종이와 펜

의식
앞에 제시된 재료들로 인형을 만든다. 종이에 이상형의 모든 특징을 적은 다음 이를 허브와 함께 인형에 넣는다. 모든 준비가 끝나면, 양초에 불을 붙이고 양초와 인형을 제단에 놓는다. 다음의 주문을 말하고 '그렇게 될지어다'로 마무리한다.

> "새로운 사랑을 찾으니, 소망을 들어주소서.
> 이 밤에 당신을 부르니 당신이 오면
> 사랑이 시작되리라."

흙을 충분히 담은 화분을 현관 밖에 두고 인형을 화분에 묻는다. 연인은 어느 곳에서나 나타날 수 있으며 주문이 작동하려면 며칠에서 한 달까지 걸릴 수 있다.

⟫⟫⟫ 이별 후 상처를 치유하기 위한 주술 ⟪⟪⟪

이 의식은 하나의 인형만 필요하다.

준비물

- 천: 오래된 옷 한 자락(색은 중요하지 않다)
- 실: 치유를 위한 연노란색
- 허브: 주문의 힘을 높이기 위한 쑥, 스트레스를 날리기 위한 마조람
- 양초: 불안을 날리기 위한 라벤더색

의식

위 재료로 인형을 만든 뒤 다음 주문을 세 번 읽고 '그렇게 될지어다'로 마무리한다.

> "천사여! 제 영혼을 치유하소서.
> 자유로운 마음을 소망하오니,
> 옛사랑을 떠나보내고
> 더 나은 삶을 주소서."

마법 인형을 한 달 동안 머리맡에 놔두면 시간이 지날수록 고통이 줄어들 것이다.

금전과 관련된 주문

때때로 예기치 않은 고지서가 현관 매트에 떨어지고 이를 낼 돈이 충분하지 않을 수 있다. 매달 수입과 지출의 균형을 맞추는 데 애를 먹고 갑자기 돈이 필요한 일이 생기기도 한다. 진짜 필요한 돈을 정령들에게 부탁하는 것은 죄가 되지 않는다. 우주에 돈을 부탁한다면 우주는 딱 필요한 만큼만 주기 때문에 잭팟이 터지기를 바라는 사람은 실망할 것이다.

≫≫≫ 여윳돈을 끌어당기는 주술 ≪≪≪

이 주문은 초승달일 때 수요일에 한다.

준비물

- 천: 금전운을 좋게 하기 위해 초록색이나 어두운 노란색/구리색
- 실: 초록색이나 어두운 노란색/구리색
- 허브: 부유함을 끌어당기기 위한 캐모마일과 에키네이셔
- 기타: 약간의 동전과 자석
- 양초: 금전운을 위한 초록색

의식

앞에 제시된 재료를 이용해 인형을 만든다. 인형에 허브와 선택한 개인 물건을 채울 때 동전 또는 자석도 넣는다. 다음의 주문을 세 번 말한 다음 '그렇게 될지어다'로 마무리한다. 의식이 끝난 후에는 인형을 가방이나 주머니에 몇 주 동안 보관한다.

"지갑을 풍요로 채워주소서,
이는 탐욕이 아니오라,
진정으로 필요한 것을 채우기 위함이옵니다."

≫≫≫ 사업 성공을 위한 주술 ≪≪≪

이 주문은 달이 차오르는 기간의 목요일에 해야 한다.

준비물

- 천: 자영업과 사업을 위한 보라색
- 실: 돈을 위한 초록색
- 허브: 사업을 위한 민트, 성공을 위한 레몬 밤
- 양초: 보라색

의식

앞에 제시된 재료를 이용해 인형을 만든다. 다음 주문을 세 번 말한 다음
'그렇게 될지어다'로 마무리한다. 인형을 금전등록기 근처나 일하는 곳
가까이에 둔다.

"모든 고난과 스트레스가 사라지게 하소서.
당신의 힘을 빛으로 내리시어 성공을 안겨주소서.
풍요의 여신이여, 제게 오소서.
사업은 번창하리니, 이는 곧 나의 운명입니다."

⟫⟫⟫ 집 매매와 이사를 위한 주술 ⟪⟪⟪

집을 파는 데 어려움을 겪고 있거나 단순히 새
집으로 이사하고 싶을 때, 이 마법 인형이 모
든 장애물을 제거하도록 도움을 줄 것이다.

준비물
- 천: 부동산과 이사를 위한 갈색, 어두운 노란색
- 실: 갈색 혹은 어두운 노란색
- 허브: 성공을 위한 레몬 밤
- 기타: 문제를 제거하기 위한 황수정, 이사를 위한 작은 조가비, 원예용 삽
- 양초: 갈색 혹은 어두운 노란색

의식
앞에 제시된 재료들로 인형을 만든다. 황수정, 조가비, 허브를 개인 물건
과 함께 인형에 넣는다. 양초를 켜고 다음 주문을 세 번 말한 다음 '그렇
게 될지어다'로 마무리한다.

> "제 공간을 변화시켜주소서.
> 황수정과 레몬, 조가비를 통하여
> 곧 이사를 앞두고 있음을 보나이다."

양초가 다 탈 때까지 기다렸다가 원예용 삽으로 인형을 집 밖이나 정
원 또는 화분에 묻는다. 이사가 결정되면 인형을 파내는 것을 잊지 말라.

그렇지 않으면 새로 이사 온 사람이 그곳에 오래 살지 못할 수도 있다.

치유를 위한 주문

육체·정신적 문제로 강력한 치유의 힘을 필요로 한다면, 마법 인형이 큰 도움이 될 수 있다. 마법 인형에 개인 물건을 넣어 누구를 위한 것인지, 어떤 문제를 해결하려는 것인지 명확히 해야 한다. 또한 고통받는 사람의 이름과 질병을 종이에 적어 인형 안에 넣는 것도 좋은 방법이다.

⟫⟫⟫ 건강을 기원하는 주술 ⟪⟪⟪

준비물

- 천: 치유를 위한 연노란색 혹은 금색
- 실: 연노란색 혹은 금색
- 허브: 건강을 위한 로즈메리, 베르가못, 에키네이셔, 페퍼민트 / 우울과 불안을 줄이기 위한 라벤더, 쑥 혹은 파슬리
- 양초: 연노란색 혹은 금색
- 기타: 종이와 펜

의식

앞에 제시된 재료들로 인형을 만든다. 종이에 고통받는 사람의 이름과 질병을 적어 인형 안에 넣고 마감한다. 양초를 켜고 다음 주문을 세 번 말한 다음 '그렇게 될지어다'로 마무리한다.

"천사여, 치유의 여신이시여!
그들(또는 나)에게 강인함을 주시고,
당신의 마법 같은 사랑으로 이 질병을 치유하소서."

≫≫≫ 부정적인 사람을 쫓아내는 주술 ≪≪≪

우리는 모두 삶의 특정 시기에 곤란을 겪거나 골치 아픈 사람을 만난다. 이번에 만드는 인형은 그대가 곁에서 쫓아버리고 싶은 사람을 나타낸다. 인형의 앞면은 하얗게, 뒷면은 검게 만든다. 이는 암흑 같은 삶을 없애고 밝은 에너지가 들어오는 것을 상징한다. 이 주문을 오직 선한 의도로 해야 함을 기억하라.

준비물
- 천: 선함을 나타내는 흰색/악을 나타내는 검은색
- 실: 정화를 위한 흰색
- 허브: 부정을 제거하기 위한 마늘, 펜넬, 세이지
- 기타: 원예용 삽
- 양초: 중립적 감정을 위한 흰색

의식
앞에 제시된 재료들로 인형을 만든다. 인형 앞부분은 흰색 천, 뒷부분은 검은색 천을 사용한다. 제단에 양초를 올린 뒤 불을 켜고 다음의 주문을 세 번 말한 다음 '그렇게 될지어다'로 마무리한다.

"그대를 시공간에서 추방하노라.
더 이상 그대의 얼굴을 보지 않으리라.
정당한 마음으로 그대를 내쫓으며,
그대의 모든 흔적을 지우리라."

양초가 스스로 꺼질 때까지 둔다. 마법 인형을 들판이나 숲속 같은 자연의 낙엽 더미 아래나 땅에 묻는다. 해당 인물은 당신의 삶에서 사라질 것이지만, 그들에게 해가 가는 일은 없을 것이다.

마법 주머니

마법 주머니는 인형과 매우 유사한 방식으로 만든다. 인형처럼 그 안에 힘을 담을 수 있다. 적합한 색의 실과 재료를 이용해 끈 주머니를 만들거나 가게에서 하나 구매해도 된다. 마법 인형처럼 주머니에 해결하고 싶은 문제를 나타내는 허브나 작은 물건을 넣을 수 있다. 주문의 힘을 증폭시키기 위해 주머니를 제단 위 적합한 색의 양초 옆에 올려놓고 주문을 말한다.

사랑과 기쁨으로 가득 찬 주머니는 특히 결혼식, 세례식 또는 위카닝, 생일, 연말연시 행사에서 행운과 성공을 전하는 훌륭한 선물이 된다. 주머니를 받는 사람은 행운과 성공의 축복을 받는다.

Chapter 5

펜터클의 힘

펜터그램은 전 세계에 걸쳐 많은 문화권에서 아주 초창기부터 사용되었던 상징으로 오각별을 말한다. 오각별에서 다섯 꼭짓점의 의미는 문화마다 다르지만 우주에 존재하는 다섯 원소인 공기, 불, 물, 흙, 마음(정령, 영혼)을 나타내는 것으로 널리 알려져 있다.

숫자 5는 매우 의미가 깊은데 인간과 관련된다. 우리에게는 손가락 다섯, 발가락 다섯에 다섯 가지 감각(후각, 시각, 청각, 촉각, 미각)이 있다. (십자가형을 받은 그리스도에게는 다섯 군데의 상처가 있다.[1]) 이슬람교에는 매일 다섯 차례의 기도 시간이 있다. 심지어 팔다리를 벌리고 선 인간의 모습을 오각형 모양으로 보기도 한다.

---

1. 십자가에 못 박히면서 생긴 양발의 상처와 양손의 상처 그리고 로마 군인이 창으로 찔러 생긴 옆구리의 상처를 의미한다.

네오페이거니즘에서는 지팡이나 아싸메로 공중에
다섯 꼭짓점을 가진 별을 그려 의식 마법과 주문에 사용했다.
펜터클은 마법을 하는 동안 마녀를 보호해주기에
모든 의식을 시작하기 전에 이를 행하는 것이 좋다.

펜터클 색상과 주문

위치크래프트와 위카 마법에서는 여섯 가지 색상의 펜터클이 각기 다른 목적을 지닌다. 색상은 삶의 특정 문제를 상징하며, 이를 활용하면 다가오는 곤경에 긍정적인 영향을 미칠 수 있다.

1. 가족과 우정(파란색)
2. 금전과 풍요(초록색)
3. 건강과 웰빙(노란색)
4. 사랑, 결혼, 인간 관계(분홍색)
5. 일과 사업(빨간색)
6. 영적 문제(보라색)

문제 상황에 적합한 색상의 펜터클을 선택하고 그 에너지를 활성화하기 위한 방법은 다음과 같다.

1. 도움이 필요한 상황에 맞는 색상의 펜터클과 같은 색상의 양초를 준비한다.
2. 양초에 불을 밝히고, 펜터클 위에 왼손을 올린 채 몇 분간 집중하며 그 에너지가 느껴지는 순간을 기다린다.
3. 제시된 주문이나 자신에게 적합하다고 생각하는 주문을 큰 소리로 읊어 펜터클의 에너지를 활성화한다.

소망을 마음속에 명확히 떠올리는 것은 펜터클의 힘과 깊이 연결되고 요청에 더 큰 의미를 부여한다. 이 의식은 펜터클과 불을 밝힌 양초만 있으면 되니 매일 실천하여 마법력을 연마할 수 있는 훌륭한 방법이다.

• 파란색 •
가족과 우정

**파란색 펜터클은 자녀, 친구 혹은 친척과 관련된
모든 상황에 도움을 준다.**

<사례> 자녀가 서로 자주 다퉈 걱정이고 그들이
좀 더 잘 지내기를 바란다면 왼손을 파란색 펜터클에
올리고 다음 주문을 말한다.

"오늘 펜터클의 힘을 소환하여
[이름] 사이의 갈등을 해결하노라.
관계를 회복하여 사랑이 충만하게 하소서.
그렇게 될지어다."

• 초록색 •
금전과 풍요

초록색 펜터클은 금전운을 올려 풍요롭게 해준다.
만물의 힘을 이용해보라. 만약 현금을 요청한다면,
만물은 필요한 만큼만 줄 가능성이 높다.

<사례> 예상치 않게 돈 쓸 일이 생겼는데 돈을 구하기 힘들다면 이를 이용해보라.
왼손을 초록색 펜터클에 올리고 솔직하고 정확하게 돈이 필요한 이유를 말한다.

"금전운을 위해 만물의 힘을 소환하노라.
예상치 못한 지출이 필요하니 이를 해결해주소서.
저에게 약간의 여윳돈을 주소서.
그렇게 될지어다."

• 노란색 •
건강과 웰빙

건강과 관련된 모든 문제에는 치유의 색상인
노란색 펜터클이 유용하다.

<사례> 잠이 들기 어렵고 숙면을 취할 수 없다면 왼손을
노란색 펜터클에 올리고 원하는 바를 말한다.

"잠과 휴식의 천사들이여!
평화로운 잠을 허락하소서.
깊게 잠들고 상쾌하게 깨어나게 하소서.
그렇게 될지어다."

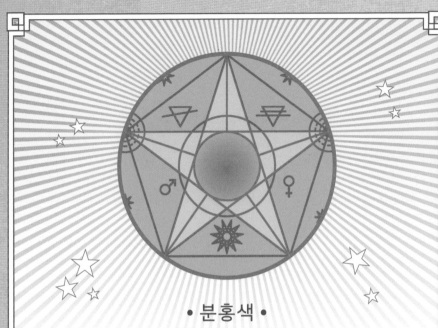

• 분홍색 •

사랑, 결혼, 인간관계

혼자이거나 연애 중이거나 사랑이나 열정과 관련된 일에는
분홍색 펜터클이 도움이 된다.

<사례> 한동안 혼자만의 삶을 즐겼는데 이제 새로운 연인을 찾을 준비가 되었다면
왼손을 분홍색 펜터클에 올리고 따뜻한 마음을 담아 다음의 주문을 읽는다.

"사랑의 여신과 천사여!
진정한 사랑을 찾을 수 있게 하소서.
올바른 방향을 알려주고 새로운 사랑을 보내주소서.
특별한 사람과 삶을 함께하게 하소서.
그렇게 될지어다."

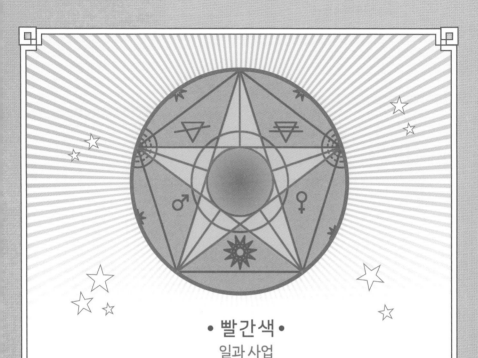

• 빨간색 •
일과 사업

직장에서 어려움을 겪고 있거나 사업이 잘 풀리게 하고 싶다면,
빨간색 펜터클의 힘을 이용하라.

<사례> 새로운 직업을 원하고 딱 맞는 직업을 찾는 데 도움이 필요하다면
왼손을 빨간색 펜터클에 올리고 성공을 마음에 그리며 다음과 같이 말한다.

"온 우주의 힘이여!
올바른 방향으로 인도하시고
새로운 직업을 주소서.
직장 생활에 행운이 깃들게 하소서.
그렇게 될지어다."

• 보라색 •
영적 문제

사랑하는 이가 세상을 떠난 후 그들을 더 가까이서 느끼고 싶거나,
심령 능력을 깨우고 싶거나, 명상 중에 영적 세계로부터
도움을 받고자 한다면, 보라색 펜터클을 사용하라.

<사례> 영적 파동과 영적 능력을 높이고 싶다면 왼손을 보라색 펜터클에 올리고,
마음속으로 원하는 바를 떠올리며 다음과 같이 말하라.

""마법의 힘이여! 내 마음과 몸을 열어주소서.
영적 능력이 향상되게 하소서.
영안을 열어 통찰력을 주소서.
그렇게 될지어다."

펜터클 vs 펜터그램

다섯 꼭짓점을 가진 오각별은 통상적으로 펜터그램이라 부른다. 하지만 원 안에 있는 오각별은 '펜터클'이라고 한다. 펜터그램을 둘러싼 원은 모든 인류와 다섯 가지 원소를 보호함을 상징한다. 오늘날 마녀들은 제단에 신성한 상징으로 펜터클을 올린다. 흔히 주문은 펜터클이 새겨진 물건 위에서 시전되며, 주문에 강력한 효과를 더하기 위해 별의 다섯 꼭짓점에 촛불(양초)을 배치한다. 많은 이들이 펜터클에 우리를 도와줄 특별한 힘이 있다고 믿는다.

펜터그램을 거꾸로 뒤집으면 뿔 달린 염소 형상이 되는데, 이는 일부 네오페이거니즘에서 믿는 뿔 달린 신을 상징한다. 서양 역사의 어느 시점에서는(20세기에도 그랬다) 이러한 형상을 사탄이나 악마 숭배의 상징으로 곡해했다. 시간이 흐르면서 어둠의 마법을 사용하는 자들이 거꾸로 된 펜터그램을 사용했다.

대다수 마녀는 흑마법을 하는 이들과 다르기 때문에 이런 부정적인 상징과는 관련이 없다. 우리는 순수하게 치유나 자연 마법을 실천하기 때문에 똑바로 되어 있는 펜터그램을 사용한다.

Part 2

영적
마법

Chapter 6

영적 안내자와의
소통

많은 부모가 자녀에게 상상의 친구가 있다고 이야기하고 심리학자는 이를 자녀의 건강한 발달 단계에서 나타나는 자연스러운 현상이라고 믿는다. 대부분의 경우, 이는 아이들이 자신의 삶과 감정을 통제하는 방법 중 하나이며 더 나아가 창의성과 자존감 향상에 도움이 된다고 한다.

이 책의 저자 리애나의 어린 시절 상상 속 친구와의 경험을 들여다보자. 리애나의 상상 속 친구는 늘 그녀 곁에 있었고, 전적으로 중요한 존재가 되었다.

리애나의 경험

기억이 나는 그 순간부터 내 곁에는 상상의 친구 에릭이 있었다. 식탁에 그의 자리를 따로 마련하지 않았고, 집 안에서 일어난 작은 사고들을 그의 탓으로 돌리지도 않았으며 에릭을 실제로 본 적 역시 없었지만 에릭이 존재함을 깨닫고 있었다. 매일 밤 잠들기 직전, 눈을 감으면 그의 모습이 떠올랐다. 에릭은 금발에 파란 눈을 가진 소년으로 그가 나타날 때마다 누군가가 사랑스럽게 나를 안아주는 것 같은 느낌이 들었다. 에릭은 나와 같은 나이였고 대부분의 아이들이 자라면서 상상 속 친구가 사라지는 것과 달리 에릭은 내 어린 시절과 청소년기 내내 함께했다.

내가 세 살이 되었을 때 에릭은 나에게 처음 환영을 보여주었다. 환영은 늘 내가 잠에 빠져들 때쯤 나타났다. 몇 년 후 여덟 살의 어느 날, 나는 학교에서 가장 친한 친구가 자전거에서 넘어져 오른쪽 얼굴의 피부가 벗겨지는 큰 상처가 생기는 환영을 보았다. 에릭이 친구는 괜찮을 거라며 위로했다. 에릭의 말에 나는 별다른 생각 없이 잠이 들었다. 다음 날 아침, 나는 아침을 먹으며 어머니에게 내가 본 장면을 상세히 설명했고 어머니는 조용히 내 이야기를 들어주었다.

며칠 후 어머니와 내가 학교에 갔을 때 에릭이 보여준 환영에서처럼 친구의 오른쪽 얼굴에 큰 상처가 생긴 것을 볼 수 있었다. 나는 깜짝 놀라 친구를 쳐다보았고 친구의 어머니는 내게 "걱정하지 마, 리애나. 보기보다는 심각하지 않아. 자전거를 타다가 넘어졌을 뿐이야."라고 말했다.

내가 나이를 먹어감에 따라 에릭도 함께 성장했다. 나는 종종 이 금발의 젊은 친구가 나에게 말을 걸거나 삶의 문제에 대해 조언을 해주는 꿈을 꾸곤 했다. 10대가 되었을 때 비로소 나는 그가 단순한 상상 속 친구가 아니라, 나의 영적 안내자였음을 깨달았다!

영적 안내자란 무엇인가?

영적 안내자는 우리처럼 여러 번, 수천 년에 걸쳐 환생한 영혼이다. 그러면서 우리가 상상할 수 있는 거의 모든 상황을 겪고 인간의 감정도 전부 경험했다. 그렇기에 영적 안내자는 우리가 영적으로 발전해가는 데 필요한 지혜와 지식을 우리에게 전해줄 수 있다.

영혼은 반복적으로 환생하면서 특정한 완벽의 상태에 도달한다. 그러면 이 땅에 더 이상 환생하지 않고 영적 안내자가 되어 우리를 이끌기 위해 각 사람에게 할당된다.

많은 책에서 영적 안내자는 양성을 동시에 가진 존재라고 하지만 내 경험에 따르면 영적 안내자에게 성별이 존재한다. 에릭에 대해서는 이미 말했고 20대에 꿈에서 여성 안내자를 만났다. 나는 그녀를 제인이라고 불렀는데 그저 여배우 제인 세이무어Jane Seymour와 닮았기 때문이다. 제인은 내가 산부인과 문제를 겪을 때 나타나기 시작했기에 특정 분야에 특화된 안내자가 있다고 믿게 되었다.

7년쯤 전에는 또 다른 영적 안내자, 피터를 만났다. 새아버지가 자격을 갖춘 임상 최면 치료사였기에 전생 퇴행을 부탁했다. 몇 주 후 새아버지는 내게 깊은 최면을 걸었고 나는 순식간에 태어나기 이전의 시간으로 여행을 떠났다. 태중에 있을 때 느꼈던 감정인 듯 말로 표현하기 힘들지만 묘하게 익숙한, 포근하고 안전한 고치 안에 있는 듯한 신비로운 느낌이 들었다.

새아버지가 나에게 조금 더 거슬러 올라가, 잉태되기 전으로 가보라고 말했다. 순간, 나는 무감각해졌고 몸에서 완전히 분리된 듯한 느낌을 받았다. 어두운 터널을 지나 앞으로 나아갔는데 저 멀리 눈부시게 밝은 빛이 보였다. 그 빛은 바라보아도 눈이 아프지 않았으며, 그 빛 속에서 순수한 사랑이 나를 기다리고 있는 듯했다. 가능한 한 빨리 그곳에 도착해야 할 것 같다는 생각이 들었다.

마침내 그곳에 도착했을 때 어두운 터널은 내 뒤로 사라지고 밝은 빛이 나를 감쌌다. 내 앞에는 스무 명 남짓한 사람들이 서 있었다. 그중 몇몇은 아는 얼굴이었고 몇몇은 낯설었다. 부모님, 남편, 그리고 바로 내 옆에 앉아 있던 새아버지도 그 무리에 있었다. 이 생에서 내가 소중하게 여기는 친한 친구들도 보였다. 모든 것은 하얗게 빛났고 아름다운 연무가 낀 것처럼 흐릿했다. 나는 순간 감정이 벅차올랐다. 마치 잃어버렸던 가족을 맞이하는 듯 모든 이의 시선이 나에게 집중되는 느낌이었다.

그곳에 있는 이들은 각자 다른 객체이지만 같은 파동을 지녔으며 서로의 일부임을 알 수 있었다. 조용히 그들을 바라보며 어느 정도 시간이 지나자 죽으면 아무도 말해주지 않아도 모든 것을 다 알게 된다는 것을 이해하게 되었다. 지상에서 지녔던 의문들에 대해서도 본능적으로 답을 얻었다.

내 앞에 있는 사람들은 영혼의 가족이었다. 어머니의 얼굴을 보면서 여러 번 함께 환생했음을 알게 됐다. 전생에는 내가 그녀의 어머니였으며, 어머니는 내 누이, 사촌이었다. 다른 생에서는 가장 친한 친구이기도 했다. 우리는 모두 역할을 바꿔가면서 환생했다. 이는 매우 기이한 깨달음이었다. 나는 조용히 그룹을 관찰하면서 각 삶의 단편들을 회상했다.

그때 사람들 사이에서 한 남자가 나섰다. 내가 이번 생에서는 한 번도 본 적 없는 사람이었지만 그가 누구인지 그냥 알 수 있었다. 나는 감정이 북받쳐와 울어버렸다. 그의 이름은 피터였고 그를 마지막으로 본 뒤 너무 많은 세월이 지났다. 내가 어떻게 그를 잊을 수 있었을까? 피터는 웃으며 내 손을 잡았다. 이는 매우 기이하고 낯선 체험이었다. 내 뇌의 기억에는 그가 존재하지 않기 때문이다. 하지만 내 영적 자아는 눈 모양과 색상, 코 윤곽까지 그의 모든 특징을 기억했고 그를 향한 사랑으로 가득했다. 로맨틱한 감정보다 깊은, 더 강렬하고 안전한 사랑 말이다. 피터는 텔레파시로 자신이 나를 위해 존재해온 영적 안내자인데 내가 자라면서 에릭과 제인에게 그 역할을 넘겼다고 말했다.

그후로도 몇 년 동안 나는 전생 퇴행을 계속하며 여러 번 '삶과 삶 사이의 시간'으로 돌아갔다. 나는 삶의 영속에 대해 더 많은 것을 알고 싶었고, 이미 알고 있는 것을 계속 상기할 필요가 있었다. 이러한 전생 퇴행 경험은 삶의 영적 측면을 이해하고, 내가 누려온 지혜를 다른 사람들에게 전하는 데 큰 도움이 되었다. 나는 영적 안내자와 연결되는 특권을 얻었다. 더 큰 행운은 영혼의 세계를 방문한 것이다. 그곳에서 사후 세계에 관한 많은 정보를 얻었는데, 정보의 양이 너무 많아 이 장에서 다 이야기할 수 없을 정도이다. 하지만 그것을 통해 배운 것에 진심으로 감사한다.

전생에서 무엇을 발견할 수 있는가?

수많은 삶과 삶 사이의 시간에서 흥미로운 것을 많이 알게 되었는데 다음은 내가 중요하게 생각하는 몇 가지 정보이다.

환생의 이유와 목적은 무엇인가?

환생의 목적은 영혼의 진화이다. 더 많은 삶을 살수록 더 많이 배우게 되며, 그 지식을 통해 우리의 파동 에너지는 점차 상승한다.

우리가 살 수 있는 다른 행성이 많기에 늘 지구로 돌아오는 것은 아니다. 사실 지구는 다른 행성보다 약간 까다로운 장소로 더 가혹한 교훈이 존재한다. 그렇기에 지구에서의 환생을 선택하면 짧은 시간 안에 훨씬 더 많은 것을 이룰 수 있다.

선택이 두 번째 핵심이다. 우리는 환생할지 말지를 선택할 수 있다. 아무도 환생을 강요하지 않는다. 하지만 영적 가족과 함께하기 위해서는 환생이 중요하다. 우리 영혼의 동반자들은 환생을 선택했는데 그대는 그냥 있는다면 그들의 영혼은 빨리 발전해 그대를 뒤에 남겨두고 떠날 가능성도 있다.

우리는 환생할 신체도 선택할 수 있다. 영적 세계에는 수백 만의 천사와 영적 안내자가 있지만 흔히 엘더 Elder라 불리는 더 높은 파동을 지닌 존재가 어떤 육체로 환생할지, 어떤 시련을 겪을지를 같이 논의하며 도와준다. 이 과정은 시간이 걸릴 수 있지만, 그들은 우리가 다양한 삶을 경험하도록 격려하여 영혼이 발전하고 공감력을 높일 수 있도록 돕는다.

예를 들어, 성격이 여리고 항상 다른 사람에게 지배당하는 사람은 영적으로 더 단호해지는 법을 배울 때까지 이런 유형의 사람으로 계속 환생할 것이다.

엘더는 우리에게 태어날 날짜와 죽을 날짜를 미리 알려준다. 또한 우리와 함께 환생할 다른 영혼 구성원들도 알려준다. 이것이 우리가 왜 때때로 데자뷰를 느끼며 어떤 일이 일어날지 무의식적으로 아는 이유이다. 첫눈에 반하는 것도 마찬가지이다. 우리가 이 생에서 사랑하는 사람들은 이전에 이미 만났고, 함께 수백 번 환생한 존재들이다. 그래서 이 생에서 처음 만났음에도 사랑의 감정을 느끼고 오랫동안 알고 지낸 것처럼 생각되는 것이다. 지상에서 친구가 되는 사람들은 영혼의 가족이다. 한 생애에서 친척, 배우자, 연인이었지만 다른 생에서는 단순히 이웃, 친구, 직장 동료가 될 수 있다. 역할은 바뀔 수 있지만, 우리는 여전히 같은 영혼 가족의 구성원이다.

태어날 때 영혼은 어떤 일을 겪는가?

영혼은 잉태된 순간에 물리적인 신체에 들어오지 않는다. 임신 기간 동안 영혼은 태아 안팎을 들락거린다. 영혼과 신체가 연결되고, 적응하는 데는 아홉 달이 걸린다. 태어나는 순간 영혼은 신체에 들어간다. 하지만 영혼은 두 돌까지는 잠을 자는 동안에 영혼의 세계와 지상의 세계를 계속 들락거린다. 이 기간 동안 우리는 지상에서의 여정을 계속할지 아니면 영혼의 세계에 남을지를 선택할 수 있다.

어릴 때는 영적 안내자들과 밀접하게 연결되어 있다. 영혼의 세계에서 온 지 얼마 되지 않았기에 영적 안내자를 보기도 하고 소통도 할 수 있다. 자라면서 영적 안내자는 점점 보이지 않게 되고 꿈과 잠재의식을 통해서만 우리와 소통한다.

왜 전생을 기억하지 못하는가?

우리가 태어나기 전에 사후 세계와 전생의 모든 기억은 지워진다. 이번 삶에서 직접 교훈을 얻어야 하기 때문이다. 우리가 전생을 기억할 수 있다면, 현생에서 상황을 대하는 방식에 영향을 미칠 수 있다.

왜 삶에서 이렇게 많은 어려움을 겪어야 하는가?

어려움을 극복할 때마다 우리의 영혼은 성장하고 성숙해진다. 무의식적으로 남을 해치거나 괴롭히는 것이 잘못임을 알고 있다면 이는 이미 전생에서 타인을 박해했거나 괴롭힘을 당한 경험이 있기 때문이다. 실제 그런 상황에 있어보지 않고는 진정으로 공감하기가 어렵다.

외국에서 굶주리는 아이들에게 깊은 공감을 느꼈다면 이 역시 전생에서 똑같은 경험을 해보았기 때문이다.

환생은 그대가 습득한 교훈과 세부 사항을 지워버리지만 영혼은 여전히 그 교훈을 어딘가에 간직하고 있다. 이러한 과정을 통해 영적인 자아가 완벽에 도달하기 위해서는 모든 감정을 이해하고, 경험을 양쪽에서 바라보아야 한다는 것을 깨닫게 된다. 이 말은 우리가 진정한 공감과 이해를 얻기 위해서는 다양한 감정과 상황을 직접 경험해봐야 한다는 뜻이다. 예를 들어, 가해자의 입장과 피해자의 입장을 모두 경험해야 괴롭히는 행동이 주는 상처를 이해할 수 있다.

왜 끔찍한 사람과 함께 태어나는가? 우리는 방치하거나 학대하는 부모, 참아내기 힘든 형제자매와 함께 환생할 수 있다. 때로는 잘못된 시간과 장소에 태어나 포식자와 마주치기도 한다. 참기 힘든 이런 사람들은 내가 속한 영혼 그룹의 가족이 아니다. 영혼에는 다양한 수준이 있고 수많은 영혼 그룹이 존재한다. 태어나기 전, 우리는 다르거나 더 낮은 수준의 영혼 그룹과 함께 환생하기로 동의하기도 한다. 그들이 더 빨리 성장하게 돕기 위함이다. 이 선택은 우리에게도 이롭다. 문제가 있는 사람이나 학대 성향의 사람을 대하면서 우리의 파동 에너지를 높일 수 있기 때문이다.

왜 정신이나 신체의 문제를 갖고 태어나는가?

사후 세계에서 우리에게는 아무런 정신적 또는 신체적 문제가 없다. 그러나 새로운 생을 살 때, 영혼들은 장애를 가진 삶을 경험하기로 결정하기도 한다. 이는 영혼이 빠르게 성장하도록 돕고 동시에 부모나 선생님, 의사, 간병인 등 그들의 삶에 도움이 되는 모든 사람에게 학습의 기회를 제공한다. 우리는 모두 어느 시점에서는 장애를 가진 삶을 경험하며, 또한 장애를 가진 이를 사랑하고 돌보고 양육하는 사람으로 태어나기도 할 것이다. 다시 한번 말하지만 정신적 또는 신체적 장애를 겪는 몸으로 환생할 때, 더 빠르게 높은 영적 수준에 도달한다.

왜 부자와 가난한 자가 존재하는가?

환생하는 동안 우리는 어떤 때는 막대한 부를 소유하고, 또 어떤 때는 경제적 어려움을 겪는다. 부자로 태어나면 상위 파동 에너지를 가진 엘더들이 우리가 돈을 어떻게 관리하는지 주의 깊게 관찰한다. 이는 일종의 테스트이다. 어려운 이들을 돕고 주위를 돌본 부유한 유명인사들은 사후 세계로 넘어갈 때 특별 점수를 얻는다. 또한 경제적으로 어려울 때 인간은 본질을 드러내는데, 이런 경험을 통해 물질의 소중함을 깨닫고 남을 배려하는 마음을 갖게 된다.

어떤 종교가 옳은가?

어떤 종교를 따르든, 지구에 사는 모든 사람은 여정을 이끌어주는 영적인 헬퍼Helper를 갖고 있다. 인간은 더 높은 차원의 힘이 존재함을 알게 설계되어 있고 종교는 인간이 그것을 이해하도록 돕는 방식일 뿐이다. 영적 안내자와 엘더는 영적인 길을 따르는 게 인간에게 얼마나 중요한지 안다. 종교는 우리를 더 친절하고 사려 깊게 만들고 타인을 돕게 하기에 이들에게 환영받는다. 사실 교회, 사원, 모스크(회교 사원)를 다니는 대다수 사람은 점잖고 윤리적이다. 영적 안내자와 천사들은 우리가 신과 소통하려고 노력하는 것을 좋아한다. 종교 의식, 기도, 명상은 영혼을 발전시킨다. 죽을 때 모든 사람은 상위의 힘을 즉각적으로 깨닫는다. 살아생전 이쪽 방면으로는 아무 관심도 없던 사람이라도 이 힘에 관한 모든 진실을 배우게 된다. 영혼은 죽음의 순간 신의 위대한 설계에 따라서 모든 것을 이해하고 받아들이기 때문이다.

사후 세계에는 종교가 없음도 알게 된다. 사후 세계는 그저 있는 그대로의 당신으로 편안하게 존재할 수 있는 공간이다.

영적 안내자는 어떻게 우리에게 메시지를 보내는가?

자꾸만 뭔가 찜찜한 느낌이 든다면 이는 영적 안내자가 메시지를 보내려 한다는 신호이다. 영적 안내자는 우리의 감정을 통해 소통한다. 어느 날 아침 일어났을 때 불길한 느낌이 든다면 이를 영적인 경고로 여겨야 한다. 우리는 인식하지 못하지만 영적 안내자는 우리가 밤에 잠잘 때뿐만 아니라 깨어 있을 때도 직접적인 메시지를 보낸다. 실제로 듣거나 볼 수는 없지만 우리 감정에 해석해야 할 생각과 느낌의 씨앗을 심는다. 이것이 직관을 믿어야 하는 이유이다. 때때로 우리의 영적 친구가 우리에게 특정 느낌을 갖게 만들기 때문이다.

영적 세계는 우리가 특정 일을 하거나 삶에서 어떤 길을 선택해야 할 때 도움이 되는 신호를 보낸다. 그들은 기회의 문을 열어주기도 한다. 난

데없이 일자리를 제안받았다면 안내자가 새로운 방향을 제시한 것일 수도 있다. 나는 삶에서 일어나는 모든 일에 주의를 기울이고, 항상 더 큰 그림을 보는 것이 중요함을 배웠다. 모든 일에는 이유가 있기 때문이다.

영적 안내자나 영혼이 된 사랑하는 이들은 자신들이 우리와 함께 있음을 알기를 바란다. 그래서 그들은 가끔 아포트Apport를 보낸다. 아포트는 영적인 세계에서 보낸 작고 단단한 물체들, 가령 작은 수정, 핀, 열쇠 같은 것들이다. 무슨 물건이든 가능하지만 보통 받는 사람에게 의미가 있는 것이다. 영혼의 세계에서 흔히 보내는 또 다른 물건은 흰 깃털이다. 흰 깃털은 천사의 손길을 의미하며 위로가 필요한 사람에게 종종 나타난다. 깃털은 보호의 상징이기도 하므로 만약 흰색 깃털을 보았다면 천사들이 당신을 지켜보고 있으며 영적인 세계가 그대를 보호하고 있음을 믿어도 좋다.

죽을 때 어떤 일이 벌어지는가?

전생 체험에서 한 번은 죽음의 과정을 거쳐 영적 세계로 이동했다. 그러면 터널을 통과한 다음 바로 최종 목적지로 이동하는 것이 아니라 병원과 유사한 곳으로 먼저 가 영혼을 정화하고 치유하는 과정을 거친다는 것을 알게 되었다. 영적 세계에는 시간 개념이 없다고 하지만 어떻게 죽었느냐에 따라서 이 과정에서 시간이 걸릴 수 있다.

만약 갑작스러운 죽음이었다면 영혼은 충격 상태에 있을 수 있으므로 새로운 환경에 적응하는 시간이 필요하다. 병을 앓다 죽은 사람이라

면 그들은 영혼의 균형을 잡아야 한
다. 상위의 존재, 엘더가 영혼을 재정
비하고 치유하는 과정에서 함께한다.
이 과정을 마쳐야만 다음 여정으로 넘
어갈 수 있다.

영적 안내자가 보통 영적인 세계로
들어가는 다음 과정을 돕는다. 나는
영적 세계의 아름다움에 감탄했다. 내
상상과는 완전히 달랐다. 영적 세계는
지상과 비슷했으나 천 배는 더 아름다
웠다.

희열로 가득 찬 그곳은 구석구석
완벽했으며 물방울 하나하나까지도
또렷하고 신선하게 느껴졌고, 꽃들은
풀과 하나 되어 노래를 불렀다. 나는 한 번도 보지 못한 색상들을 보았는
데 도무지 그 색들을 설명할 단어가 없었다. 산들은 연분홍색과 라벤더
색이고 심지어 하늘을 둥둥 떠다니는 섬도 있었다. 마침내 나는 모든 이
의 안식처가 다르다는 것을 알았다. 영혼의 세계는 당신을 잘 알고 있기
때문에, 당신의 영적인 장소는 당신의 영혼과 완벽하게 조화를 이루며
당신에게 꼭 맞는 곳이 된다.

당신이 죽기 전에 정원사였다면, 가장 아름다운 정원과 좋아하는 식
물과 꽃들로 가득 찬 곳이 안식처일 수 있다. 집에 있는 것을 좋아하는 사
람이었다면, 영적인 장소는 당신의 취향에 맞는 호화로운 집이 될 것이

다. 죽음이 임박하여 영적인 세계로 이동하기 바로 직전, 당신을 사랑하는 영혼들은 흥분한다. 장기간 사랑하는 사람을 보지 못했다고 생각해보라. 다시 함께할 수 있다는 행복한 기대감으로 가득할 것이다. 마침내 그들과 만나면 많은 이야기를 나눠야 한다. 어떤 이유로 사랑하는 누군가가 환영 파티에 참석하지 못했다면, 보고 싶은 사람을 마음속으로 떠올려라. 바로 그들과 함께할 것이다.

죽을 때 심판받는가?

영적인 세계에서는 그대가 삶에서 마주치는 모든 상황을 관찰한다. 특정 상황에 어떻게 반응하고, 일상에서 어떤 수준의 친절을 보여주는지, 행동을 어떻게 통제하는지는 모두 영적인 발전에 중요하다. 따라서 이 지구에서 사는 동안 최선을 다해야 한다. 우리 각각은 이 세상과 다른 사람의 삶에서 변화를 만들어낼 능력을 가지고 있다. 타인보나 우월한 사람은 없고 모든 개개인은 똑같이 귀한 존재이다.

첫 만남에서 피터는 나를 거대한 옛 건물로 데려갔는데 그곳에서 흰옷을 입은 엘더들을 만났다. 그들이 내 삶을 평가했는데 이는 심판 따위하고는 전혀 달랐다. 삶에서 모든 중요한 사건들을 회상하는 시간, 어떤 부분에서 실패했고 또 어떤 성취를 이뤘는지를 깨닫게 해주는 시간이었다. 누구도 올바른 행위를 하지 않았다고 질책하지 않았다. 그저 다음 생애에 향상시켜야 할 부분을 스스로 깨닫게 할 뿐이었다.

상위의 존재들은 깊은 사랑과 이해를 담아 내 삶을 보여주었다. 또한 이곳에서는 아카식 레코드[1]를 통해 과거 생애를 인식하고 그때부터 지금까지의 강점이나 단점을 비교할 수 있다. 평가 과정이 끝나면 그대는 사랑하는 이들과 함께 영적인 세계에서 자유롭게 지낼 수 있다. 마침내 다시 환생하는 순간이 올 때까지 말이다.

지옥은 존재하는가?

죽을 때 우리가 가는 곳이 우리의 영혼을 반영한다고 했다. 영적으로 더 발전할수록 더 아름다운 장소에 가게 된다. 지상에서 사악한 행동을 했거나 잔인하고 불친절했던 사람은 선하게 살았던 사람에 비해 덜 아름답고 더 어두운 곳에 있게 될 것이다. 그곳이 지옥은 아니더라도 불쾌한 장소임에는 틀림없다. 최종적으로 어떤 장소에 도착하든 영적인 지도지가 우리를 도와준다. 이들은 젊은 영혼들이 사후 세계의 여정을 빠르게 마치고 영적으로 성숙할 수 있도록 환생을 돕는다.

영적 발달 3단계

크게 세 단계로 나뉘지만, 수백 개의 하위 단계가 존재한다.

- **초급영혼** 혹은 젊은 영혼은 환생을 많이 하지 않은 상태이다. 그들은 이기적이고, 자기애가 강하며, 공격적이거나 폭력적이고, 잔인하거나 악

---

1. 아카식 레코드(Akashic Record): 우주에 존재하는 모든 경험, 사건, 생각, 감정, 의도 등이 보관된 영적 기록의 장으로, 모든 시간과 공간에 걸쳐 존재한다고 믿어진다. 여기에는 각 개인의 삶과 영적 여정에 대한 모든 정보가 저장되어 있다고 한다.

의와 질투심을 보일 수 있다. 종종 공감이나 연민을 느끼지 못하며 동물이나 사람에게 못되게 군다.

- **중급영혼** 여러 번 환생했고 영적인 이해도가 일정 수준에 도달했다. 종교와 신앙에 관심을 가지며(어떤 종교에 빠지는지는 문제가 되지 않는다) 일반적으로 친절하고 이타적이며 측은지심이 있다. 열심히 일하며 도덕성이 높고 관대하다. 최상위 영혼이 되기까지 아직도 기나긴 여정이 남았지만 올바른 과정을 밟고 있다.

- **고급영혼** 이들은 이 땅에 환생할 수 있는 과정을 모두 완수했다. 수천 번의 삶을 살았고 거의 모든 인간의 감정을 경험했다. 삶에서 고급 영혼을 가진 사람을 만날 기회는 드물다. 이런 영혼의 소유자는 극소수이기 때문이다. 그들은 경건하며 이기심이 없고 이해력이 뛰어나다. 자신보다 타인의 삶을 더 소중히 여기는 진보한 영혼이다. 고급 영혼은 환생을 통한 영적 배움을 마치고 영적 안내자나 천사가 되어 이 땅에 다시 올 것이다. 그리고 다른 이들의 환생을 통한 영적 수행을 돕는다.

명상으로 영적 안내자와 소통하기

피터를 만나면서, 더 중요하게는 전생 체험에서 그와 함께했던 시간을 기억할 수 있게 되면서 나는 현실 세계에서도 그와 소통할 수 있는 방법을 찾아야겠다고 생각했다.

영적 안내자는 그대가 무서워하기를 바라지 않기에 대낮에 불쑥 나타나지 않는다. 성공적인 소통을 하기 위해서는 더 심오한 영적 상태를 받아들일 준비가 되어 있어야 한다. 완벽한 소통을 하려면 많은 연습이 필요하며 고도의 명상 상태에 있어야만 한다. 영적 비전은 보통 잠을 자는 것과 깨어 있음의 중간 단계나 잠에서 깨어나기 직전에 주로 볼 수 있다. 일반적으로 꿈에서 중요한 정보를 보는 경우가 많으므로, 잠자리 옆에 메모장과 펜을 놓아두는 게 좋다.

수년에 걸친 많은 연습 끝에 나는 이 소통의 기술을 터득했다. 나에게 있어 이는 마치 스크린으로 동영상을 보는 것과 같다. 이미지는 검은 배경에 금색 테두리와 함께 나타난다. 동영상처럼 움직이며 1분에서 3분 정도 지속된다. 영적 비전을 보기 전에 약간 이명과 비슷한, 그러나 거슬리지 않는 울림을 듣는다. 이는 내 영혼이 상위 존재의 파동에 맞춰질 때 생기며, 그러고 나서 마침내 안내자와 연결된다.

다음에서 소개하는 간단한 명상법은 영적 안내자와의 연결에 도움이 될 것이다.

아이템을 활용해보자

크리스털은 집에 놓아두면 좋은 물건이다. 방 안 에너지의 균형을 잡아주며 심신을 안정시킨다. 다음 7개의 크리스털은 명상에 더 집중할 수 있게 도와준다. 나는 이러한 크리스털을 침실에 두라고 권한다. 굳이 비싼 것을 살 필요는 없다. 반질반질한 돌이나 작은 원석도 크고 비싼 원석만큼 효력을 낼 수 있다. 선택은 그대의 몫이다.

- **흑전기석**Black Tourmaline 지구와 인간의 영혼 연결, 차크라 정렬 (전기석은 투어멀린, 토르마린이라고도 부른다)
- **사금석**Aventurine 심장 차크라에 활력을 줘 평온함과 웰빙을 가져옴
- **엔젤라이트**Angelite 안내자와 천사의 소환에 사용
- **자수정**Amethyst 영적인 능력을 향상시키고 명상을 돕는 평온의 돌
- **장미석**Rose Quartz 스트레스와 긴장 완화, 부정적인 에너지를 긍정적인 에너지로 대체시켜 오라[2] 회복, 사랑의 파동을 높임
- **투명 수정**Clear Quartz 힐링 에너지 증폭, 완벽한 치유 원석
- **홍옥수**Carnelian 명상 중에 집중력 향상

마음챙김 명상하기

처음 피터와 소통하려고 애쓸 때 나는 명상으로 시작했다. 어떤 영적 소통을 시도하든 적어도 30분은 명상을 해야 영적인 연결이 가능하다. 많은 사람이 30분간 명상하는 것을 어려워하지만 일단

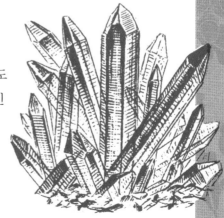

---

2. 오라(Aura): 인간의 신체가 내뿜는 일종의 에너지장

요령을 익히면 쉬워진다. 명상법은 수백 가지가 있으니 온라인을 통해 그대에게 맞은 명상법을 찾아보라.

낮 시간에 명상하고 싶다면 크리스털을 골라 손에 쥔다. 여러 가지 크리스털을 사용하고 싶다면 주위에 원형으로 두른다(의자에 앉든 바닥에 앉든 상관없다). 취침 시간에 하고 싶다면 크리스털을 침대 밑이나 잠자리 옆에 둔다.

명상을 할 때는 주변을 조용하게 하고 편안한 자세로 앉거나 눕는다. 몇몇 책에 나온 것처럼 반드시 가부좌를 할 필요는 없다. 그저 편안하게 완전히 이완된 상태이면 된다. 나는 침대에서 이불을 덮고 태아 자세로 눕는 걸 좋아하지만 반듯이 눕거나 똑바로 앉는 것을 선호할 수도 있다. 선택은 온전히 그대의 몫이다.

첫째, 몸에서 힘을 뺀다. 먼저 발부터 시작하여 신체의 각 부위에 집중한다. 발에 집중해 발가락 하나하나에서 완전히 힘을 뺀다. 그다음 발목, 종아리 근육 등을 차례대로 이완한다. 우리의 목표는 마음을 차분하고 평화롭게 만드는 것이다. 허리 아래 부분에 집중할 때 10초간 케겔 운동을 하고 엉덩이도 몇 초간 조였다 힘을 뺀다. 상체에 도달하면 어깨를 몇 초간 목 쪽으로 올렸다가 떨군다. 어깨가 원위치로 돌아갈 때 찌릿찌릿한 느낌을 받을 것이다. 모두 천천히 진행한다. 얼굴 근육에 도달하면 온몸이 이완되는 느낌이 든다.

둘째, 호흡에 집중한다. 숨을 고르게 쉰다. 코로 쉬든 입으로 쉬든 편한 방식이면 된다. 깊고 느리게 숨을 들이마시고 천천히 내쉰다. 몸이 가벼운 느낌이 들 때까지 몇 분간 계속하라. 마음을 비우고 눈을 감는다. 어둠에 집중하여 어둠 속에서 어떤 모양이나 빛을 찾을 수 있는지 주시한다.

질문하기

이제 무언가 정보를 얻기 위해 안내자에게 질문하는 순간이다. 마음속에 떠오르는 질문에 몇 분간 집중하며 안내자에게 묻는다.

> "영적 안내자를 만나고 싶습니다.
> 당신은 이곳에 있나요? 모습을 보여줄 수 있나요?"

눈을 감고 있을 때 패턴이나 형태가 보이거나 이상하게 편안한 느낌이 들 수도 있다. 이때의 경험은 사람마다 다르다. 아무것도 느끼지 못했더라도 낙심하지 말라. 어떤 안내자는 깨어 있는 동안에는 나타나지 않고, 그대가 잠들 때를 기다릴 수도 있다. 그들은 당신이 의식이 있는 상태에서 그들을 받아들일 준비가 되지 않았다고 생각할 수 있다. 이 시점에서 영적인 조율을 이뤄내면 내면의 생각과 직감을 따라야 한다.

> "당신은 남성인가요? 여성인가요?
> 아니면 어디에도 속하지 않나요?"
> "당신의 이름을 알려줄 수 있나요?"

자신이 어떤 존재 앞에 서 있다고 상상하라. 에너지를 끌어내고 처음 떠오른 답을 신뢰하라. 상상력을 확장하려 노력하라.

답을 듣기까지 수차례 명상을 해야 할 수 있지만, 직감을 믿어라. 직감이 떠오르는 데는 이유가 있다. 이름이 바로 떠오르지 않거나 명상을 해도 응답을 못 받을 수 있다. 그러나 며칠 뒤에 답이 올 수도 있으니 징조들을 찾아보라. 이어지는 며칠 동안 TV나 라디오에서 같은 이름을 반복적으로 듣는다면, 아마도 안내자가 당신에게 부드럽게 신호를 보내는 것일 수 있다. 어느 날 아침에 머릿속에 명확한 이름이 떠오를 수도 있다.

일단 안내자의 이름을 알아냈다면 그대는 그들과 연결되는 자신만의 길을 찾은 것이다. 안내자와의 깊은 소통을 위해서는 잠에 들기 전 매일 밤 명상해야 한다. 사람들은 이따금 명상 중에 잠에 빠지는데 그래도 괜찮다. 깊은 명상에 들어가면 파동이 고조되며 에너지가 변화하고 심화된다. 이렇게 되기까지는 많은 연습이 필요하다. 빠르게 깊은 명상에 들어가는 요령을 터득한 뒤에는 필요에 따라 안내자를 불러낼 수 있다.

영적 메시지 쓰기

영적 메시지 쓰기Automatic Writing는 사이코그래피Psychography라고도 불리는데 심령술이나 영적 교신을 통해 글로 메시지를 전달하는 것을 의미한다. 영적 안내자와 소통하는 방법 중 하나로 영적 메시지 쓰기는 트랜스 상태(무아지경)에 있어야 하기 때문에 명상 직후에 하는 것이 좋다.

종이와 펜

나는 펜과 종이를 사용할 때 가장 좋은 결과를 얻었다. 쓰는 것보다 빠르게 자판을 칠 수 있다면 컴퓨터도 선택할 수 있다.

종이를 탁자에 두고 그 앞에 앉는다. 어떤 부정적인 에너지도 침범하지 못하게 흰색 양초에 불을 켠다. 초보자라면 15분 타이머를 맞춰놓는 것도 좋은 생각이다. 짧은 시간에 폭발적으로 써내는 게 종종 더 좋은 결과를 가져온다. 눈을 감거나 눈가리개를 쓴다. 영적 안내자에게 그대의 손을 인도해 달라고 요청한다.

종이에 글을 쓰기 시작하라. 무엇을 쓰는지는 중요하지 않다. 자신의 이름과 현재 기분을 적거나, 무작위로 아무 글자나 써도 된다. 나는 보통 안내자에게 편지를 쓰는 것으로 시작한다. 이렇게 말이다.

> "친애하는 피터, 오늘 나에게 와주세요.
> 제 펜을 이끌어 영적 세계의 메시지를 보내주세요."
>
> (글씨가 마치 여섯 살짜리의 필체처럼 보이더라도 놀라지 말라.)

소리 내어 질문을 하거나 질문을 적으면서 시작할 수도 있다. 예를 들어, 곧 새 직장을 얻을 수 있을지, 자녀들이 괜찮은지, 건강이 나아질지 등 알고 싶은 것을 물어본다. 다음과 같은 질문으로 시작하면 좋다.

> "그대의 이름은 무엇인가요?"
> "그대는 나의 안내자인가요?"
> "제게 수호천사가 있나요?"

"걱정이 곧 사라질까요?"
"새 직장을 얻을 수 있을까요?"
"좋은 인연이 생길까요?"

그야말로 알고자 하는 모든 것을 적어라. 질문을 적거나 소리 내어서 말한 다음 펜에 집중해 쓰기 시작한다. 손가락이 저리거나 약간 어지러운 느낌이 들 수 있다. 이는 안내자와 연결되었을 때 일어나는 현상이다. 쓰는 것을 멈추지 말라. 어떤 것도 삭제하지 말고 문법이나 맞춤법도 신경 쓰지 말라. 눈을 감고 영적 상태에 들어가 펜에서 마법이 나오는 것을 느껴라.

영혼의 메시지 해독하기

15분간 쓴 다음에 눈을 뜨고 이를 읽어보라. 일부는 알아보기 어렵거나 전혀 말이 안 될 수도 있다. 그 점에 대해 너무 걱정하지 말라. 철자가 정확하지 않을 수 있지만, 의미는 이해할 수 있을 것이다. 철자의 순서가 바뀐 애너그램^{Anagram} 형태로 나타날 수도 있다.

사례 olve = love
Mynmaesiwiliam = 마이 네임 이즈 윌리엄(My name is William)

더 숙련되면 영적인 상태에 들어가는 것이 쉬워지고 메시지가 더 명확해질 것이다. 연습이 중요하다. 그러니 영적 메시지 쓰기를 매일 연습해보라. 연습할 때는 주변을 조용하게 하라. 텔레비전을 끄고 아무도 그대를 방해하지 못하게 하라.

악령, 악마, 그리고 괴물

이번 장에서는 주로 영적 소통의 긍정적 측면을 이야기했다. 하지만 잘 못했다가는 악령 같은 어두운 에너지의 먹잇감이 될 수 있다는 것에 주의해야 한다. 마녀는 악마를 믿지 않는다. 악마(또는 사탄)는 기독교적인 개념이기 때문이다. 위칸은 기독교적 개념인 악마를 믿지 않지만 그렇다고 이것이 사악한 영적 존재를 부정한다는 의미는 아니다. 영적 세계, 아스트랄Astral계를 여행할 때 때때로 악령, 악마 혹은 사악한 존재를 만나기도 한다.

이런 존재들은 더 진보한 영혼의 순수함에 이끌리는데 이는 마치 나방이 밝은 빛을 좇는 것과 같다. 따라서 영적 세계에 발을 들이기 전에 자신을 보호하는 법부터 배워야 한다. 악령은 우리가 두려워하는 것을 즐기며 우리의 두려움은 악령을 더 강하게 만든다. 그러니 겁이 나고 두려워도 그들에게 아무런 반응을 하지 않는 게 최선이다. 악령은 종종 그대가 깊은 명상 상태에 있을 때 나타난다. 감은 눈 뒤로 추한 얼굴을 보거나 최악의 경우 나쁜 무언가를 끌어들일 수도 있다. 이런 일이 생기면 대천사 미카엘을 소환하라. 또한 안내자에게 보호를 요청하고 그대를 황금빛 보호막으로 둘러싸 달라고 부탁하라.

악령을 처리하는 최선의 방법은 어떤 두려움도 내비치지 말고 너희는 환영받지 못하는 존재이니 바로 떠나라고 단호하게 말하는 것이다. 명상

135

전 짧은 의식으로 나쁜 존재들의 침범을 예방하는 것도 좋은 방법이다.

기도를 통한 준비

편안한 자세로 앉아 아름다운 보라색이나 황금색 거품 안에 있다고 상상한다. 몇 분간 흰색 빛이 몸으로 쏟아져 내려오는 것을 시각화한다. 마음속으로 다음의 주문을 말한다.

> "온 우주적 긍정의 힘과 천사와 영적 안내자여,
> 그리고 영적으로 함께하는 사랑하는 이들이여,
> 영적 연결 중에 저를 지켜주소서.
> 사랑과 보호의 힘으로 감싸주시고
> 순수한 영혼만이 제게 오게 하소서."

사악한 존재를 마주했을 때

이 주문은 위험에 처했을 때 필요하니 외울 것을 권한다. 원치 않는 존재를 만나면 악한 영혼이 사라질 때까지 다음 주문을 반복해서 암송하라.

> "치유자이자 보호자인 대천사 미카엘이시여,
> 이 존재를 제 앞에서 사라지게 하시고
> 이 이미지를 제 마음에서 지워주소서.
> 이 악령을 모든 시공간에서 없애주소서.
> 오직 순수하고 친절한 존재들만 오게 하소서."

반려동물과의 영적 재회

영적으로 섬세한 많은 사람이 동물을 키운다. 그들은 반려동물을 소중히 여기며 가족 구성원으로 받아들인다. 동물은 말을 못하기 때문에 어떤 면에서 인간보다 더 소중하다. 피터와 몇 년 전 소통하면서 동물은 어떤 카르마도 없다는 것을 알게 되었다. 이 땅에 태어난 동물들의 목적은 인간의 영혼에게 연민을 가르치고 인간이 더 높은 파동 에너지에 연결되는 것을 돕기 위함이라고 했다. 작은 거미부터 거대한 고래에 이르기까지 동물의 왕국을 이해하고 진실로 그들을 존중한다면 우리의 오라는 더 높고 순수해진다(영혼의 발전은 126~127쪽 참조). 동물을 좋아하지 않는 사람은 초급 영혼으로 아직 환생을 많이 경험하지 못했을 것이다.

사랑하는 동물 친구가 죽을 때 우리는 가족 구성원이 죽은 것마냥 슬퍼한다. 몇 년 전 내 반려견 중 세 마리가 8주 사이에 모두 죽었다. 나는 거짓말 한마디 안 보태고 완전히 정신줄을 놓을 지경이었다. 그때 나는 동물들이 죽으면 가는 무지개 다리에 대해서 읽었다. 매우 아름답고 따스한 장소로 우리가 죽을 때까지 반려동물이 사는 곳이다. 우리가 죽으면 사랑스러운 반려동물은 기쁘게 우리를 맞이하러 올 것으로 생각된다. 우리는 영적 세계에서 그들과 시간을 보낼 수 있다.

사랑하는 강아지들이 떠난 직후 나는 피터에게 강아지들이 안전히 개무지개 다리에 도착했는지, 그들이 확실히 잘 있다는 메시지나 징조를 보내줄 수 있는지 물어보았다. 다음 날 아침 여섯 시 무렵 환상 속에서 나는 밥 삼촌을 보았다. 밥 삼촌은 동물을 정말로 사랑했는데 몇 년 전에 세상을 떠났다. 삼촌은 아름다운 햇살이 비치는 풀밭에서 나의 사랑스러운 반려견 보더콜리 그웬과 놀고 있었다. 햇살 아래에서 갈색 털이 반짝거렸고 넘치는 에너지로 주위를 껑충껑충 뛰어다녔다. 갑자기 그웬의 모습이 살구색 푸들로 변했다. 그 순간 밥 삼촌이 내 쪽으로 걸어와 미소를 지었다. 삼촌은 자신이 '동물들의 보호자'라고 했다. 밥 삼촌은 동물을 돌보는 데 헌신한 사람이 영적 세계의 동물이 옛 주인을 다시 만날 때까지 돌보는 보호자가 되는 것은 흔한 일이라 말했다.

반려견을 잃은 충격으로 비탄에 빠져 있다면 이미 세상을 떠난 동물이 이따금 주인에게 찾아온다는 것을 떠올리며 마음의 위로를 찾아라. 다음의 징조가 보인다면 반려견이 당신을 찾아온 것이다.

1. 반려견 꿈을 꾼다. 잠을 잘 때, 우리의 파동 에너지는 더 높아진다. 그래서 사람과 동물의 영혼이 연결되기가 더 쉽다.
2. 잠에 빠져들기 직전 무언가가 침대에 앉아 있거나 팔에 무게감이 느껴진다. 아니면 등에 무언가가 드러누운 것 같다.
3. 알 수 없는 감각이 느껴진다 강아지 혹은 고양이의 영혼이 예측하지 못할 때 다리를 스친다.
4. 희미한 울음소리를 듣거나 혹은 고양이 문이 자동으로 열린다.

나는 삼촌이 내 사랑스러운 강아지들을 내가 살아가는 동안 지켜보고 돌본다는 사실에 더 행복해졌다. 나는 사후 세계에서 다시 한번 그들을 만날 것이라고 확신한다.

영원히 행복하게 살기

항상 자신에게 친절하라. 그대는 완벽하지 않다. 그것이 그대가 환생한 이유이다. 장애의 극복이든 타인을 돕는 것이든, 모든 사람에게는 각자 태어난 목적이 있다. "왜 내게 이런 일이 벌어지는 거지?"라고 묻지 말라. 평탄치 못한 삶이더라도 그대가 선택한 것이다. 이런 경험에 동의했고 경험을 통해 얻은 지식과 깨달음으로 그대는 성장할 것이다.

삶은 고난이며, 이 세상은 거대하고 세계적인 교실로 쓰디쓴 교훈을 배우기 위해 오는 곳이다. 그대의 삶에서 가장 힘든 시련을 겪었던 때를 회상하며 무엇을 변화시킬 수 있었는지 혹은 무엇을 배웠는지 스스로에게 물어보라. 이러한 고난을 겪지 않는다면 그대는 비슷한 일을 겪는 타인에게 공감하거나 그들을 도울 수 없다. 삶은 행복한 순간도 선사한다. 그대는 이 행복의 순간을 기억해야 한다.

당신이 완벽을 추구하는 신성한 근원의 일부임과 이 탐구에는 시간이 걸린다는 것을 이해해야 한다. 때로는 여러 생애에 걸쳐서 탐구해야 할 수 있다. 조급해하거나 거짓된 모습으로 행동하지 말라. 자신의 결점을 인정하고 더 나은 사람이 되도록 연습하라. 매일의 삶에 영성을 더하고 당신이 여기에 있는 이유를 생각하고 성찰하라.

내면에서 버럭 화가 치밀어올라도 항상 타인에게 친절하도록 노력하라. 말썽을 피우는 자녀나 참견하는 시어머니는 사실 그대가 돕기로 한 초급 영혼일 수 있다. 항상 인내심을 잃지 않도록 노력하라. 우리는 모두 각기 다른 속도로 삶을 살아가고 있기 때문이다. 당신의 영적 세계가 다른 사람과 다를 수 있음을 기억하고, 이번 생에서도 그리고 다음 생에서도 아름다움을 초월하여 완성된 존재가 되는 것을 목표로 매진하라.

Chapter 7

미신과
징조

모든 것을 예사로 보지 않는 사람이라면 거울이 깨져 바닥에 떨어지거나 누군가가 사다리 밑으로 일부러 걸어 들어가는 모습을 보면 등골이 오싹할 것이다. 미신을 전혀 믿지 않는 사람들조차 불운을 연달아 겪으면 자신에게 불길한 징조가 드리워져 있다고 생각한다. 이 믿음은 어디에서 왔을까? 여기에 어떤 신빙성이 있을까? 행운이나 불운이 다가오고 있음을 징조로 알 수 있다는 것을 허튼소리로 치부하는 사람들도 많지만 그보다 더 많은 사람들이 여기에 어느 정도 진실이 있다고 느끼며 이를 믿는다.

　거의 모든 문명이 그들의 역사를 바탕으로 고유한 미신과 징조에 대한 믿음을 가지고 있으며 이는 인류와 함께 존재해왔다. 이 장에서 그중 일부를 소개한다. 이것이 일부임을 유념해야 한다. 몇 주 밤낮으로 미신과 징조에 대해 이야기해도 시간이 모자르고 결국 우리가 배워야 할 것

들이 더 많음을 깨닫게 된다. 이 중 일부는 익숙할 수 있고, 일부는 생소
할 수도 있다. 미신은 주로 고대에 뿌리를 두고 있지만 수십, 수백 년에
걸쳐 발전해왔으며 오늘날까지도 살아남아 우리의 삶에 많은 영향을 미
친다.

징조의 기원과 현대적 의미

징조라는 단어에서 불길한 느낌을 받을 수도 있지만 원래 징조는 사람을
겁주기 위한 것이 아니었다. 고대 문명에서 점성술사들은 신과 소통하는
임무를 맡았다. 그들은 특정한 사건을 신호로 해석하여 그것이 선한 메
시지를 담고 있는지, 아니면 악한 메시지를 담고
있는지 파악했다. 예를 들어, 밤하늘에 밝
게 타오르는 유성을 보고 점성술사들
은 그것이 풍작과 같은 좋은 징조인
지, 자연재해 등과 같은 나쁜 징조
인지를 예측했다.
　지금도 일식이나 월식, 허리케인
또는 전염병 같은 사건에서 축복이나
저주를 찾는 사람들이 있다. 일반적이지 않
은 큰 사건이 발생하면, 이것을 인간 행동에 대한 벌
이나 보상으로 해석하는 사람들이 반드시 나타난다. 1997년 캘리포니

아 샌디에이고에서 헤븐스게이트Heaven's Gate라는 사이비 종교 집단은 헤일-밥Hale-Bopp 혜성의 출현을 징조라고 믿었다. 이 집단의 지도자들은 자살해야 혜성 꼬리 안에 숨겨진 우주선에 탑승하여 지구를 탈출할 수 있다고 설교했다. 그들은 혜성의 출현을 보상으로 보고, 오직 자신들만이 이를 인식하고 구원받을 수 있다고 믿었다. 안타깝게도 많은 사람이 이 믿음에 따라 자살했다. 이는 징조가 얼마나 심각하게 받아들여질 수 있는지를 보여준다.

일부 사람들은 징조를 과거의 유물로 치부하지만 여전히 많은 사람이 징조를 찾으며 살아간다. 이는 징조를 찾는 관행이 오늘날에도 여전히 살아 있음을 의미한다. '그대가 성공하고 있다는 열 가지 징조' 또는 '그대의 연애가 잘되고 있다는 열다섯 가지 징조'와 같은 제목의 게시글을 생각해보라. 이러한 글들은 징조는 변하지 않는 절대적인 것은 아니지만 미래의 일을 어느 정도 암시해줌을 알려준다. 대다수 사람이 알고 있는, 그리고 많은 사람이 미래를 예측할 수 있다고 믿는, 오랜 세월에 걸쳐 검증된 미신과 징조들을 알아보자.

예로부터 전해 내려오는 미신과 징조

미신과 징조의 주된 차이점은 미신은 흔히 어떤 행동(또는 회피)이 필요하지만 징조는 그냥 나타나거나 발생한다는 것이다. 가장 널리 퍼진 미신 중 일부는 종교에서 유래했는데, 사실 어떤 사람들은 종교 자체가 미신의 한 형태라고 생각한다. 다른 미신들은 고대 문명에서 전해져 오는데 미신의 근원이 어디에서 왔든 미신은 사회적인 믿음으로 인해 이어져왔다. 보통 미신은 새로운 해결책을 찾기보다는 나쁜 일이 벌어지는 것을 방지하는 데 목적이 있다.

예를 들어, 한 축구 팬은 경기날 특정 셔츠를 입어야 자신이 응원하는 팀이 패배하지 않는다고 믿는다. 아마도 그 셔츠를 입고 있었던 날에 응원하는 팀이 경기에서 이긴 다음부터 이 믿음이 시작되었을 것이다. 이 믿음에 따라 행동하지 않았을 때 "음, 모든 경기에서 이길 수는 없지"라고 패배를 받아들이는 대신 승패에 개인적인 책임감을 느낀다는 점에 주목하자. 어쨌든 그는 그 셔츠를 입지 않아서 팀이 패배하는 위험을 감수할 생각이 전혀 없다.

우리가 이를 깨닫든 아니든, 우리 중 다수는 징조를 인식하며 미신을 적당히 받아들인다.

새, 동물, 곤충

• 개 개가 연인 사이에서 걷는다면 그들은 곧 헤어질 것이라고 여겨진다. 개가 집까지 따라오면 행운과 좋은 일이 있을 징조이다. 낯선 개가 집에 들어오면 곧 새로운 친구를 만나게 될 것이다.

- **개미** 일렬로 무리를 지어 가는 개미들을 본다면 그들을 넘어가지 말라. 불운을 가져올 수 있다.

- **검은 고양이** 문화권에 따라 좋게 생각하기도 하고 나쁘게 생각하기도 한다. 서양에서는 검은 고양이가 마녀의 친구라고 믿었기에 검은 고양이가 앞에서 가로질러 가면 불길하게 여겼다.

- **공작** 공작 깃털은 악마의 눈과 닮았다고 생각했기에 집에 두는 것을 불길하게 여겼다.

- **까마귀** 까마귀와 관련된 미신은 많지만, 그중에서도 몇 마리를 보는지와 연관된 미신이 가장 유명하다. 한 마리는 불운을, 두 마리는 행운을, 세 마리는 건강을 나타낸다. 네 마리는 풍요가 올 것이라는 징조이며 다섯 마리는 질병이 생길 것을, 여섯 마리는 죽음을 암시한다.

- **까치** 영국의 유명한 전래 동요 〈슬픔을 위한 하나One for Sorrow〉에 따르면 한 마리는 슬픔이나 불행을 상징한다. 두 마리는 즐거움, 세 마리는 딸, 네 마리는 아들을 낳을 것을 의미한다. 다섯 마리는 은을, 여섯 마리는 금을 나타낸다. 일곱 마리는 '절대 말할 수 없는 비밀'을 뜻한다.

- **나비** 나비가 집에 들어오면, 곧 중요한 손님이 찾아와 좋은 소식을 전해줄 것이라는 징조이다.

- **딱정벌레** 나무를 갉아먹는 딱정벌레는 가장 두려움을 주는 미신적 존재일 것이다. 딱정벌레가 신발을 타고 오르거나 벽에서 우는 소리를 듣는다면 죽음이 뒤따른다고 한다. 몇몇 사람은 딱정벌레를 안전하게 밖으로 옮기면 그 저주를 막을 수 있다고 믿는다.

- **말편자** 금속을 두려워하는 것으로 여겨지는 고블린에게서 집을 보호하기 위해 문 밖에 말편자를 탈리스만처럼 걸어두었다. 말편자가 위로 향해 있다면(U자) 이는 거주자들을 축복하며 행복이 가득 찰 것임을 보여주며 아래로 향해 있다면 모든 행운이 달아날 것임을 의미한다.

- **무당벌레** 무당벌레가 지나가는 것은 행운이 올 것임을 의미하며 무당벌레가 그대에게 앉는다면 더욱 그렇다.

- **올빼미** 이 생물들은 수세기 동안 전설처럼 존재해왔다. 아기의 요람에 올빼미 깃털을 넣어 두면 악령을 물리친다고 한다. 영국 북부 지역에서는 올빼미에 대해 강한 미신을 가지고 있어 불운을 가져올까 봐 집에 올빼미 이미지조차 두지 않는다.

- **산토끼** 이 마법 같은 달의 동물은 드물게 볼 수 있지만 보게 된다면 행운이 가득할 것이다.

- **새** 어떤 새든 그대의 머리에 똥을 싼다면 행운으로 여겨진다. 물론 기분은 더럽지만 말이다.

- **암소** 한밤중에 암소가 울면 악이 근처에 있다는 의미이다.

- **염소** 르완다 문화권에서 여성이 염소고기를 먹으면 수염이 난다고 믿는다.

- **참새** 참새 두 마리를 함께 보면 새로운 사랑이 찾아온다는 의미이다. 참새가 집에 들어오는 것은 죽음을 예고한다.

- **토끼** 토끼 발은 종종 보호용 장신구로 착용하거나 휴대를 한다. 매달의 첫 번째 날에 "하얀 토끼"라고 세 번 말하면 앞으로 몇 주간 행운이 찾아올 것이다. 불운과 부정적인 영혼으로부터 보호하기 위해 토끼 발을 지

니지만 원석, 금속, 동전, 보석으로 만든 토끼 애뮬릿도 좋다. 때로는 보호용 기도문이나 주문을 애뮬릿에 새기기도 한다.

- **파랑새** 지금 당장은 느끼지 못해도 행복이 오고 있다는 것을 알려준다.

- **홍관조**Red Cardinals 이 작은 새는 자신을 돌보아야 함을 의미하거나, 생각과 의도를 명확히 해야 함을 상기시킨다. 또한 고인이 된 사랑하는 사람이 가까이에서 지켜보고 있을 때 나타날 수 있다.

그 밖의 다른 미신과 징조

- **11시 11분** 이 숫자나 반복되는 숫자는 좋은 징조로 소망이 이뤄짐을 의미한다. 디지털 시계의 사용이 늘면서 이러한 믿음이 일반화되었다.

- **13** 불운을 예고한다고 믿었다. 예를 들어, 13일의 금요일은 불길하고 위험한 날로 여겨진다. 최후의 만찬에 13명이 참석했고(유다는 열세 번째 제자), 예수가 십자가에 못 박힌 날이 금요일이기 때문이다.

- **3** 많은 문화에서 특별한 의미를 지닌다. 일상생활에서 세 가지가 동시에 또는 연속적으로 발생하면 길하거나 흉하다고 믿었다. 예를 들어, 한 공동체에서 두 명이 사망하면 세 번째 사망자가 곧 뒤따를 것이라고 믿었고 하나의 성냥으로 담배에 불을 붙일 때 세 번째 사람은 저주를 받을 것이라고 여겼다. 세 번의 시험 실패나 세 번의 타이어 펑크 등 일상에서 나쁜 일이 세 번 연속으로 발생할 때, 사람들은 이를 불운의 징조로 인식했다. 하지만 숫자 3은 좋은 일이 세 번 연속으로 일어나는 긍정적인 방식으로도 작용할 수 있다.

· **7** 이 숫자는 행운을 의미한다. 많은 사람이 도박할 때 7에 돈을 건다. 이는 『성경』과 고대 문화에서 왔다.

· **가려움** 귀가 간지럽거나 울린다면 누군가 그대를 언급하고 있음이다.

· **거울** 거울을 깨면 7년 동안 불운이 따른다고 믿었다. 초기 미국인들은 남쪽으로 흐르는 물에 부서진 거울 조각을 7시간 동안 담가두면 불운을 피할 수 있다고 믿었다. 또 다른 방법은 부서진 거울을 달빛이 비치는 땅에 묻는 것이다. 유대 전통에서는 거울이 다른 모든 세계로 통하는 문이라고 생각했기에 사람이 죽으면 거울로 덮어두었다. 거울을 덮지 않으면 고인의 영혼이 이승에 갇혀 떠나지 못할 수 있다고 믿었다. 신혼부부가 우연히 거울에 비친 자신들의 모습을 보면 길고 행복한 결혼 생활을 하게 될 것이라는 속설도 있다.

· **길(인도)의 선** '선을 밟으면 척추가 부러지고 패인 곳을 밟으면 어머니의 등이 부러진다'는 속담이 있다. 이는 고르지 않은 길을 걸을 때 조심하라는 뜻으로 쓰인 듯하다.

· **꿈** 죽음에 관한 꿈은 행운을 의미하며 결혼 관련 꿈은 죽음이 닥칠 것임을 나타낸다. 꿈에 흰색 양초가 나오면 진정한 사랑이 곧 온다는 뜻이다.

· **나무** 불운을 막기 위해 나무를 두드린다. 대부분의 사람들은 "모두 잘될 거야" 같은 긍정적인 말을 한 후, 그 행운을 망치지 않기 위해 나무를 두 번 두드리는 미신을 아직까지 따른다.

· **네잎클로버** 희귀한 네잎클로버는 확실한 행운의 징조로 여겨진다. 네잎클로버를 발견하면 책 속에 눌러 보관하며 영원히 간직한다. 아일랜

드에서는 잎이 세 장이든 네 장이든 모든 클로버가 행운을 가져다준다
고 믿는다.

· **달** 보름달은 잠드는 것을 방해한다. 이를 믿어라, 정말 사실이다.

· **동전** 땅에서 앞면이 보이는 동전을 발견한다면 행운이 따른다. 주워서
가지고 다녀라! 뒷면이 보인다면 불행을 의미하니 손대지 않는다.

· **두통** 오른쪽 눈 주위에 통증이 있으면 어머니나 여자 형제가 놀러온다.
왼쪽 눈의 통증은 아버지나 남자 형제가 온다는 의미이다.

· **묘지의 흙** 묘지의 흙이 신발에 묻었다면 이를 계단 아래 두어라. 행운이
온다고 한다.

· **무지개** 이러한 자연적 현상은 좋은 일이나 축복의 징조로 여겨진다.

· **배** 한때 배에 여성이 타면 불운을 가져온다고 여겼는데, 이는 아마도
여성이 선원들에게 방해가 될 것이라는 생각에서 기인한 것으로 보인
다. 그러나 많은 배가 뱃머리에 여신상을 조각하거나 세웠는데 이는 여
신이 파도를 잠재운다는 믿음에서 비롯한 것이다.

· **별** 밤하늘에 처음 나타나는 별을 보며 소원을 빌면 이룰 수 있다.

· **사과** 사과 껍질을 길게 벗겨 어깨 너머로 던져라. 껍질이 어떤
글자 모양으로 떨어졌는가? 이는 결혼할 사람 이름의 이니셜
을 뜻한다.

· **사다리** 사다리를 벽면에 기대면 삼각형 모양이 된다. 삼각형은
일부 전통에서 생명을 상징하기 때문에 이유 없이 삼각형을 통과
하면 생명의 힘에 도전하는 것으로 치부한다. 따라서 사다리 아
래를 지나면 불운을 가져온다고 믿는다.

- **소금** 소금을 흘렸다면 소금 약간을 왼쪽 어깨 너머로 던져야 불운을 피할 수 있다. 다빈치의 〈최후의 만찬〉에서 그리스도를 배반한 유다의 앞에 소금이 엎질러져 있는 것을 볼 수 있다. 사람들은 이를 보고 흘린 소금을 불운과 연관시켰다. 또 악마가 사람들의 왼편에 있다고 여겨 약간의 소금을 던지면 악마의 눈을 멀게 해 쫓아낼 수 있다고 믿었다.

- **손** 왼손이 가렵다면 수입이 예상된다. 오른손이 가렵다면 지출이 있을 것이다. 가려움을 멈추려면 손을 나무에 얹어라.

- **신발** 영국 문화에서 탁자 위에 신발을 올려놓는 것은 가족 중 누군가의 죽음을 예언하는 것으로 여겨진다. 죽은 광부의 신발을 존경의 표시로 테이블 위에 올려놓던 관습에서 비롯하였다.

- **아기** 아기를 왼쪽으로 눕히면 왼손잡이가 된다고 여기던 시절이 있었는데, 이는 오래전부터 부정적으로 인식되었다. 아이가 드물게 양수 주머니에 둘러싸인 채 태어나는 경우가 있는데, 이는 아기가 크나큰 복을 타고난 것이라 여겼다. 달빛에 노출되면 언청이가 된다는 믿음이 있어 임신부는 임신 기간 내내 달빛을 피하려 애썼다.

- **악몽** 나쁜 꿈이 불운의 전조라고 믿는 사람들이 많다. 심지어 꿈에서 나쁜 일이 명확히 나타나지 않더라도 그렇게 여긴다.

- **옷, 물건** 많은 사람이 행운의 아이템이나 액세서리를 시험, 인터뷰, 여행, 특별한 때에 착용한다. 실수로 옷을 뒤집어 입었다면 행운이 올 거라고 생각했고, 아이들은 눈이 오기를 바랄 때 잠옷을 뒤집어 입었다.

- **우산** 실내에서 우산을 펴면 태양신을 화나게 하여 불운을 가져온다고 여겼다.

149

- **위시본** 양쪽에서 위시본Wishbones(닭 등 새의 목과 가슴 사이에 있는 Y자형 뼈)을 잡아당겨서 더 큰 쪽을 가져간 사람의 소망이 이뤄진다.

- **유성** 유성이 떨어질 때 소망을 빌면 이뤄진다고 믿었다.

- **임신** 임신한 여성이 장례식에 가면 태아에게 불운을 가져올 수 있다고 한다. 출산을 앞둔 여성의 배 위에 줄에 건 금반지를 가져가면 아이의 성별을 예측할 수 있는데 반지가 원을 그리며 움직이면 여자아이, 좌우로 움직이면 남자아이라고 여겨진다.

- **재채기** 악한 영이 몸에서 떠나간다고 믿었기에 사람들은 재채기를 긍정적으로 생각했다. 그런 영향으로 사람들은 재채기를 신의 축복으로 여겼다. 어떤 사회에서는 재채기를 심하게 하면 영혼이 육신을 떠난다고 믿었기에 이를 방지하기 위해 '그대를 축복한다'라는 말을 했다.

- **촛불** 촛불이 저절로 꺼지거나 특별한 이유 없이 꺼지면 가까운 미래에 죽음을 맞는다는 의미이다. 생일에 소원을 빌고 생일 케이크의 촛불을 끄면 소망이 이뤄진다고 전해진다. 밸런타인데이에 분홍색 초를 켜면 사랑이 찾아온다고 한다. 촛불이 켜지지 않으면 폭풍이 다가오고 있다는 의미이다. 출생, 사망, 결혼식 때 촛불을 켜면 악령이 가까이 오는 것을 막아준다고 한다.

- **출생** 〈월요일의 아이Monday's Child〉라는 전래동요가 있다. 동요의 가사에 따르면 월요일에 태어난 아이는 잘생겼고, 화요일에 태어난 아이는 은혜로 가득 차 있고 수요일에 태어난 아이는 슬픔이 가득하고 목요일에 태어난 아이는 멀리 갈 것이다. 또 금요일에 태어난 아이는 사랑이 많고 베풀기를 좋아하며 토요일에 태어난 아이는 열심히 일한다. 안식

일에 태어난 자녀는 즐겁고 아름다우며 명랑하다. 일요일에 태어난 아이가 가장 뛰어나다는 뜻이다.

- **커트러리** 커트러리를 떨어뜨리면 손님이 올 징조라고 여긴다. 찻숟가락을 떨어뜨리면 아이가, 포크는 여성이, 나이프는 남성이 방문할 것을 의미한다. 숟가락을 떨어뜨리면 가족 전체가 방문할 것을 의미한다. 나이프가 떨어져 바닥에 꽂히면 불운이 닥칠 징조이다. 숟가락 2개를 떨어뜨렸을 때 교차되면, 곧 결혼하거나 쌍둥이를 낳을 징조이다.

- **하품** 오늘날 우리는 예의상 입을 가리고 하품을 한다. 하지만 고대에는 악령이 우리 몸에 들어오는 걸 막기 위해 입을 가렸다.

- **호흡** 묘지를 지나치는 동안 악령이 입을 통해 몸으로 들어오는 것을 방지하려면 숨을 참아야 한다는 속설이 있다.

- **휘파람** 집에서 휘파람을 부는 것은 악령이나 불행을 끌어들이는 행위라고 생각했다. 특히 집에 화재가 난다고 여겼다.

결혼식 관련 미신

- **드레스** 결혼식이 시작되기 전에 신랑이 신부의 웨딩드레스를 보는 것은 불길하다고 알려져 있다.

- **부케** 신부가 뒤로 던진 부케를 잡는 사람은 곧 결혼할 것이라고 여겼다.

- **비** 결혼식에 비가 내리는 것은 좋은 징조로 과거 청산, 부부의 결속, 다산, 신부의 마지막 눈물(행복한 결혼 생활을 의미)을 상징한다.

- **꽃종이** 예전에는 다산과 번영을 위해 곡물이나 쌀알을 신랑과 신부에게 던졌는데 이 전통이 결혼식장에서 꽃종이를 뿌리는 것으로 변해 현대에도 지속되고 있다.

- **신부 들러리** 과거에는 신부를 악령으로부터 보호하기 위해 가까운 친구를 들러리로 삼는 관습이 있었다.

- **오래된 것, 새로운 것, 빌린 것, 파란색** 전통적으로 행운을 위해 신부는 오래된 것, 새로운 것, 빌려온 것, 파란색을 몸에 지녀야 한다. 빅토리아 시대에는 신부의 신발에 행운의 6펜스은화를 넣는 전통이 있었다.

- **케이크** 고대 페이간의 전통에는 결혼 케이크와 신랑 케이크[1]가 따로 있었다. 두 케이크 모두 다산을 상징하기 위해 과일로 만들었다. 결혼 케이크를 베개 밑에 두면 장차 결혼할 사람의 꿈을 꾼다고도 전해진다.

이 목록을 통해 사람들은 생각보다 더 많은 징조를 믿고 있음을 알 수 있다. 행운 또는 불운을 나타내는 많은 상징을 보려면 의도를 가지고 명상을 하는 것이 도움이 될 수 있다. 이를 확고히 마음에 새기고, 어떤 종류의 징조가 나타나는지 계속 관찰하라!

---

1. 신랑 케이크(Groom's Cake): 영국 빅토리아 시대에서는 흔히 볼 수 있는 전통이었으며 미국 남부 등 현대에도 일부 문화권의 전통으로 남았다. 신랑 케이크는 신랑의 개성과 취향을 보여주는 특별한 케이크로 결혼 리허설이나 리셉션에 사용된다.

좋은 징조 또는 나쁜 징조

어떤 행동이나 믿음이 해를 끼치지 않고 위안을 준다면 문제가 될 것은 없다. 친구가 이상한 징조나 미신을 믿는다고 해도 그게 그대의 삶에 그 어떤 피해를 주지 않고 친구에게는 오히려 힘을 준다면 징조나 미신이 긍정적인 방향으로 작용하는 것이다. 나이 많은 친척에게 자라면서 알게 된 미신이 있는지 물어보면이 대중적인 것도 있고, 개인적인 경험에서 비롯된 것도 있을 수 있다. 우리는 보통 행운을 가져오는 것은 적극 받아들이고 불운을 부르는 것은 피하려는 경향이 있기 때문에 미신과 징조를 믿는 것은 자연스러운 일이다.

영적 감각을 개발하기 시작하면 그대만의 규칙이나 의식을 만들 수 있다. 다른 사람은 비록 미신이라고 할지라도 말이다. 가령 우리는 이 책에서 공간을 정화하거나 보호하기 위해 크리스털 장(특정 크리스털이나 수정들을 배치하여 에너지 공간을 생성하거나 강화하는 방법)을 설정하라고 말하는데 이것이 도움이 된다면 계속할 뿐만 아니라 같은 관심사를 가진 친구들과 공유할 수도 있을 것이다. 이러한 믿음을 기록하고 시간이 지나면서 어떻게 변화하는지 관찰해보라.

미신이나 징조는 개인이나 사회가 어떻게 의미를 부여하느냐에 따라 그 역할과 영향이 달라질 수 있으며, 이는 시간이 지남에 따라 진화하기 마련이다. 물론, 가끔은 왜 그런 일이 생기는지 왜 그런 징조가 나타나는지 설명할수 없을 때도 있지만 그러면 단순히 운이 좋았거나, 에너지의 영향 때문이라고 생각해도 그만이다. 즉, 그대가 원하는 방식으로 해석하면 된다. 이런 이유로 미신은 계속해서 존재한다.

Chapter 8

천사
수비학

천사들은 우리에게 말을 걸고 싶을 때 숫자를 이용한 독특한 소통방식을
구사한다. 피타고라스Pythagoras의 "숫자가 우주를 지배한다"는 철학적 신
념에 천사들도 동의할 것이다. 그렇다면 천사 수비학(數秘學)Numerology은
대체 무엇인가?

천사 수비학은 마음속에서나 꿈속에서 볼 수 있는 일련의 숫자, 또는
귓전에서 맴도는 노래처럼 머릿속에서 반복되는 숫자이다. 천사들은 우
리의 주의를 끌고 메시지를 전달하기 위해 이처럼 다른 형태의 언어를
사용한다. 이 장에서 우리는 천사 수비학과 관련된 의미를 나열할 것이
다. 이는 여러분에게 직접적으로 전하는, 더 높은 힘과 연결된 조언이 될
것이다.

천사는 누구인가?

기독교『성경』과 유대 문헌에 따르면, 천사들은 특별한 능력과 임무를 가지고 있으며 다양한 계급도 존재한다고 한다.

대천사 미카엘은 용과 싸운 적이 있는 최고 위 계급의 천사이며, 가브리엘은 예수의 탄생을 알린 천사로 알려져 있다. 라파엘은 병자를 치유하는 임무를 맡은 천사이다. 세라핌Seraphim은 하나님의 보좌 곁을 지키는 천사로 6개의 날개를 가지고 있다고 하며, 그중 2개의 날개만을 비행에 사용한다. 케루빔Cherubim은 보좌 주변에 앉아 하나님에게 끊임없는 찬양을 바치는 천사들이다.

여러 종교에 천사들이 존재하지만 '수호 천사'라는 말은『성경』에 등장하지 않는다. 하지만 이들이 존재한다는 사실을 넌지시 암시하는『성경』구절이 있다. "하나님께서 그의 천사들을 명하사 네가 가는 모든 길에 너를 지키게 하심이라." 〈시편 91장 11절〉 이를 통해 우리는 천사가 우리를 지켜보고 있고 길을 인도하며 심지어 위험한 상황이라면 개입할 수 있다는 것을 알 수 있다.

천사는 단순히 비물질적 차원으로 이동한 영혼이 아니라, 지구상의 모든 생명체를 보살피는 임무를 가진 불멸의 존재들이다. 위칸은 수호천사가 우리에게 가장 필요할 때 지혜를 주고 이끌어준다고 믿는다. 우리가 해야 할 일은 그저 요청하는 것뿐이다.

사랑하는 영혼이 우리 근처에 있고 소통할 수도 있으나 천사들은 이들과는 다른 역할을 한다. 돌아가신 할머니가 당신과 텔레파시로 소통할 수 없을지라도, 천사는 가능하다. 이 장의 끝부분에서 천사와의 소통 방식에 대해 더 이야기하겠지만, 지금은 필멸의 인간과 천상의 존재와의 차이와 이로 인해 천사들이 전하는 정보의 차이에 대해 생각해보자.

천사는 기독교에 뿌리를 두고 있지만 요즘은 모든 종교에서 천사가 있다고 믿는다. 어떤 종교를 믿느냐와 상관없이 수호 천사가 곁에 있을 수 있고 위칸이나 페이간은 천사를 주술에 부를 수 있다. 그저 우리 모두가 거하는 수없이 많은 영역과 상상할 수 없는 놀라운 힘을 지닌 천사들이 있다는 사실을 믿으면 된다. 열린 마음이야말로 배움의 열쇠이다.

1~100까지 천사가 전하는 숫자 메시지

이는 당신의 천사들과 직접 연결하고 매일 대화할 수 있는 쉬운 방법이다. 숫자를 적을 수 있는 작은 크기의 종이 조각과 그것들을 담을 용기만 있으면 된다. 단순히 큰 유리병을 용기로 써도 되지만 앞으로 몇 주, 몇 달 혹은 몇 년 동안 사용할 수도 있으니 예쁜 꽃병이나 당신의 인테리어 스타일에 잘 맞고 작업 환경도 근사하게 만들어줄 멋진 함을 골라라.

먼저 100개의 작은 종이조각을 만들어라. 각 종이에 1부터 100까지의 숫자를 적는다. 숫자가 적힌 종이 조각들을 용기에 넣는다. 이 책『위치스 웨이』를 가까이 두고, 이 페이지에 포스트잇을 붙여 놓아라.

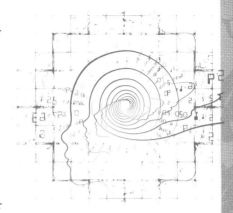

천사의 인도가 필요하거나 다른 세계와 연결되고 싶을 때마다 용기에서 종이 한 장을 뽑아라. 종이를 뽑기 전에 천사에게 잠시 기도를 하고 안내를 요청하라. 기도 시간은 짧아도 되지만 진정으로 집중해야 한다. 먼저 눈을 감고 머리를 숙인 뒤 다음과 같이 기도한다.

"오늘 저를 인도해주시고 제게 메시지를 주소서. 그 메시지를 이해할 수 있게 해주시고 하루 동안 당신의 다른 메시지에도 열려 있게 하소서."

이제 안내자들은 그대에게 도움이 필요하다는 사실을 안다. 숫자가 적힌 종이 한 장을 뽑은 다음 다음 목록을 참고하여 그대가 뽑은 숫자와 관련된 메시지를 읽는다. 메시지를 읽은 후 뽑은 종이를 다시 용기에 담고 다른 숫자 종이들과 섞어 둔다. 다음 목록은 각 숫자의 메시지이다.

1. **상대하기 어려운 사람에게 마음을 열어라.** 그들을 이해하고 현명하게 그들을 인도할 시간을 가져라.
2. **변화에 대비하라.** 새로운 여정이 당신을 기다리고 있다. 용감하게 모험을 떠나라.

3. 원한을 내려놓아라. 원한을 놓아버리면 훨씬 자유로워질 것이다.

4. 스스로를 옥죄지 말고 즉흥적으로 행동해보라.

5. 사랑하는 이에게 도움을 요청하라. 기분이 우울하다면 두려움을 다른 사람과 나누어라.

6. 미뤄둔 편지를 쓰라. 과거의 누군가가 그대를 그리워한다. 당신의 편지는 그들을 기쁘게 할 것이다.

7. 사과하라. 지난 몇 달간을 돌아보고 잘못된 일을 바로잡아라.

8. 두려움을 떨쳐라. 약점을 극복하면 문제가 반복되지 않는다.

9. 사랑이 다가오고 있다. 새로운 누군가가 당신의 삶에 들어올 것이다.

10. 기도에 응답받고 걱정은 곧 사라질 것이다.

11. 본능을 따르라. 내면의 목소리에 귀를 기울여라. 내가 너의 의식에 직접 말하고 있다.

12. 불가능을 극복할 수 있다. 새로운 것을 시도할 기회를 잡아라.

13. 강점을 인정하라. 천사들은 그대의 성취를 자랑스러워한다.

14. 횡재를 할 것이다. 금전적 상황이 더 나아진다. 모든 게 괜찮다.

15. 꿈을 믿어라. 꿈속에서 너에게 말하고 있으니 주의를 기울여라.

16. 적들은 침묵할 것이다. 너를 해하려는 자들에 맞설 힘을 가져라.

17. 가족은 재산이다. 사랑하는 사람들을 소중히 여기고 마음에 담아라.

18. 고개를 높이 들어라. 너는 생각하는 것보다 강하다.

19. 비평가들을 무시하고 최선을 다하라. 결국 모든 것을 성취할 것이다.

20. 완벽히 보호받고 있음을 느껴라. 그대가 감당할 수 없는 상황은 발생하지 않는다.

21. 건강이 개선될 것이다. 제대로 먹고 충분히 자면 기분이 나아질 것이다.

22. 역경을 극복할 인내심이 생길 것이다. 자신을 믿어라.

23. 친절은 결코 헛되지 않다. 오늘 친절을 베풀면 보상을 받을 것이다.

24. 사랑으로 둘러싸여 있음을 믿어라. 천사들이 너를 끔찍이 사랑한다는 것을 기억하라.

25. 변화를 두려워하지 말라. 새로운 시작이 다가온다. 이것이 운명이다.

26. 자신에게 친절하라. 과도한 자기 비판을 금하라. 잘하고 있다.

27. 새로운 친구가 생길 것이다. 삶에 새로운 사람을 초대하라.

28. 실수는 용서받았다. 과거의 일로 자신을 비난하는 것을 멈추어라.

29. 그대의 힘겨운 노력은 보답 받을 것이다.

30. 자신을 존중하라. 명상 시간을 갖고 그대 자신의 생각을 들어라.

31. 과거를 놓아버려라. 미래만 보고 그대가 할 수 있는 좋은 일을 하라.

32. 옛 친구가 너를 생각하고 있다. 과거에 만났던 사람과 연락하라. 지금이 그때이다.

33. 새로운 꿈에 집중하라. 새로운 시도에 겁먹지 말라. 성공할 것이다.

34. 다른 이들에게 본보기가 되어라. 정직함으로 삶을 채우면 다른 사람들이 따라올 것이다.

35. 염치를 모르는 사람을 용서하라. 그들은 그대보다 더 초급 영혼이다.

36. 예상치 못한 일이 며칠 내에 일어날 것이다. 현명하게 대처하라.

37. 그대가 믿는 것이 진실이다. 그대의 본능을 신뢰하라.

38. 건강한 식사에 집중하라. 음식은 연료이다. 몸을 돌봐라.

39. 과거의 사건이 재현될 수 있으니 준비하라. 오래된 교훈을 떠올려라.

40. 소액이라도 오늘 기부하라. 조금이라도 나누고 행운을 퍼뜨려라.

41. 세상을 조화롭게 하라. 조용히 앉아서 평화로운 음악을 들어라.

42. 친구가 네게 기쁨을 줄 것이다. 친구의 아기가 곧 태어날 것이다.

43. 힘든 시기는 곧 지날 것이다. 기나긴 스트레스는 머지않아 끝날 것이다.

44. 창의적이고 새로운 취미를 가져라. 영혼이 기쁨의 노래를 부를 것이다.

45. 가족들의 목소리를 들어라. 그들은 당신의 도움이 필요하다.

46. 살면서 받은 축복을 기억하고 모든 편안함을 소중히 여겨라.

47. 냉정을 유지하고 특정 대상을 향한 분노를 삭여라.

48. 당신의 안내와 조언으로 자녀는 뛰어난 사람이 될 것이다.

49. 나쁜 습관을 버리고 오늘부터는 좋은 습관을 갖도록 노력하라.

50. 질투를 극복하고 누군가가 자신의 길을 걷는 것을 허용하라.

51. 사랑은 모든 것을 극복한다. 가족과 함께하는 시간을 가져라.

52. 다음 주부터 바빠질 것이니 준비하라.

53. 동물과 반려동물에 더 많은 관심을 가져라. 그들은 너의 돌봄이 필요하다.

54. 어린 사람에게 너의 통찰을 나누어라. 그들은 너의 말을 듣고 너의 지혜를 기억할 것이다.

55. 미래에 거주지를 옮기게 된다. 새로운 집에 사는 게 그대의 숙명이다.

56. 원하는 것을 천사에게 요청하라. 원하는 것을 이룰 것이다.

57. 오늘 영적인 책을 읽고 영혼이 발전하게 하라.

58. 실수를 통해서 배워라. 과거의 실수를 반복 하지 말라.

59. 주위를 둘러보라. 곤란한 사람들을 피하라.

60. 슬픔을 떨쳐버리고 미래의 행복만을 생각하라.

61. 오늘 누군가를 도와라. 친절한 행동이 너의 영혼을 성장시킬 것이다.

62. 들어야 할 사람에게 솔직하게 말하라. 오직 진실만을 말하라.

63. 주변의 아름다움을 감상하라. 산책하라.

64. 긍정적인 시각을 가져라. 바른 마음가짐은 미래를 밝힌다.

65. 비관론자를 삶에서 멀리하라. 부정적인 사람들로부터 멀어져라.

66. 불안에 압도되지 말라. 걱정이 될 때는 천사의 에너지를 받아라.

67. 오늘을 품고 삶을 사랑하라!

68. 사랑하는 이들은 그들이 하는 모든 일에서 안전하고 보호받고 있다.

69. 지식을 확장하라. 새로운 수업을 수강하거나 새로운 무언가를 배워라.

70. 다른 사람들의 싸움에 관여하지 말라. 중립을 지켜라.

71. 주변 동료들이 어려운 사람일 수 있다. 그들에게 인내심을 가져라.

72. 그대 주변 누군가가 불운의 시기를 보내고 있을 수 있다. 그들을 도와주어라.

73. 항상 진실만을 말하되 친절하게 말하라.

74. 과거를 사랑하되 미래 또한 생각하라.

75. 안내자들이 가까이서 지켜보고 있다. 천사들은 그대를 사랑하며 얼마나 고 군분투하며 사는지 알고 있다.

76. 승리할 것임을 믿어라. 마음을 집중하라.

77. 보상이 다가오고 있다. 지금까지의 행운이 모여 밝은 미래가 올 것이다.

78. 상담이 필요한 사람의 말을 경청하라. 그들의 고민을 들어주면 상황을 명 확히 보도록 돕는 셈이다.

79. 결코 늦지 않았다. 염원했던 것을 행하라.

80. 오늘 현명한 선택을 하라. 마음의 소리에 귀 기울여 신중히 결정하라.

81. 오늘 일을 내일로 미루지 말라. 오늘 해야 할 일을 선별하라.

82. 이 세상은 너의 학교다. 배울 수 있는 모든 것을 배워라.

83. 다른 사람에게 베풀어라. 쓰지도 않으면서 쟁여두었던 물건을 나눠라.

84. 스스로를 특별한 사람으로 여겨라.

85. 수납장을 청소하고 정리정돈하라. 정리를 통해 얻는 이점이 클 것이다.

86. 오늘은 다른 사람의 삶에 변화를 줄 방법을 생각해보라.

87. 다른 사람의 의견을 받아들여라. 그들의 의견에 진실이 있을 수 있다.

88. 젊은이들은 다루기 힘들다. 인내심을 가지고 그들의 이야기를 들어라.

89. 오늘은 행복을 누려라. 그대는 행복할 자격이 있다.

90. 관계에는 많은 노력이 필요하다. 함께 시간을 보내고 사랑을 되찾아라.

91. 육로 여행이 기다리고 있다. 수호천사가 함께할 것이다.

92. 더 많이 자고 충분히 쉬어라. 다사다난한 일이 닥칠 것이다.

93. 타인에게 선동당하지 말고 그대가 올바르다고 생각하는 일을 하라.

94. 소소한 기쁨이 최고다. 야외에 나가 야생동물을 관찰하라.

95. 이웃이나 친구를 방문하라. 너의 방문이 누군가에게 기쁨을 줄 것이다.

96. 주위 사람들을 위해 간식을 만들어라.

97. 돈을 현명하게 사용하라. 불필요하고 과도한 지출을 삼가라.

98. 경험으로 배우지 않은 것을 가르칠 수는 없다. 너의 경험은 다른 이를 도울 것이다.

99. 해로운 음식과 술을 멀리하라.

100. 휴가를 계획하라. 긴장을 풀고 몸을 이완할 시간이 필요하다.

천사의 메시지 통합하기

가끔 같은 숫자나 일련의 숫자가 계속해서 눈에 띌 수 있다. 가령 많은 사람이 11시 11분을 하루 중 어떤 의미를 내포하는 시간으로 생각한다. 이를 눈치챘다면 무시하지 말라. 이는 우주에서 온 메시지이다.

하나 이상의 숫자를 뽑아 메시지를 통합하는 것도 천사들과의 특별한 의사소통을 돕는다. 종이 조각을 두 장 뽑아보자.

사례 76과 92 두 장을 뽑았다고 가정해보자.

★ 76의 의미: 승리할 것임을 믿어라. 마음에 집중하라.

★ 92의 의미: 더 많이 자고 충분히 쉬어라. 다사다난한 일이 닥칠 것이다.

★ 천사의 메시지: 앞으로 다사다난해지기 때문에 충분히 쉬고 자야 하며 그대가 성공할 것이라는 믿음을 가져라.

헷갈리는 메시지

다른 세계에서 오는 메시지 중에는 천상의 전선이 꼬여 우리가 어떻게 해석해야 하는지 고민해야 하는 게 있다. 그대의 천사들은 물론 절대 실수하지 않는다. 하지만 그들은 가끔 직면하지 않은 사건에 관해 말하거나 미래에 일어날 사건과 관련이 있지만 그대의 먼 과거에서 생긴 일을 말할 수 있다.

기억하라, 다른 세계에서 시간은 중요하지 않다. 이는 사건의 순서를 인식하기 위해 인간이 만든 개념이다. 메시지가 지금 당장은 헷갈려도 일단 적어둔다. 메시지를 다 해석하기도 전에 사건이 발생할 것이다. 믿음을 가지고 어떻게 전개되는지 지켜보라.

메시지 받을 준비하기

병에서 숫자를 뽑는 것이 신속하게 매일 메시지를 받는 좋은 방법이다. 하지만 더 깊이 있는 고민이나 성가시게 하는 문제들로 인해 더 집중도 높은 소통을 하고 싶을 수 있다. 이런 경우 명상이 도움이 된다. 명상은 그대의 마음을 열어 더 깊은 정보를 받게 해준다.

집중을 방해하는 것들을 잠재우고 동시에 걱정을 청소하는 것에 중점을 두고 명상한다. 특별 질문의 유형에 따라 적합한 색의 양초를 질문에 맞게 준비한다.

천사와 소통하기 위해 많은 사람이 흰색 양초에 불을 붙이는데 흰색이 천사처럼 진리와 평화를 상징하기 때문이다. 이는 천사를 곁으로 불러들이고 소통을 강화시키는 역할을 한다. 어떤 사람들은 장미석(로즈 쿼츠)도 추가하는데, 긍정적인 에너지를 증가시키기 때문이다. 장미석은 마음을 맑게 하여 메시지의 수신과 이해에 도움을 준다.

공간이 준비되고 편안해지면, 다른 명상과 마찬가지로 눈을 감고 깊게 호흡하여 마음을 열고 확장하도록 한다. 자신의 의도에 집중하라. 마음속에 있는 질문들을, 그것이 무엇이든지 간에 던져라. 그리고 그저 답이 오게끔 하라. 명상 후 충분한 통찰을 얻지 못했다고 느낀다면, 우리의 천사들이 매우 미묘한 방식으로 소통한다는 점을 기억하라. 천사들은 우리가 부를 때만이 아니라 다양한 방식으로 다가온다. 예를 들어, 증거와 상관없이 어떤 것이 진실이거나 거짓이라는 것을 단번에 알게 될 때가 있다면, 이는 천사들이 그 진실을 알려주는 것이다. 직관이 발동할 때도 종종 천사들이 특정 방향으로 이끌고 있기 때문이다.

사실 우리가 영적 능력이라 여기는 많은 능력이 천사들과의 소통과 유사한 면이 있다. 메시지는 꿈을 통해서 올 수 있고 심지어 백일몽을 통해서 올 수도 있다. 어떤 예감이 떠오른 채 잠에서 깨어날 수 있고 다른 것을 통해서 이를 받을 수도 있다. 천사들은 우리가 누워 자는 동안 귀에다 속삭인다. 또한 갑자기 영감이 떠오르거나 완벽한 아이디어가 떠오를 수도 있다. 이는 천사와 소통하는 한 가지 형식이다. 당신이 창의적이거나 영리하지 않다는 의미가 아니다. 단지 특별한 영적 집단이 그대를 돕고 있다는 뜻이다.

하거나 하지 않거나

천사들은 그대를 안내하기 위해 존재한다. 하지만 천사와 연결된다고 해서 삶에서 어려운 시기와 시련이 사라지지는 않는다. 어려운 시기야말로 천사들에게 도움을 요청하거나 안내해달라고 해야 하는 때이다.

천사와 대화할 때 특별히 금기시되는 것은 없다. 당신에게 중요한 것은 그들에게도 중요하다. 당신은 자신과 사랑하는 이들의 안전, 힘, 지혜를 요청할 수 있고 당신을 위해 신성한 힘의 개입을 부탁할 수도 있다.

어떤 사람은 매일 안내를 요청하기도 하며 또 다른 사람은 중요한 사안이 아니면 묻지 않기도 한다. 정원을 가꿀 때 천사를 부르는 사람도 있으며 그들이 사랑하는 사람에 관해 캐묻기 위해 천사와 소통하는 사람도 있다. 아침에 일어나기 전이나 밤에 잠들기 전에 천사와 대화하는 것을 습관으로 삼는 사람들도 있으며, 어떤 사람들은 오직 수비학을 통해서만 천사와 소통하기도 한다. 자신에게 맞는 방법을 선택하면 된다.

하지만 그대는 적어도 일주일에 한 번은 천사와 소통하고 그들의 안내와 도움에 감사하는 습관을 들이는 것이 좋다. 당신의 천사는 당신을 돌보고 있으며, 수비학적인 메시지를 보내고 있다는 것을 기억하라. 그대가 인식하든 못하든 말이다. 그러니 천사에게 정기적으로 짧게나마 안부 인사와 감사의 말을 전하는 것이 좋다.

Chapter 9

그대만의
뮤즈와 큐피드

뮤즈와 큐피드는 고도로 진보한 존재로, 오로지 한 가지 목적을 위해 우리의 삶에 들어와 도움을 준다. 바로 우리가 중요한 일을 달성해야 하거나, 특별한 사람을 만나야 할 운명이거나, 최선을 다하기 위해 동기 부여가 필요할 경우 다가와 그 임무가 끝날 때까지 우리 곁에 머무는 것이다.

뮤즈의 업무

그리스 신화에는 아홉 명의 뮤즈가 등장한다. 이들은 여신들로 철학, 언어, 음악 그리고 예술을 담당한다. 뮤즈는 영감을 주는 존재로 많은 축복받은 재능을 가지고 인류가 더 창조적인 길을 걷도록 동기를 부여한다. 오늘날 마녀들은 뮤즈를 안내자의 한 형태로 생각한다. 이들은 상상력을 발휘하게 하며 창조적 영감이 샘솟게 하는 능력을 가지고 있다. 과거나 현재의 작곡가, 예술가는 뮤즈와 연결되었을 가능성이 높다. 미켈란젤로Michelangelo가 시스티나 성당의 천장에 그림을 그릴 때 상위의 존재가 그의 뒤에서 영감을 불어넣어 주었는지 그 누가 알겠는가? 작가는 자신이 쓴 글에 스스로 깜짝 놀라며 어디서 영감이 왔고 어떻게 이런 작품이 머릿속에 떠올랐는지 모르겠다고 설명하곤 한다. 뮤즈가 아니라면 누가 이 멋진 작품을 작가가 떠올리게끔 하겠는가?

이를 믿든 믿지 못하든 지상의 모든 사람은 어떤 한 분야에서는 전문가이다. 어떤 사람들은 자신의 재능을 발견하는 데 충분한 시간을 쏟아 붓지 않을 수 있지만 또 다른 사람은 가끔 특정 관심 분야에 불타오르는 열정을 가지고 평생을 재능 추구에 힘쓴다.

자신의 창조적 측면을 탐구하고 싶다면 언제든지 뮤즈를 부를 수 있다. 그림, 사진 촬영, 글쓰기, 음악 등 예술 및 창조성과 관련된 모든 분야에서 뮤즈는 간절히 그대를 돕고 싶어 한다. 뮤즈를 부르는 데 성공하려면 먼저 자신을 차분하게 만들고 주위 환경으로부터 스트레스를 받지 않게끔 해야 한다. 뮤즈는 깊은 잠재의식을 두드릴 가능성이 크기에 뮤즈와 소통하고 싶다면 마음의 긴장을 푸는 것이 매우 중요하다. 뮤즈는 흔히 밤이나 잠을 자려고 누웠을 때 마음에 직접적으로 새로운 아이디어를 전한다. 또 한 낮에 그대가 앞에 아무것도 적히지 않은 종이 한 장을 놓고 고요히 있을 때 덜컥 나타나기도 한다.

뜬금없이 글을 쓰거나 무언가 그리고 싶은가? 뮤즈가 그대의 귀에 속삭이고 있는 것일 수도 있다!

뮤즈를 부르는 훈련

졸립거나 잠자리에 누워 잘 준비를 할 때 어수선한 마음을 정돈하고 상상 여행을 떠날 준비를 하라. 들판을 걷고 있다고 상상하라. 그대 주위를 둘러싼 이미지는 반드시 잠재의식에서 나와야 한다. 계속 사뿐사뿐 걸을 때마다 주위를 세밀하게 관찰해라. 날씨는 어떠한가? 맑고 화창한가? 흐리고 우중충한가? 꽃밭에 있는가? 아니면 풀밭에 있는가? 팔을 넓게 벌린 모습을 상상하고 그다음 질주하라. 그대가 더 빨리 달릴수록 영혼이 깃털처럼 가벼워질 것이다.

이 연습은 지상의 한계에서 자유로울 수 있게 도와줄 것이다. 또한 뮤즈가 긍정적인 에너지를 그대에게 보내도록 해준다. 이 여정 도중에 잠이 들어도 걱정하지 밀라. 뮤즈는 그대의 영혼에 직접적으로 말할 수 있다. 심지어 그대가 무의식 상태에 있을지라도 말이다. 그래서 깨어났을 때 그대는 어떤 창조적인 영감을 받았을 터이다.

깨어나면 반드시 무언가 창조적인 일을 하라. 그림을 그리고 악기를 들고 연주하라. 시를 구상하든지 쓰고 싶었던 책쓰기를 시작해라. 뮤즈와 연결되는 데 익숙해지면 이런 연습은 필요 없어진다. 그저 뮤즈에게 도움을 요청하는 것만으로도 뮤즈가 나타난다.

큐피드와 소통하기

큐피드는 뮤즈와 다르게 순수하게 사랑을 찾도록 도와준다. 이 존재는 정기적으로 우리 곁에 와서 사랑을 풍부하게 만든다. 고전 신화에서 큐피드는 사랑의 여신 비너스와 전쟁의 신 마르스의 아들이다. 그는 사람의 심장에 화살을 쏴서 사랑에 빠지게 한다고 알려져 있다. 멋진 이야기이지만 오늘날의 위칸들은 운명의 상대를 만나도록 돕는 다양한 유형의 큐피드가 있다고 믿는다.

운명의 영혼 찾기

지상에 수백만의 곤충과 동물이 있듯 인간도 각양각색이다. 우리는 모두 자신의 속도에 맞춰 삶을 살아간다. 사람들을 관찰하다 보면 영혼의 발달 수준에 따라서 분류할 수 있다는 게 명확히 보인다. 이는 어떤 사람이 특정 종류의 사람과 더 잘 지내는 이유이다. 의사와 의료 전문가, 운동선수, 집주인, 간병인은 각각 특정 성격과 삶의 경험을 갖고 있기에 이것이 그들을 특정 방향으로 이끈다. 우리는 이런 집단들이 공통적인 영혼 유형을 가지고 있어서 그런다고 본다.

인간은 본능적으로 짝을 이루고 싶어 하며 우리는 흔히 같은 타입의 영혼을 지닌 사람과 일생을 보낸다. 보통 비슷하게 생각하는 사람은(심지어 어떤 경우 생긴 것도 비슷하다) 같은 영혼 집단에 속해 있다. 어떤 사람은 쉽게 만족스러운 영혼 집단을 찾는 반면 어떤 이들은 조금도 비슷하지 않은 영혼을 지닌 사람들과 관계를 맺을 수 있다. 오늘날 사람들은 자신의 짝을 찾을 때 굉장히 신중하며 흔히 서른 살 초반이나 혹은 그보다 더 늦은 나이까지 결혼을 미룬다.

그럼에도 한 가지는 확실하다. 어쨌거나 우리가 얼마나 많은 파트너를 갖든지 그 모든 사람은 우리의 전체 숙명의 일부라는 점이다. 그리고 위카의 영적 믿음에 따르면 로맨틱한 감정이 드는 사람은 전부 그대가 태어나기 전에 이미 선택된 것이다. 이를 생각해보면 그대는 다음과 같은 질문이 하고 싶을 것이다.

"왜 내가 나쁜 사람과 바람직하지 않은 연애를 하게 되나요?"

답은 심지어 그대가 싫어하는 연애도 운명이 선사하는 계획의 일부라는 사실이다. 우리가 나쁜 사람과의 사랑을 경험하면 결과적으로 더 강해지기 때문이다. 그러면서 우리는 무언가 가치 있는 것을 배운다. 많은 환생을 통해 우리는 특정 목적을 위해 특정한 사람과 짝을 이루도록 스스로 동의한 것이다.

이 목적은 그저 자녀를 갖기 위해서라든가 바람직하지 않은 누군가를 경험하기 위해서, 심지어 다른 영혼이 더 빠르게 성장하도록 돕기 위해서일 수도 있다. 배우지 않은 것을 가르칠 수는 없기에 우리는 많은 로맨틱한 어려움을 영적인 성숙의 길 도중에 겪게 된다. 이는 장기적으로 볼 때 강해지는 데 중요한 역할을 한다.

불행한 결혼 생활을 오래한 사람은 헤어져서 새로운 사랑을 찾기 위해 앞으로 나아가야 한다. 큐피트도 이 사람이 강인해지고 적극적으로 나서기 전까지는 마법적으로 새로운 인연을 만들어내지 못한다. 불행한 관계를 끝내겠다고 결심하고 용기 있게 밀어붙일 때(흔히 가족이나 친구의 도움을 받아) 오직 그때만 삶의 다음 파트로 넘어갈 수 있다. 그래야 영혼은 한층 진보한다.

사랑 없는 결혼 생활을 하고 있고 빠져나올 길이 보이지 않는다면 큐피트를 불러내어 새로운 인연을 만들어야 한다. 다른 파트너를 만나는 게 숙명일 수 있고 전애인과 재결합해서 가정을 꾸리는 것이 운명일 수도 있다. 흔히 그런 사람들 옆에 나타나는 새사람은 이전의 결혼을 끝내는 촉매제가 될 수 있다. 혹은 결혼 생활을 끝낸 뒤 자신의 정체성을 찾기 위해 1~2년간 혼자만의 시간을 가질 수도 있다. 모든 것은 아주 사소한 것까지 계획되어 있다. 우리 모두 삶의 어떤 것은 통제하지만 궁극적으로는 숙명과 운명으로부터 자유로울 수 없다.

사랑 마법

연애에 흥미를 잃었거나 이상형을 만날 수 없다고 느낀다면 마법으로 큐피트를 불러내 보자. 큐피트는 그대의 허락을 받아야만 그대의 삶에 (이상형이든 아니든) 로맨스를 가져올 것이다. 우리는 로맨스를 통

해서도 삶의 지혜를 배우고 성장할 수 있다. 사랑 마법과 관련해 위칸에게 요구되는 몇 가지 윤리 규범이 있는데 그 중에서도 '타인의 자유의지에 개입해서는 안 된다'는 규범은 엄격하게 지켜야 한다.

큐피드의 마법은 놀랍도록 강력해서 며칠 만에 상황을 변화시킬 수 있다. 특정한 사람의 사랑을 얻기 위해 주문을 걸면, 그 사람의 운명에 치명적인 결과를 초래할 수 있다. 몇 가지 예를 들어보겠다.

사례 1 당신은 결혼한 사람과 사랑에 빠졌고, 몇 년간 그의 내연녀로 지내왔다. 결국 당신은 마법을 사용해 그를 아내로부터 떼어놓으려 한다. 하지만 당신이 알지 못하는 사이에 이 행위는 그가 결혼 생활에서 배워야 할 교훈이나 관계를 받아들이며 자신의 내적 강함을 키워나가는 과정 등을 포함하여, 영적 세계가 그에게 계획한 모든 것을 무너뜨리는 결과를 가져온다. 또한 당신의 마법은 그의 가족, 특히 아내와 아이들에게 고통을 안겨주기도 한다.

이 시점에서 당신은 이들 모두의 카르마에 대한 무거운 책임감을 짊어지게 된다. 위칸은 자신이 보낸 에너지가 세 배로 돌아온다고 믿기 때문에, 그의 자유 의지를 빼앗은 것은 결국 당신 주변에 부정적인 에너지를 만들어낸다.

이 상황에서 더 나은 선택은 무엇일까? 절절한 사랑에 가슴이 아프고 그가 결정 내리길 기다리는 것이 당신의 삶을 황폐하게 만든다면 그를 압박하는 대신 그가 자신의 미래에 대한 결정을 내리도록 돕는 주문을 거는 것이 더 윤리적일 것이다. 아내 곁에 남든 떠나든 그가 결정해야 한다. 그가 아내 곁에 남기로 했다면 이번에는 당신의 결단이 필요하다. 그와의 인연을 정리하고 그의 삶을 존중하는 것이 필요하다.

더 단순해 보이는 상황을 한번 생각해보자.

사례 2 당신은 직장에서 마음에 두고 있는 여자가 있지만, 그녀는 당신에게 관심이 없다. 결국 낡은 마법 책을 꺼내들고 그녀가 당신을 사랑하게 만드는 주문을 시전한다. 일주일 후, 그녀는 당신에게 깊이 빠져든다. 그러나 사실 그녀의 운명은 회계팀의 폴라와 이어지는 것이었을지도 모른다. 당신의 마법으로 인해 그 운명이 차단된 것이다.

사랑 주술의 규칙과 윤리는 복잡하지만 무엇은 해도 되고 하면 안 되는지 기본적인 지침은 있다.

해도 되는 것
- 특정인을 지목하지 않고 새로운 사랑을 불러들이는 주술
- 특정인과 소통하기 위한 주술
- 특정인과 첫 데이트를 하기 위한 주술
- 그대를 열렬히 사랑하지만 고백할 용기가 없는 이에게 용기를 주는 주술
- 소울메이트를 찾기 위한 주술
- 마법을 사용하여 누군가가 당신에 대한 결정을 내리는 데 도움을 주는 주술
- 파트너를 더 로맨틱하게 만드는 주술

- 파트너의 열정을 증가시키기 위한 주술

해서는 안 되는 것

- 특정인의 마음을 억지로 강제하는 주술
- 상대방의 감정이 불확실할 때의 사랑 주술
- 결혼했거나 애인이 있는 사람에게 하는 사랑 주술
- 이미 둘의 관계가 폭발 일보 직전이라고 할지라도 그들을 갈라놓는 주술
- 불화를 야기하는 주술
- 누군가와 불륜 관계에 있는데 상대의 배우자가 그 사실을 알게 하는 주술
- 어떤 이를 지정해서 불륜에 빠지게 하는 주술
- 다른 사람을 대신해서 하는 사랑의 주술

안전하고 강력한 마법 주술

사랑과 관련된 어떤 주술이든 금요일의 보름달 밤에 해야 한다. 전통적으로 이 기간이 사랑 마법을 위한 달의 에너지가 가장 강력할 때이기 때문이다. 다른 때보다 이날에 훨씬 더 강력한 효력이 나타난다. 분홍색은 일반적으로 사랑을 위한 색이다. 그러니 제단 위에 올리는 양초나 리본 같은 물건을 분홍색으로 맞춘다.

붉은색은 열정을 위한 마법 색상이다. 파트너와의 연애 감정을 향상하거나 더 많은 성적인 즐거움을 불러일으키려 한다면 붉은색이 알맞다. 작은 작업공간이나 제단을 마련하고 사랑을 불러일으킬 수 있는 모든 종류의 물건들로 제단을 장식해라. 하트 모양 물건, 사진, 자질구레한 장신구, 아기 천사의 이미지가 그대의 주술에 힘을 더할 것이다.

⫸⫸⫸ 사랑을 불러오는 주술 ⫷⫷⫷

준비물

- 사랑을 위한 분홍색 양초
- 종이와 펜
- 흰색의 작은 천 조각이나 흰색 손수건
- 종이로 만든 작은 하트 모양
- 가위
- 사랑을 위한 분홍색 리본
- 좋아하는 향수

의식

1. 제단 위에 모든 물건을 놓는다. 양초를 중앙에 놓고 불을 붙인다.

2. 종이 한 장에 그대의 이름을 적고 원하는 만큼 최대한 그대가 소망하는 이상형을 묘사하는 단어들을 적는다. 금발에 푸른 눈을 가진 사람을 원하거나 운동, 영화 관람, 외식을 즐기는 사람을 원할 수도 있다. 이는 그대의 소망 목록이니 원하는 만큼 창의적으로 써라.

3. 다 적었으면 이를 손수건의 중앙에 놓는다(필요하다면 종이를 접는다). 그리고 하트 모양을 맨 위에 올린 뒤 다음 주문을 일곱 번 말한다.

"행복이 가득하게 하소서.
이 주문으로 사랑이 깨어나리라.
세속의 속박은 사라지고, 내 마음은 자유로워지리라.
큐피트여, 내게 사랑을 주소서.
그렇게 될지어다."

4. 머리카락을 가위로 조금 잘라 손수건 안에 놓은 다음 천의 네 귀퉁이
   를 잘 잡아서 분홍색 리본으로 묶고 마지막으로 향수를 약간 뿌린다.
   이를 양초 옆에 놓고 양초가 다 탈 때까지 둔다.

5. 촛불이 꺼지면 이 파우치를 지갑이나 핸드백에 넣어 몇 주간 지니고
   다닌다.

≫≫≫ 대화하고 싶은 상대와 소통하는 주술 ≪≪≪

준비물
- 분홍색 양초
- 소통을 위한 캐러웨이 씨앗 한 티스푼
- 소통을 위한 말린 오레가노 한 티스푼
- 작은 접시
- 소통을 쉽게 하기 위한 작은 아쿠아마린Aquamarine
- 끈으로 묶는 작은 주머니

의식

1. 어두워지기 전의 이른 저녁에 제단에 양초를 올리고 불을 켠다.

2. 캐러웨이 씨앗과 오레가노를 접시에서 섞는다. 이 위에 아쿠아마린 을 올린다.

3. 접시를 제단의 촛불 앞에 놓고 눈을 감은 다음 소통하고 싶은 상대방 을 생각한다. 상대가 자유롭게 그대에게 말하는 것을 상상한 뒤 두 사 람이 서로 솔직하게 대화하는 장면을 그려본다.

4. 다음 주문을 일곱 번 읽고 '그렇게 될지어다'로 마무리한다.

"마음을 열고, 내 관심을 받아주소서.
두려움과 걱정을 펼쳐내고,
입을 열어 진심을 말하소서."

5. 양초가 다 타게 둔 다음 캐러웨이 씨앗과 오레가노, 아쿠아마린을 주 머니에 넣고 졸라맨다. 대화를 원하는 상대를 만날 때 이 주머니를 가 지고 간다.

⋙⋙ 소울메이트를 부르는 주술 ⋘⋘

가끔 우리는 소울메이트와 환생하기를 허락받지 못하는데 이는 너무 서로 사랑하여 지구에 환생하여 아무것도 배울 수 없을 수 있기 때문이다. 우리가 진정한 소울메이트를 허락받지 못했다면 소울메이트에 가까운 파트너를 찾아야 한다. 이 주문은 그대가 이상형을 만날 수 있게 해준다.

준비물
- 칠판과 분필
- 분홍색 양초

의식

1. 금요일 보름달일 때 칠판을 제단에 놓고 옆에 분홍색 양초를 두고 불을 붙인 뒤 다음과 같은 주문을 적는다.

> "이 주문이 소울메이트를 데려올지어다.
> 불타는 내 심장과 함께 사랑의 여정을 시작하게 하라.
> 이 메시지를 받고 내게 다가올지어다.
> 그렇게 될지어다."

2. 칠판 하단에 펜터그램을 그린 다음 양초가 다 탈 때까지 칠판을 양초 옆에 둔다.

3. 양초가 다 타고 나면 칠판을 집 안의 어느 곳에든 사흘 밤낮 동안 걸어 둬라. 그 시간이 지난 후에는 칠판에 쓴 주문을 지운다.

4. 다음 보름달이 뜨는 금요일(약 4주 후)에 같은 주문을 크게 외쳐라. 주문을 외치면 강력한 힘이 세상으로 뻗어 나간다. 그러니 최대한 크게 외쳐라.

⟫⟫⟫ 상대가 당신과의 인연을 결정하도록 돕는 주술 ⟪⟪⟪

준비물

- 잔잔한 악기 연주 음악
- 작은 레피도라이트Lepidolite

의식

1. 조용한 방에서 잔잔한 악기 연주 음악을 틀고 음악에 집중한다. 편안한 의자에 앉아 손바닥에 레피도라이트를 올려놓은 뒤 눈을 감고 결정을 내려야 할 그 사람을 떠올린다.

2. 당신의 생각을 돌에 전달하며 그 사람에게 당신이 맞는 사람인지 결정을 내리도록 조용히 기원한다.

3. 이때 자신이 선택되기를 바라는 마음을 피하고 오직 상대방의 자유 의지와 그 사람이 결정을 내릴 수 있도록 돕는다는 생각만 하라. 이런 마음가짐을 유지한 채 가능한 한 오랫동안 원석과 함께한다.

4. 의식이 끝나면 그 돌의 용도는 말하지 말고 그 사람에게 선물한다. 얼마 후, 그 사람에게 이제 결정을 내려야 할 때가 되었으니 그 주가 끝나기 전에 답을 해달라고 부탁한다.

⋙⋙ 결혼 또는 연애 관계를 강화하는 주술 ⋘⋘

준비물

- 끝이 뾰족한 칼
- 촛대에 꽂은 분홍색 테이퍼드 양초[1]
- 말린 분홍색 장미 꽃잎 한 그릇
- 그대와 배우자의 결혼반지
- 30센티미터 길이의 흰색 끈
- 큰 솥과 식물을 심기 위한 흙 조금
- 어린 분홍색 장미 덤불(또는 장미 나무)[2]

의식

1. 아침에 끝이 뾰족한 칼로 양초에 그대와 배우자의 이름을 새긴 다음 촛대에 꽂고 불을 켠다.

2. 촛불 옆에 말린 분홍색 장미 꽃잎을 담은 그릇을 두고, 그 위에 반지를 올린 뒤 다음 주문을 열두 번 읽고 '그렇게 될지어다'로 마무리한다.

> "이 사랑의 상징은 언제나 우리 곁에 머무르리라.
> 우리의 마음과 영혼은 영원히 신성하고 거룩하리라."

3. 초가 반쯤 탈 때까지 두었다가 불을 끄고 끈으로 초를 감아 묶는다.

4. 양초가 식으면 장미 꽃잎 위에 하루 동안 올려 둔다. 다음 날 아침 양초와 꽃잎을 화분의 흙에 묻고 화분을 밖에 내놓는다.

---

1. 테이퍼드 양초(Tapered Candle): 위로 갈수록 가늘어지는 형태의 양초

2. 장미 덤불을 구하기 어려우면 넝쿨 장미나 장미 나무 화분으로 대체해도 된다.

5. 덤불을 심을 수 있는 계절이라면 며칠 뒤 어린 분홍 장미 덤불을 정원에 심는다(알맞은 계절이 올 때까지 기다릴 수도 있다). 이때, 신선한 흙에 장미 꽃잎을 묻었던 흙을 섞어주고, 양초도 같이 땅에 묻는다.

장미가 피어날수록, 당신의 관계도 함께 깊어질 것이다. 장미 덤불이 꽃을 피우면 그대의 사랑도 꽃을 피울 것이다.

≫≫≫≫ 로맨스와 열정이 타오르게 하는 주술 ≪≪≪≪

준비물

- 붉은색 옷가지
- 그대와 파트너의 사진
- 붉은색 양초

의식

이 주술을 할 때는 붉은색 옷을 입거나 붉은색 물건을 가지고 있어야 한다. 사진을 제단에 두고 붉은색 양초에 불을 켠다. 양초가 한 시간쯤 탔을 때 사진에 촛농 몇 방울을 떨어뜨리고 다음 주문을 한 번 말한다.

> "큐피드여, 마음속 깊이 열정을 불러일으키고
> 로맨스를 되살려 우리에게 행복을 주소서.
> 밤이 되어 우리의 몸이 하나 될 때, 영혼도 하나로 이어지리라.
> 선한 에너지가 깃든 이 사랑을 위해 마법을 내려주소서.
> 그렇게 될지어다."

Chapter 10

영적
점성술

별들 또한 우리를 영적인 세계로 안내한다. 천체 현상을 관찰하여 인간의 운명과 미래를 알아보는 점성술은 오랫동안 인간과 함께했으며 다양한 신념과 전통을 가지고 있다. 예를 들어, 동양과 서양의 점성술 사이에는 약간의 차이가 있지만, 이 둘은 켈트 점성술의 신념과 크게 다르지 않다. 이 장에서는 서양 점성술의 별자리에 대해 논하고, 그것들을 최대한 활용하는 방법을 설명할 것이다.

자신이 어떤 별자리에 속하는지를 알고 그에 따른 성격 특성을 이해하는 것과 자신이 출생한 달의 영적 흐름을 받아들이고 더 높은 의식 상태에 도달하는 것은 별개의 일이다. 모든 별자리에는 장단점이 존재한다. 별자리의 사소한 특성을 영적인 재능을 개발할 기회로 생각하라.

예를 들어 물고기자리로 태어난 사람은 공상적이고 때때로 사람들과 잘 어울리지 못한다는 특징이 있다. 이러한 특징을 그냥 받아들이는 대신에 어떻게 하면 타인을 도울 수 있을지 명상하거나 영감에 찬 행동을 하여 변화를 꾀해보는 것이다.

이미 어느 정도의 점성술 지식을 가지고 있을 수도 있지만, 그 수준과 상관없이 배워야 하는 방대한 정보가 항상 존재한다. 영적 스승들은 별의 길을 걷는 방법을 상세히 알려줄 수 있다. 이를 위해 우리는 모든 분야의 지도자들의 지혜를 모아 별자리를 완전히 이해하는 데 필요한 기본 정보를 제공할 것이다. 우리는 또한 각 별자리를 위해 달의 에너지를 받을 수 있는 '달빛 명상'을 이 책에 실었다. 이 명상들은 마음을 차분히 하고 신성한 자아와 연결하는 데 사용할 수 있다.

이러한 명상을 실천하면 내면의 잠재의식과 연결되어 진정한 자신을 느끼는 데 도움이 될 것이다. 더 성공적인 명상을 위해, 월령을 참고하는 것이 좋다는 점을 유념하기 바란다.

- **보름달** 달이 가장 강력한 힘을 발휘하는 때이다.
- **차오르는 달** 달이 점차 커지는 모든 단계(신월에서 보름달이 되기 전까지)를 포괄한다. 보름달이 되기 전 3일 동안은 결실을 보는 데 집중할 때다.
- **기우는 달** 달이 점차 작아지는 모든 단계(보름달에서 신월이 되기 전까지)를 포괄한다. 보름달 다음 3일 동안은 삶에서 원치 않는 것을 제거하는 데 집중한다.

영적 점성술의 세계는 방대하다. 더 깊게 배우고자 한다면 온라인에 수많은 자료와 교육 코스가 있으니 찾아볼 것을 권한다.

양자리
3월 20일~4월 20일

불의 별자리

지배성[1] 화성

상징 색상 붉은색

원석 루비

식물 참나리

"겸손은 자신을 부족하다고 생각하는 게 아니라,
그대 스스로에 대해 덜 생각하는 것이다." – C.S. 루이스

긍정적 특성

양자리가 숫양으로 표현되는 데는 이유가 있다. 목표를 이루기 위해 강박적으로 몰두하며 자신의 능력에 자부심을 느끼기 때문이다. 황도대(태양을 도는 주요 행성의 행로)에서 첫 번째 자리를 차지하며 강렬한 야망을 품고 있기에 목표하는 바를 의심의 여지 없이 달성한다. 일반적으로 일에 열정적이며 창조적이다. 언제든 행동할 준비가 되어 있다.

---

1. 별자리를 지배하는 행성을 의미한다.

부정적 특성

양의 머리에 뿔이 있는 데에도 이유가 있다. 양은 고집이 센 동물로 싸워보지도 않고 목표를 포기하는 경우가 없다. 따라서 양자리는 공격적이며 자만심에 차 있고 인내심이 없으며 거들먹거리는 것처럼 보일 수 있다. 가끔 화를 못 참고 폭발하지만 또한 쉽게 용서한다. 강직한 성격은 생존과 성장을 필요로 하는 사업에서는 긍정적으로 작용할 수 있지만 인간관계에서는 문제 요소가 될 수 있다.

인간관계

양자리는 의지가 강하고 고집이 세지만 또한 존중심과 배려심을 가지고 있다. 연애에 있어서는 관대하며 항상 사랑하는 이들을 위해 열심히 일한다. 양자리는 사랑에 누구보다 열정적이다. 양자리의 파트너로는 덜 공격적이며 양자리를 차분하게 해주는 성격이 좋다.

달빛 명상

양자리는 타고난 리더십의 소유자이지만 때때로 과하게 행동하는 경향이 있어 자기반성을 자주 하게 된다. 기우는 달 아래 잠들기 전 다음 주문을 반복해서 낭송한다.

"기울어가는 달빛 아래,
내게 주어진 강점에 감사하며 마음을 다하게 하소서.
타인을 판단하거나 조급해하는 마음을 내려놓게 하소서.
겸손함을 잃지 않고, 빛나는 모범으로 살아가게 하소서."

황소자리
4월 21일~5월 20일
흙의 별자리

지배성 금성

상징 색상 파란색, 파스텔 색조

원석 토파즈

식물 아욱

"천둥이 아니라 비가 꽃들을 자라게 한다." – 루미

긍정적 특성

황소자리는 업무에 헌신적이며 항상 최선을 다하는 유형의 사람들이다. 사랑스러운 유머감각을 가지고 있으며 매사에 긍정적인 태도를 지닌다. 경청을 잘하기에 간병인, 상담가, 멘토가 되곤 한다. 황소자리는 관계에서 안정적인 사람으로, 어떻게 최선의 결과를 얻을 수 있을지 고민한다. 대부분의 황소자리는 참을성이 많고 모든 일이 원활하게 진행되도록 노력한다. 창의적이고 예술적이며, 친구가 많다.

부정적 특성

황소자리는 황소처럼 끈질기고 매우 고집이 센 경향이 있어 종종 타인과 충돌하기도 한다. 자기주장이 강하기 때문에 자신이 옳고 상대가 틀렸다고 말할 수도 있다. 이런 지배적인 태도와 강한 자기주장으로 다른 이들의 반감을 사기도 하지만, 성숙해지면서 이를 잘 조절해 나간다. 게으른 성향이 있어 평범한 집안일을 싫어한다. 이들은 식탐이 많아 살이 찌기 쉽고 이 때문에 건강 문제를 겪을 가능성이 있다.

인간관계

황소자리는 인내심이 강해 해로운 관계조차 필요 이상으로 오래 지속하기도 한다. 그러나 한계에 도달하면 조용히 관계를 정리하고 떠난다. 이들은 의리 있고 신뢰할 수 있는 파트너로, 항상 상대를 우선시한다. 하지만 고집을 버리고 다른 사람의 관점을 더 이해하려는 노력이 필요할 수도 있다. 황소자리는 매력적이고 열정적이며, 상호 친밀감을 중요하게 생각한다.

달빛 명상

유연하게 생각하고 지나친 고집을 버리는 지혜를 얻기 위해 노력할 필요가 있다. 달이 차오를 때 자기 전에 다음 주문을 반복해서 낭송한다.

> "끈기와 인내를 허락하심에 감사합니다.
> 타인의 관점을 받아들이고 그들의 생각을
> 소중히 여길 수 있는 마음을 허락하소서."

쌍둥이자리
5월 21일~6월 20일
공기의 별자리

지배성 수성
상징 색상 **밝은** 오렌지색
원석 전기석
식물 난초

"마음에 빛이 있다면 그대는 집으로 가는 길을 찾을 것이다." - 루미

긍정적 특성

쌍둥이자리는 행복할 때 파티의 주인공이 되어 이목을 끈다. 그들은 진정으로 사랑하고 상대를 배려하며, 긍정적이든 부정적이든 감정을 깊이 느낀다. 또한 새로운 모험을 즐기며, 다양한 배경과 경험을 가진 사람들과 대화하는 것을 좋아한다. 결정을 내리는 데 어려움이 있다면 명상이나 심호흡 또는 아로마테라피가 도움이 된다. 똑똑한 쌍둥이자리는 삶에 대응하는 능력이 뛰어나다. 그들은 장난기가 많고 천진난만한 매력을 가졌으며 도전을 두려워하지 않는다.

부정적 특성

쌍둥이자리의 상징인 쌍둥이는 우유부단함을 의미한다. 월요일에 원하던 것을 화요일에는 원하지 않을 수 있고, 수요일에는 완전히 새로운 방향으로 바뀔 수 있다. 간혹 우울증에 가까울 정도로 기분이 가라앉기도 한다. 너무 변덕스러운 나머지 평생의 친구에게도 갑자기 소홀해져서 는 소중히 여기던 사람들을 떠나기도 한다.

인간관계

쌍둥이자리에게 지적 자극은 필수이므로, 이 별자리와 짝이 된다면 관계를 신선하고 흥미롭게 유지해야 한다. 지성에 매력을 느끼는 쌍둥이자리는 상대방이 똑똑하지 않다면 외모가 출중해도 끌리지 않는다. 변화무쌍한 그들은 여러 번 결혼할 수도 있다. 그러니 그들의 다중적인 성격을 이해하는 사람과 만나는 것이 좋다. 같은 장소에 오래 머물거나 한 파트너에게 만족하지 못하는 성향이 있기 때문에, 차라리 충동적이거나 안정감을 중요시하지 않는 파트너와 더 잘 맞을 수 있다.

달빛 명상

기우는 달의 내려놓는 힘을 이용한다. 잠이 들기 전에 이 주문을 반복적으로 읊으면 불안과 걱정을 만드는 부정적인 에너지를 제거할 수 있다.

"삶을 즐길 수 있는 능력을 주심에 감사드립니다.
제 마음속 걱정을 거두어 주시고, 제가 사랑하는 이와
더 많은 긍정 에너지를 나눌 수 있게 도와주소서."

게자리
6월 21일~7월 22일
물의 별자리

지배성 달

상징 색상 인디고, 노란색

원석 월정석(문스톤)

식물 고사리삼

"무슨 일이든 가치가 있다면 온 마음을 다해 하라." – 붓다

긍정적 특성

게자리는 공감 능력이 뛰어나 너그러운 마음으로 주위 사람들에게 사랑을 베푼다. 게자리는 당신을 챙기고, 즐거운 시간을 함께 보내며 항상 웃게 해주는 친구다. 그들은 풍부한 상상력의 소유자이며 사랑하는 이들에게 헌신한다. 게자리와 친구가 되면 평생을 함께할 것이다. 가족을 가장 중요하게 생각하기에 배려심 깊은 아내, 남편, 부모가 된다.

부정적 특성

게자리의 단점은 상상력이 지나쳐 질투와 불안감을 만들어낼 수 있다는 점이다. 그래서 농간을 부리기도 한다. 예를 들어, 동료가 자신에게 해가 된다고 느끼면 상사에게 그에 대해 부정적인 암시를 줄 수 있다. 게자리 사람들은 종종 과거를 쉽게 놓지 못하면서 동시에 미래에 대한 불안을 보인다. 그들은 아직 일어나지 않은 일을 걱정하는 경향이 있다.

인간관계

질투심이 많아 연애할 때 파트너를 염탐하거나, 상대가 잘못했다고 비난하기도 한다. 이런 행동이 잘못임을 알지만 그 순간에는 자신의 행동을 멈출 자제력이 없다. 그러나 대부분의 게자리는 안정적이고 애정이 넘치며 매우 충실한 파트너이다. 그들은 어둠 속의 빛이자 추위 속의 따스함이다.

달빛 명상

게자리의 질투 성향은 친구나 파트너뿐만 아니라 자신에게도 고통을 준다. 달이 기울고 있을 때 자기 전에 다음 주문을 반복해서 낭송하여 질투를 떨쳐버리자.

"불안감을 내려놓는 법을 알게 하소서.
자신의 능력을 믿고, 부정적인 행동을 떨리할 수 있는
힘과 자신감을 허락하소서"

사자자리

7월 23일~8월 22일

불의 상징

지배성 태양

상징 색상 노란색, 오렌지색

원석 호안석

식물 해바라기

"기쁨은 영혼을 사로잡을 수 있는 사랑의 둥지이다." – 마더 테레사

긍정적 특성

사자의 심장을 지닌 사자자리는 쌍둥이자리처럼 어떤 자리에서든 주인공이 되며 세간의 이목과 관심을 즐긴다. 이들은 카리스마가 넘치고 집이든 직장이든 휴가지든 슈퍼마켓이든 언제 어디서나 즐길 준비가 되어 있다. 타인을 선도하며 자신의 한계를 초월하고 사람들을 요란한 축제에 끌어들인다. 또한 생기 넘치고 자신감이 있으며, 대개 목표한 바를 성공적으로 이루어낸다. 의리 있는 사자자리 사람들은 훌륭한 친구이며, 다른 사람들과 기쁨을 나누는 것을 좋아한다. 파티의 주최자이며 사람들을 모으는 데 탁월한 재능이 있다.

부정적 특성

사자자리는 자신의 능력을 높게 평가하는 경향이 있어 종종 이기적이고 얄팍하게 보일 수 있다. 비판을 잘 수용하지 못하고, 때로는 짜증 날 정도로 공감 능력이 부족해 보일 수도 있다. 또한 황도대에서 가장 물질주의적인 별자리 중 하나이다. 이들은 자신만큼 운이 좋지 않은 사람들에게 무신경할 수도 있다.

　사자자리 사람들 중 많은 이들은 고집이 세고 충동적인 성향을 보인다. 반면에, 수줍음이 많거나 조용한 성격의 사자자리는 감수성이 풍부하고 섬세한 사람으로 묘사되기도 한다.

인간관계

질투에 사로잡히기 쉬우며, 파트너가 자신을 사랑한다는 확신을 필요로 한다. 그러나 관계에서 안정감을 느낄 때는 따뜻하고 사랑이 넘치는 사람들이다. 사자자리는 솔직함을 중요하게 생각하여 항상 파트너와 모든 것을 터놓고 이야기하기를 좋아한다.

달빛 명상

사자자리는 생명력과 사랑으로 가득하고 남에게 기쁨을 주지만 다른 사람의 고통에 무디기도 하다. 공감 능력을 키울 수 있는 명상을 해보자. 차오르는 달 아래서 잠들기 전 다음 주문을 반복해서 읊는다.

"사랑하는 이들의 아픔에 응답할 수 있도록 공감 능력을 키워주소서. 함께 기쁨을 나누고 어려울 때는 위로가 되는 존재가 되게 하소서."

처녀자리

8월 23일~9월 22일

흙의 별자리

지배성 수성

상징 색상 갈색

원석 오팔

식물 알로에

> "우리가 습관적으로 하는 행위가 우리를 결정한다.
> 탁월함은 그저 행위가 아니라 습관이다." - 윌 듀런트

긍정적 특성

처녀자리는 매우 신중하게 삶을 사는 사람들이다. 또한 근면성실하고 친절하며 사랑스러운 성격의 소유자들이다. 별자리들 중에서 가장 지능이 높은 것으로 알려져 있으나 수줍음이 많고 자신감이 없는 듯한 모습을 보이기도 한다. 학급에서 가장 뛰어난 성적을 받아도 말이다. 처녀자리는 뛰어난 예술가, 음악가, 작가 혹은 화가이다. 종종 일벌레가 돼서 자신이 얼마나 잘하고 있는지도 잊어버린다. 누구보다도 목표에 집중하며 사랑하는 이들을 위해 헌신한다. 처녀자리를 위한 조언은 완벽주의를 내려놓고 일과 휴식 사이에 균형을 잡아야 한다는 것이다.

부정적 특성

처녀자리는 성실하지만 자신감이 부족하여 가장 가까운 친구들조차도 그들의 성취가 얼마나 대단한지 설득하기 어렵다. 자기 의심이 그들의 성격에 깊이 자리 잡고 있으며 이를 극복하기는 쉽지 않다. 그들의 소심함은 가식이 아니며 민감하고 연약해서 대립적인 상황에 잘 대처하지 못한다. 자신감 부족은 처녀자리의 삶 전반에서 지속적으로 나타나는 특징이다.

인간관계

처녀자리는 종종 파트너를 통제하려는 경향이 있는데 이는 상대를 잃을지 모른다는 두려움에서 비롯된다. 처녀자리는 배려심이 많고 사랑이 넘치며, 그만큼 많은 관심과 보살핌을 필요로 한다. 반려자를 선택할 때는 감정에 의존하기보다 현실적이고 합리적인 기준을 따른다. 처녀자리의 사랑을 받는다면 그들은 당신을 기쁘게 하는 일에 집착할 것이다.

달빛 명상

처녀자리만큼 자기 자신에게 엄격한 사람은 없을 것이다. 명상을 통해 내면을 위로하는 데 집중하면 좋다. 차오르는 달 아래서 잠들기 전 다음 주문을 반복해서 읊는다.

"내 안에 깃든 창의적이고 영적인 재능을 온전히 받아들이게 하소서. 자신을 돌보는 것이 진정한 힘의 시작임을 깨닫게 하소서. 그리하여 내 영혼을 새롭게 하고 맡은 일을 이어갈 수 있도록 이끌어주소서."

천칭자리
9월 23일~10월 22일

공기의 별자리

지배성 금성

상징 색상 보라색, 초록색

원석 에메랄드

식물 장미

"인간에게 최고의 덕목은 자기 자신과 타인을
끊임없이 성찰하는 것이다." – 소크라테스

긍정적 특성

정의의 저울을 상징하는 천칭자리는 그에 걸맞게 정의와 균형에 관심이
많다. 그들은 약자를 친구로 삼고, 가난하고 약한 사람들을 돌보며, 괴롭
히는 사람들을 쫓아내는 유형이다. 또한 자신과 직접 관계가 없더라도
부당하다고 느끼고 바로잡아야 한다는 생각이 들면 두려움 없이 그 상
황에 뛰어든다. 그렇다고 해서 천칭자리가 대립을 즐기는 것은 아니다.
자신들의 개입 없이도 세상이 평화롭게 돌아가기를 바란다. 그들은 공정
한 판단력을 지닌 타고난 지도자이다.

부정적 특성

천칭자리는 세상의 불공평함에 좌절하기 쉬우며, 어떠한 불공정에도 강하게 반응한다. 이런 성향은 대화를 통해 쉽게 해결되지 않는다. 주의해야 할 점은, 천칭자리는 앙심을 품고 오래도록 원한을 가질 수 있다는 것이다. 이 성향은 관계에서 실패를 초래할 수 있으므로, 용서하고 잊는 법을 배우는 것이 좋다. 또한, 때로는 신뢰할 수 없고 변덕스러워 다른 사람들을 짜증 나게 만들기도 한다.

인간관계

천칭자리는 절대로 피상적인 관계에 만족하지 않는다. 그들은 사랑에 있어 열정적이며 반려자를 고를 때 매우 까다롭다. 허영심이 있어 외모를 중요시하며 파트너의 외모에 집착하기도 한다. 그러나 일단 관계가 안정되면 천칭자리는 그 관계가 오래 지속되기를 원하며 충실하고 믿음직한 파트너가 된다.

달빛 명상

천칭자리의 원망하는 성향은 자신과 사랑하는 이들을 불행하게 할 수 있다. 명상을 통해 용서와 잊는 법을 배워야 한다. 차오르는 달 아래에서, 잠들기 전에 이 주문을 반복해서 읊는다.

> "용서하고 잊을 수 있는 지혜를 허락하소서.
> 과거의 상처를 내려놓고,
> 평화와 행복을 되찾게 하소서."

전갈자리
10월 23일~11월 21일

물의 별자리

지배성 화성

상징 색상 빨간색, 파란색, 초록색

원석 루비

식물 담쟁이덩굴, 오크

"하늘을 날고자 하는 사람은 결코 땅을 기지 않는다." – 헬렌 켈러

긍정적 특성

영적인 성향을 지닌 전갈자리는 때때로 삶에 영적인 접근 방식을 취한다. 자신의 관심사에 열정적이며, 초집중하고, 성공을 위해 노력한다. 전갈자리는 일, 예술, 운동, 인간관계, 여가 활동 등 모든 일에 최선을 다한다. 강인한 성격을 지녔으며 보통은 솔직함을 미덕으로 삼고, 사탕발림을 절대 하지 않는다. 집을 짓거나 사업을 시작하는 등 큰 프로젝트를 계획할 때 전갈자리 사람은 훌륭한 파트너가 될 것이다. 그들은 일이 제대로 완료될 때까지 집중한다.

부정적 특성

열정적인 전갈자리의 단점은 다소 성급해질 수 있다는 점이다. 인내심이 부족하며 특히 어릴 때는 성질을 부리는 일도 흔하다(심지어 어른이 되어서도). 질투심 많은 전갈자리는 관심을 되찾기 위해 어떤 일도 서슴지 않는다. 그러므로 분노나 시기, 인내심 부족 문제를 해결하기 위해 감정을 다스리는 방법을 배워야 한다. 치열한 감정은 어느 정도까지는 생산적일 수 있으나, 너무 과하면 파괴적인 양상으로 나타나기 때문이다.

인간관계

전갈자리의 독침을 조심하라! 전갈자리는 배신을 결코 용납하지 않으며, 결국 복수심에 불타게 된다. 하지만 누군가와 진정으로 '통'하면, 이들은 보호자가 되어 어떤 별자리에서도 찾아볼 수 없는 헌신을 추구한다. 전갈자리는 육체적인 친밀감을 사랑하며 이를 억제하려 하지 않는다. 그들은 육체적 교감을 통해 사랑을 표현하고, 육체적 쾌락을 즐긴다.

달빛 명상

근면 성실하지만 종종 인내심이 부족하다. 명상으로 인내심을 키우는 데 집중하자. 달이 차오를 때 잠들기 전 다음 주문을 반복해 읊는다.

> "일, 친구, 가족에 대한 진실한 열정을 주심에 감사합니다.
> 인내심을 기르는 데 더 힘쓰게 하시고,
> 좌절의 순간에도 친절함을 잃지 않도록 도와주소서."

사수자리
11월 22일~12월 21일

불의 상징

지배성 **목성**

상징 색상 **보라색, 파란색, 흰색**

원석 **토파즈**

식물 **세이지**

"자연의 속도를 따르라. 인내가 그 비결이다." – 랄프 왈도 에머슨

긍정적 특성

사수자리는 누구에게도 얽매이지 않는 자유를 갈망하는 영혼의 소유자로 여행을 좋아한다. 산을 오르든, 강을 건너든, 자신의 분야에서 성공하든 그들은 새로운 경험을 사랑하며, 무언가를 처음으로 성취하는 듯한 느낌을 좋아한다. 그들은 자신만의 방식으로 성공을 이루려는 성취자들로, 탐험 가이드, 스키 강사, 전세 보트 선장과 같은 직업이 어울리고 9시부터 5시까지 일하는 전형적인 사무직은 힘들 수 있다. 또한 사수자리는 매우 사교적이며 어떤 모임에서도 자연스럽게 리더가 되곤 한다. 주목받으려 애쓰지 않으며 다수의 이익을 위해 기꺼이 헌신한다.

부정적 특성

사수자리 사람들은 자유를 추구하는 성향과 부분적으로는 이상주의적 성향 때문에 이따금 집중력을 잃는다. 조급함은 평소 온화한 성격의 사수자리를 직설적이고 쉽게 짜증을 내는 사람으로 만들 수 있다. 나이가 들수록 사소한 일에 집착하고 짜증을 내는 경향을 보일 수 있으니, 이러한 성향을 다스릴 필요가 있다. 자아가 강해 늘 옳고 싶어 하고 자신의 의견을 고집하기도 한다.

인간관계

사수자리는 평범한 결혼 생활에서 행복하지 않으며, 단조로운 일상을 가장 싫어한다. 모험을 함께하거나 적어도 모험을 지지해줄 수 있는 배우자를 만나야 한다. 로맨틱한 성격이 아니라 배우자가 종종 소외감을 느낄 수도 있다. 그래서 여러 번 결혼하기도 한다. 그러나 그들은 대체로 충실하며, 자유를 사랑하기 때문에 배우자의 외부 관심사나 인간관계를 제한하지 않는다.

달빛 명상

사수자리는 일정과 책무에 구속감을 느낀다. 야외 활동의 유혹으로 의무를 벗어버리고 싶어질 때, 보름달의 힘을 이용해 그 충동을 잠재울 수 있다. 보름달이 뜬 날, 잠들기 전 다음 주문을 반복해 읊는다.

> "경이로운 자연을 벗삼게 해주심에 감사드립니다.
> 자연과 함께하고자 하는 열망과 맡겨진 책무 사이에서
> 조화로운 균형을 이루게 하소서."

염소자리
12월 22일~1월 19일

흙의 별자리

지배성 **토성**
상징 색상 **검은색, 보라색, 초록색**
원석 **가넷**
식물 **수양버들**

"당신이 따르고 싶은 리더가 되라." – 미상

긍정적 특성

염소자리는 현실적이며 책임감 있고 올바른 선택을 하려고 노력하는 성숙한 사람들이다. 황도대에서 가장 열심히 일하는 사람들이며 놀라운 조력자다. 이런 이유로 염소자리 사람은 훌륭한 리더가 된다. 신중한 성격을 타고났기 때문에 이성적이며 심사숙고하여 결정을 내린다. 또한 과거의 실수를 인정하고 반복하지 않기 위해 노력한다. 자신의 방법이 개선해야 할 여지가 있음을 받아들이고 인간관계에서 더 나은 사람이 되려 애쓴다.

부정적 특성

염소자리는 고집스럽게 자기주장을 하는 경향이 있으며 익숙하고 편안한 것에 집착한다. 낯선 경험을 기피하며 안락하고 친근한 것을 고집하기에 새로운 경험과 새로운 관계를 꺼리기도 한다. 인간관계나 현 상황에 불편함을 느끼면 부정적인 생각에 빠지기 쉽고 이는 우울증으로 이어질 수 있다. 부정적인 감정이 들기 시작할 때 이를 인식하고 극복하면 새로운 도전에 나서는 데 큰 도움이 될 것이다.

인간관계

충실하고 믿음직스러운 성격의 염소자리는 파트너에게도 높은 도덕성과 독립성을 요구한다. 마음을 쉽게 열지 않는 성향이 있어 심지어 결혼 후에도 때때로 차갑거나 무정하게 보일 수 있다. 그러나 염소자리가 일단 마음의 문을 열고 신뢰와 유대를 쌓으면, 그들은 섬세하게 파트너를 보호하고 배려한다. 시간이 지날수록 사랑이 깊어지는 타입이다.

달빛 명상

염소자리는 친절하고 관대하지만 때로는 편협한 모습을 보인다. 명상을 통해 새로운 상황을 받아들이는 능력을 키우면 좋다. 달이 차오르는 동안 잠들기 전 다음의 주문을 반복하여 읊는다.

> "이번 생에서 배워야 할 것이 많음을 깨닫게 하소서.
> 새로운 경험과 인연을 기쁘게 받아들이며,
> 그 안에서 소중한 교훈을 발견하게 하소서."

물병자리
1월 20일~2월 18일
공기의 별자리

지배성 토성

상징 색상 노란색, 보라색, 흰색

원석 토파즈, 사파이어

식물 극락조화

"별을 춤추게 하려면 여전히 자기 안에 혼돈을 가지고 있어야 한다."
– 프리드리히 니체

긍정적 특성

물병자리는 홀로 있는 시간을 사랑하고 즐길 뿐 아니라 이를 갈망한다. 창의적이고 지적이며 개성적인 이들은 재충전의 기회를 갖지 못하면 변덕을 부리거나 우울해지기도 한다. 항상 틀에 얽매이지 않는 창의적인 사고를 하기 때문에, 깊은 통찰력과 영적인 비전을 가진 것으로 보이기도 한다. 이런 특성 때문에 현실 세계와 조화를 이루는 데 어려움을 겪기도 하지만 독특한 방식으로 창의성을 발전시켜 성공한다. 사랑이 많고 관대하며 친구와 좋은 관계를 유지하는 이들은 훌륭한 대화 상대이다.

부정적 특성

물병자리는 종종 공상에 잠기고 백일몽에 빠진다. 물병자리의 상징인 물을 나르는 자는 감성적인 사람이라 세속적인 문제로 자주 좌절감을 느낀다. 이들의 약점은 현실 세상과의 단절로, 상식을 벗어난 독특한 생각을 하기에 괴짜로 보이기도 한다. 또한 이들을 화나게 하면 과거의 실수를 수년간 상기시킬 것이다. 비판을 수용하는 데도 약한 면모를 보인다.

인간관계

물병자리 사람들은 영혼의 동반자를 갈망하며, 그 외의 것은 받아들이지 않는다. 유대감을 수없이 재확인하려 들기 때문에 느긋한 배우자하고는 맞지 않을 것이다. 본래 논쟁을 좋아하고 상대를 지배하려는 경향이 있지만 충실하고 매우 배려심이 많으며 특히 파트너가 어려움을 겪을 때 더욱 그렇다. 유머 감각은 물병자리의 중요한 특성이다.

달빛 명상

소속감과 차별화를 동시에 원해 갈등한다. 명상을 통해 있는 그대로의 자신을 받아들이고 조화의 감각을 높이면 좋다. 달이 차오르는 때 잠들기 전 다음의 주문을 반복적으로 읊는다.

"내 안에 깃든 특별한 능력이 진정한 선물임을 깨닫게 하소서.
다른 사람과의 다름을, 있는 그대로 받아들이며
나만의 길을 따라 성공을 향해 나아갈 때 평안을 주소서."

물고기자리

2월 19일~3월 20일

물의 별자리

지배성 혜왕성

상징 색상 파란색, 하늘색, 초록색

원석 자수정, 오닉스

식물 연(꽃)

"아무리 작은 친절도 결코 헛되지 않는다." - 이솝

긍정적 특성

황도대의 마지막 별자리로 지혜롭고 사려 깊은 관찰자이다. 친절하고 인내심이 강해 다양한 성격을 수용하며 타인의 행동을 판단하기보다는 이해하려고 노력하기 때문에 상대의 무례한 행동도 눈감아준다. 물고기자리는 황도대에서 가장 감수성이 풍부하고 창의적인 별자리 중 하나로 현실에서 벗어나 독서, 글쓰기, 음악, 자연에 몰입하는 경향이 있다. 또한 어느 정도 예지력이나 영적 능력을 가지고 있을 가능성이 크다. 점술가들은 물고기자리를 황도대에서 가장 영적 능력이 뛰어난 별자리로 본다.

부정적 특성

물고기자리 사람은 공상가이다. 원대한 계획에 비해 실천력이 부족한데 회의적인 성향이라 과도한 분석으로 불안에 시달리기도 한다. 작은 비판에도 위축되지만 이를 통해 두려움에 정면으로 맞서는 법을 배운다. 순종적인 성향이라 다른 사람의 의견이나 행동에 쉽게 휘둘릴 수 있다. 하지만 세상에는 좋은 사람만 있는 건 아니라는 점을 깨닫고 관계를 적절할 때 정리하는 법을 배워야 한다.

인간관계

보통은 자신을 잘 이해해줄 가능성이 높은 같은 물의 별자리인 전갈자리나 게자리에 끌린다. 사람을 강하게 신뢰해 상처가 있는 사람이나 감정적인 앙금이 있는 사람에게 끌리기도 한다. 사랑을 사랑하는 성향으로 인해 관계가 파국으로 치달아 사랑에 대한 자신감을 잃기도 하지만 여러 번 사랑에 실패해도 사랑에 대한 믿음을 잃지 않는다.

달빛 명상

물고기자리는 종종 자신의 생각에 깊이 빠지며, 작은 비판도 지나치게 마음에 담아두는 경향이 있다. 차오르는 달빛 아래에서 자신감을 키우기 위해, 잠들기 전에 이 주문을 반복해서 읊으며 집중할 수 있다.

> "섬세함을 허락하심에 감사합니다.
> 이제 자신의 능력을 믿고, 그 능력을 더욱 자유롭게
> 다른 사람들과 나눌 수 있게 하소서."

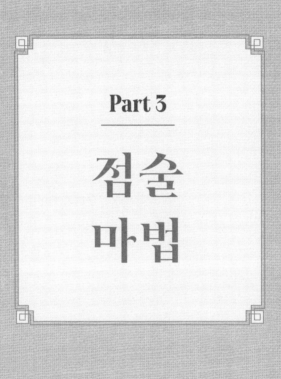

Part 3

점술
마법

Chapter 11

신비로운
점술

이집트와 그리스에서 인도와 히브리 집단사회까지, 모든 문화는 시대를 막론하고 삼라만상의 생명력을 이용해 통찰력과 지식을 얻는 자신들만의 점술법을 가지고 있다. 점술로 특정한 질문에 답을 찾거나 좀 더 일반적인 정보를 구한 것이다.

대다수 고대 문명에서 기원한 수많은 점술법이 존재하는데 수세기 전 사람들은 구름의 형상을 해석하거나 탁자의 먼지를 읽고, 촛불이나 뼈뿐 아니라 손톱까지 사용해 점을 쳤다. 일부 점술법은 시간이 흐르면서 잊혔다. 하지만 마녀들은 여러 세대에 걸쳐 점술 수련을 계속해왔다. 이 장에서 우리는 일반적으로 많이 사용하는 일부 점술법을 이야기할 것이다.

새로운 점술법을 알아보려는 사람은 점술 분야가 매우 방대하다는 사실을 명심해야 한다. 이 책에서 모든 점술법을 다 설명할 수는 없다. 더 알고 싶다면 온라인에서 정보를 찾아보기 바란다. 이 장에서는 뼈를 읽는 방법, 신체를 관찰하는 방법, 하늘을 읽는 방법, 펜듈럼 및 촛불을 사용하는 방법, 손금을 읽는 방법, 스크라잉[1] 예언와 같은 점술의 기본을 다루며, 그 과정에서 다른 형태의 점술도 언급할 것이다.

골점술

뼈 해석 또는 골점술(오스테오맨시Osteomancy)은 고대 중국에서 시작되었다. 옛날, 중국 점술가는 권력자나 부자를 위해 전쟁이나 기근, 감염병이 닥칠지 등 다양한 점을 쳤다. 현대의 고고학자들과 역사학자들이 아시아에서 수수께끼 글씨가 쓰인 어마어마한 양의 거북이 등껍질과 뼈들을 발견했다. 고대 점술가가 점을 치기 위해 거북이 복갑(배를 덮고 있는 껍데기), 황소나 다른 거대한 동물의 견갑골을 이용했기 때문이다. 복갑이나 견갑골은 상대적으로 표면이 평평했기에 글자를 새기기 좋다.

먼저 뼈에서 살을 발라내 세척하고 다양한 도구를 사용하여 더 평평하게 만든 다음 뼈에 구멍을 냈다. 이후 뼈에 질문을 새기고 뼈가 갈라질 때까지 이미 있던 구멍이나 뚫어놓은 구멍에 열을 가했다. 점술가는 그렇게 갈라진 뼈 조각을 해석했으며 종종 해석 내용도 뼈에 새겼다.

고대 점술가의 골점술은 현대의 골점술과는 약간 다르다. 현대 방법은 다양한 뼈를 모아 이를 던져서 땅에 떨어진 형태를 보고 해석한다. 뼈를 던지는 골점술은 오늘날에도 널리 행해진다.

---

1. 스크라잉(Scrying): 고대로부터 내려온 점술 중 하나로 반사되는 표면을 응시하면서 미래나 숨겨진 진실을 파악한다. 일반적으로 물, 거울, 수정구, 유리 같은 반사 표면을 갖는 것을 이용한다.

적합한 뼈 구하기

현대의 골점술가는 흔히 주머니쥐 뼈를 영적 영역과의 연결과 메시지 해석에 이용한다. 주머니쥐는 야행성이며 가끔 밤에 묘지를 돌아다니기 때문에 죽은 자들과 강하게 연결되어 있다고 여겼다. 하지만 아프리카계 미국인의 후두Hoodoo와 아프리카 부두Voodoo에서는 수년 동안 의식에 닭을 사용해왔으며 제물로 바치기도 했다. 이는 조상이 거하는 세계와 닭이 강하게 연결되어 있음을 시사한다. 닭뼈는 손쉽게 구할 수 있어 골점술에 좋은 선택지이다.

다른 점술과 마찬가지로 골점술 역시 개인의 경험과 믿음, 감각에 크게 의존한다. 기본적인 골점술 키트는 뉴에이지 상점이나 온라인에서 구할 수 있다. 키트는 시작 단계에서는 나쁘지 않은 선택이지만 골점술에 이용하는 뼈는 자신에게 의미가 있거나 연관된 것이 더 좋다. 일부 골점술가들은 차에 치여 죽은 동물의 뼈를 이용하는 것이 영적 세계와 더 강력하게 연결되며 해석하기 쉽다고 하는데 그 근거는 다음과 같다.

- 어디서 뼈를 구했는지 알 수 있다.
- 어떤 방식으로 죽었는지 알 수 있다.
- 뼈를 직접 씻어낼 수 있다.
- 동물을 존중하고 정성스럽게 장례를 치러줄 수 있다.

그러나 모든 사람이 죽은 동물의 뼈를 모으는 데 흥미를 느끼는 것은 아니다. 우리처럼 영적으로 민감한 사람들을 위한 다른 대안도 있다. 뼈를 샀든지 직접 찾았든지 간에, 그것들을 주머니에 넣거나 천에 싸고는 거기에 개인적인 의미가 있는 조개껍데기, 깃털, 돌, 나무껍질 또는 자신의 작은 장신구(열쇠, 짝 잃은 귀걸이, 동전) 등의 물건을 넣는다. 주머니에 넣고 뼈와 함께 던질 수 있을 만큼 작고 특별한 의미를 가진 것이면 된다.

골점술 해석하기

몇 가지 방법이 있으며 사용하는 뼈의 종류에 따라 달라진다. 키트를 구입하거나 혼합 뼈를 사용한다면 기본적으로 견갑골, 치아 혹은 너구리 음경 뼈, 닭 날개 뼈가 포함된다. 다른 뼈는 구할 수 있느냐에 따라 추가된다. 이 뼈들은 다음을 나타낼 수 있다.

- 과거
- 현재
- 미래
- 장애물

또는 가정, 직업, 관계, 건강을 의미할 수도 있으며 당신이 생각해낸 나른 소합노 석합하다. 일반 천을 바닥에 깐다면 뼈를 천에 던지기 전에 배치를 어떻게 해석할지 결정해야 한다. 가장 가까이 떨어진 것을 현재의 사건으로 정할지, 아니면 과거의 일로 정할지 또는 배치를 선형 방식

사분면으로 나눠진 원에 던지기

옛날 점술가는 흙에 원을 그리고 4개의 구획으로 나눈 후 그 위로 뼈를 던졌다. 요즘은 대부분 흙 대신 천 위에 뼈를 던져 점을 친다. 가장 간단한 것은 평범한 천을 사용하는 것이다. 어떤 사람은 동물 가죽을 사용하고 또 다른 사람은 사분면으로 나눠진 원이 인쇄된 특별한 천을 쓴다. 어떤 것을 쓰든 상관없지만 반드시 뼈를 던질 공간을 4개의 구획으로 나누어야 한다. 사분면은 점을 치려는 내용에 따라 그때그때 다르게 정의할 수 있다.

으로 읽을지, 전체 그림으로 해석할지 생각하는 것이다. 천에서 벗어나거나 정해둔 원형의 틀 밖으로 떨어진 것은 해석에 포함하지 않는다.

바로 여기서 뼈나 장신구와 개인적인 경험에 따른 연결 역시 작동한다. 숲을 걷는 도중 발견한 뼈를 사용한다고 해보자. 당시 그대는 우울했는데 뼈를 발견하고는 주위 자연과 완전히 연결되는 느낌을 받았다고 가정하자. 이런 경험으로 인해 해당 뼈는 구원과 부활의 의미를 갖는다. 해석을 시작하기 전에 그대가 모은 물건과 뼈에 의미를 부여하여 그에 따라 해석해라.

물체가 갖는 의미는 변할 수도 있다. 오늘 도토리는 성장을 의미할 수 있으나 내년에는 전혀 다른 의미가 될 수 있다. 그러므로 정기적으로 골점술에 이용하는 뼈에 그대의 에너지를 불어넣고 의미를 되새겨라.

닭뼈를 이용한 골점술

옛날 점술가들의 이론에 따르면 닭뼈에는 몇 가지 표준 해석이 존재한다. 저녁으로 먹었던 닭의 뼈를 손질해 사용해도 전혀 문제가 안 된다. 닭을 끓여서 고기를 제거하고 점술에 사용할 뼈를 모은다. 기름을 제거하기 위해 주방세제에 며칠 담가놓아도 좋다.

깨끗해지면 과산화수소에 하루나 이틀 정도 담가 뼈를 밝게 만든다 (표백제를 사용하면 부서지니 주의하라). 그다음 말려서 사용하는데 어떤 사람들은 뼈에 색을 입히기도 한다. 닭에서 오직 7개의 뼈만 쓴다는 사실을 명심해라. 사용하는 뼈와 그 의미는 다음과 같다.

- **가슴뼈** 사랑, 관계, 예술적 노력, 삶과 사랑의 열정
- **갈비뼈** 제약, 장애물, 극복해야 할 어려움
- **온전한 날개뼈** 자유, 비행기 여행, 가능성, 미래의 개선
- **부러진 날개뼈** 자유의 제한, 정체, 지연
- **온전한 다리뼈** 육상 여행, 잠재력 실현, 열린 기회
- **부서진 다리뼈** 지연, 방해, 고립, 좌절
- **목뼈** 자원 부족, 손실, 불안, 잘못된 결정
- **위시본** 희망, 포부, 꿈의 실현, 행운
- **넓적다리뼈** 영성, 감정적 시련, 조상, 영적 재능

닭뼈를 던지고 배치와 그 모양에 따른 의미로 메시지를 해석한다. 다음은 몇 가지 배치 형태와 그에 따른 메시지이다.

- **수직선** 남성적 에너지, 긍정적인 반응
- **수평선** 여성적 에너지, 부정적인 반응
- **평행선** 에너지가 조화를 이룸
- **대각선** 주변 뼈들과 분리를 상징
- **정삼각형** 긍정적 방향으로의 성장
- **역삼각형** 에너지 또는 성장이 감소하고 있음
- **T자형** 하나가 다른 섯의 에너지를 막고 있음
- **X자형** 함께 작용하거나 서로 대치함
- **편자형** 정방향은 행운, 역방향은 불운

연습이 완벽을 만든다. 정기적으로 골점술을 연습해야만 뼈들 간의 관계와 그것들이 당신의 영혼과 어떻게 연결되는지 이해할 수 있다.

통찰력을 얻게 해줄 다른 점술들

오오맨시Oomancy 달걀을 이용한 점술

아스트라겔로맨시Astragalomancy 작은 뼈나 주사위를 이용한 점술

콘코맨시Conchomancy 조개껍데기를 이용한 점술

클리도맨시Clidomancy 열쇠로 점을 치는 방법

헤파토스코피Hepatoscopy 동물의 간 상태를 보고 점을 치는 방법

신체를 이용한 점술

사람의 신체 특징을 읽는 점술도 존재한다. 가령 몰맨시Molemancy는 모반 혹은 점을 보고 개인의 운명과 성격을 점친다. 이런 점술의 기원은 고대로, 요즘에는 보기 드물다.

모반은 흔히 점보다 더 높이 쳐주지만 몰맨시는 믿음과 문화에 기반한 직관적인 해석이 주를 이룬다. 가령 이마의 점은 높은 지능과 비상한 창의력을 의미하며 종아리의 점은 멀리 여행할 운명, 엉덩이에 있는 모반은 관절 문제가 있다는 의미라는 식이다. (몸에 있는 점들을 살펴볼 때 크거나 불규칙적인 색상 혹은 시간이 지나면서 변하는 점을 발견하면 피부과 의사를 찾기를 바란다.) 다음은 점의 위치에 따른 해석 중 일부다.

- **가슴(오른쪽)** 딸을 갖게 됨

- **가슴(왼쪽)** 지능이 높고 불안 장애가 있음

- **가슴(중앙)** 금전 문제가 있음

- **등(오른쪽)** 신중하고 재치 있는 평화주의자

- **등(왼쪽)** 대담하고 용감하며 결단력 있음

- **등(척추 근처)** 믿음직스럽고 성실하며 인기 많은 호감형

- **오른발** 행복한 결혼, 가족과 더 높은 권력에 헌신

- **왼발** 불행한 결혼과 가족 문제

- **윗배** 외모 및(또는) 성격에 만족하지 못함

- **아랫배** 번번이 약속을 지키지 않음

- **오른뺨** 친절하고 충실하며 책임감이 강함

- **왼뺨** 자기중심적이고 냉담하며 자신을 과신함

- **오른손** 강인하고 기개가 있으며 결단력이 강함

- **왼손** 열심히 노력하지만 많은 좌절을 겪을 수 있음

- **손목(오른쪽이나 왼쪽)** 젊은 시절 금전적 문제가 중년에 개선됨

- **인중** 평균 이상의 높은 성욕의 소유자

- **종아리(오른쪽)** 많은 성취와 업적을 이루며 성공함

- **종아리(왼쪽)** 광범위하게 여행하며 전 세계적으로 사람들과 연결됨

- **코(오른쪽)** 힘들이지 않고 돈을 벌고 부유하게 살아감

- **코(왼쪽)** 부정직하고 도덕적으로 타락하기 쉬움

- **코**(중앙) 건강에 문제가 있음
- **턱**(오른쪽) 논리적이며 지혜롭고 현명함
- **턱**(왼쪽) 직설적이며 낭비벽이 있음
- **턱**(중앙) 귀족 또는 왕족 출신이며 큰 존경을 받음
- **허벅지**(오른쪽) 용감하고, 많은 여행을 함
- **허벅지**(왼쪽) 예술 표현력과 재능

일부에서는 점이나 모반의 위치는 그 사람이 태중에 있었을 때 행성들이 끼친 영향력을 보여준다고 한다. 몸 왼쪽에 점이 있는 경우는 행성이 여성적인 영향력을 미친 것이며 오른쪽에 있는 경우는 남성적인 영향력이 미친 것이다.

색상과 관련한 해석도 있는데 검은 점들은 불운을 의미하는 반면, 다른 색상의 점은 행운을 의미한다(피부과 의사는 동의하지 않을 수도 있다). 일부 마녀들은 현생의 점이 전생에서의 상처나 어떤 흔적이라고 믿으며, 이는 다음 생으로 이어질 수 있다고 여긴다.

웹사이트에는 점 해석 관련 정보가 많다. 여기에서 설명하지 않은 점이 있더라도 걱정할 필요 없다. 인터넷에서 정보를 찾을 수 있을 것이다.

골상학

머리와 얼굴의 특징으로 사람의 성격을 읽는 것으로 아리스토텔레스Aris-
totle와 히포크라테스Hippocrates도 이를 인정했다. 얼굴 특징이 임신, 의학
적 상태와 연결되어 있어 성격과 잠재력에 대한 통찰을 준다는 것이다.
다음은 골상학 해석의 몇 가지 예이다.

- **일자 눈썹** 자의식이 강하고 걱정이 많음
- **좁은 미간** 세상과 인간관계에 예리한 통찰력을 가짐
- **넓은 미간** 순진하며 뜻밖의 일을 싫어하지만 꽤 사랑스러움
- **휘어진 코** 바람기가 있으며 인간관계가 원만하지 못함
- **넓은 코** 사랑이 많고 가족 지향적이며 관대함
- **좁은 코** 자립성이 강하고 비밀스러운 성향이 있음
  - **짧은 코** 걱정이 많고 패배주의적이며 우울한 성향을 가짐
    - **세로 주름이 있는 귓불** 체질이 약해 건강에 문제가 있음
      - **돌출된 귀** 독립적이고 지능적이며 창의적인 사고를 함
      - **붙은 귓불** 지배적이며 타인을 괴롭히는 성향이 있음
    - **두툼한 입술** 표현이 풍부하고 정직하며 비밀이 없음
      - **얇은 입술** 무뚝뚝하지만 정직하며 경계심이 많고 주
        의 깊음

- **긴 송곳니** 주변에 불운을 가져옴
- **뾰족한 턱** 감수성이 높고 반항적인 성향
- **작은 턱** 실수를 두려워하고 야망이 없으며 갈등을 피함
- **퉁방울눈**(튀어나온 눈) 때로 단호하고 자신감이 넘침

　　물론 오늘날 많은 사람이 성형수술을 하기에 어떤 신체 부위가 타고 났으며 어디가 수술한 곳인지 모를 수 있다. 확실한 것은 수술이 외형은 바꿔도 개인 성향은 변하지 않는다는 사실이다.

살펴볼 가치가 있는 점술

가스트로맨시Gastromancy 위에서 나는 소리로 점을 침

오네이로맨시Oneiromancy 꿈을 해석하여 점을 침

오돈토맨시Odontomancy 치아의 구조와 모양을 해석

아스트랄 프로젝션 Astral Projection 정보를 얻기 위해 영혼을 신체에서 분리시켜(아스트랄체) 아스트랄계로 보냄. 일종의 유체이탈

이크노맨시Ichnomancy 발자국을 통해 성격을 예측

히포노맨시Hypnomancy 잠을 통해 점을 침

구름을 통한 점술

여름 하늘을 가로지르는 뭉게구름과 수평선 위에서 우르릉대는 폭풍 구름을 보는 것을 누가 싫어할까? 그런데 날씨 관측을 통해서도 미래를 예측할 수 있다는 사실을 아는가? 이 점술은 에어로맨시Aeromancy라고 하는데 구름, 기류, 우주를 해석한다. 에어로맨시는 점술가가 더 높은 차원의 정보에 접근하도록 돕는다. 다른 모든 점술과 마찬가지로 마음을 열고 메시지를 받아들여 해석하는 능력이 중요하다. 마음이 불안하거나 들떠 있으면 구름에서 이미지를 보기 힘들기 때문이다.

에어로맨시를 성공적으로 해내려면 다양한 구름 형태가 나타나기 좋은 날을 골라야 한다. 몇 번 해보면, 하늘에 구름이 없이 어둡고 흐린 날에는 미래 예측이 어렵다는 점을 알 수 있다. 에어로맨시를 할 때는 몸을 기대거나 완전히 누울 수 있는 장소를 찾아라. 사람이 많이 다니지 않거나 소음이 심하지 않은 곳이 좋다. 헤드폰으로 백색 소음이나 편안한 음악을 들으면 마음 정화에 도움이 된다.

명상으로 시작하라. 다음과 같은 말을 생각하거나 말해도 좋다. 깊게 호흡하며 몸을 이완시키고, 눈을 감고 질문에 집중하라.

"판단으로부터 자유롭게 해주소서.
열린 마음과 가슴으로,

기타 자연을 기반으로 하는 점술

오스트로맨시Austromancy 바람을 해석하는 점술

오르니스코피Orniscopy 새의 행동, 즉 움직임이나 비행 패턴, 울음소리를 해석하는 점술

바트라쿠오맨시Batraquomancy 개구리, 도롱뇽, 두꺼비의 움직임을 해석하는 점술(바트라코맨시Batrachomancy라고도 함)

안토맨시Anthomancy 꽃을 해석하는 점술

덴드로맨시Dendromancy 나뭇가지와 잎(보통 참나무나 겨우살이)을 이용하는 점술

창의적 통찰력을 가지고 모든 일을 수행하게 하소서.
이 소망을 이루게 하소서."

이제 눈을 뜨고 구름의 형상을 그대가 원하는 대로 보라. 얼굴, 문자, 숫자, 동물, 다른 세계의 존재 등 어떤 한계도 없다. 다시 눈을 감고 그대가 보았던 구름의 형상과 질문이 어떻게 연결되어 있는지 명상하라. 필요하다면 이 연습을 반복하고, 답을 얻었다고 느끼면 그 이미지를 기록하라. 일부 이미지는 바로 이해되지 않을 수도 있으나, 하루나 이틀 뒤에 선명하게 알 수 있을 것이다.

자연의 아름다움을 관찰하며 편안한 시간을 보내고, 그 과정에서 원하는 정보를 얻었기를 바란다.

펜듈럼의 힘

펜듈럼을 활용한 점술인 펠로맨시Pellomancy는 아주 재미있지만 어느 정도 연습이 필요하다. 펜듈럼은 체인이나 줄에 추를 매달아 만든다. 이를 이용해 '예/아니요'로 답을 할 수 있는 질문을 하거나 더 복잡한 소통을 위한 차트를 만들어 특정 답을 얻을 수 있다.

일부 사람은 추가 크리스털 같은 특별한 재료여야 하는지 궁금해한다. 그렇게 할 수 있으나 필수는 아니다. 우주와 펜듈럼에 그대가 연결되는 것이 더 중요하다. 그러나 펜듈럼 추로 크리스털을 사용하는 데 흥미가 있다면 몇 가지 선택지를 제시한다.

- **셀레나이트**Selenite 영적 에너지와 정신의 명료성을 높인다.
- **연수정**Smoky Quartz 부정적 에너지를 차단하고 안정과 번영을 촉진한다.
- **자수정**Amethyst, **흑요석**Obsidian, **라피스 라줄리**Lapis Lazuli(청금석) 영적 에너지의 균형과 평화를 증진한다.
- **장미석**Rose Quartz 심신을 치유하는 에너지를 높인다.
- **헤머타이트**Hematite(적철석) 몸과 마음의 조화. 정신적 안정감을 주며 부정적인 에너지를 막는다.
- **허니 칼사이트**Honey Calcite, **루비**Ruby 긍정 에너지로 목표 달성을 돕는다.
- **플루오라이트**Fluorite(형석) 명료하고 체계적인 사고를 돕는다.
- **황수정**Citrine 풍요와 번영을 증진한다.

고를 수 있는 크리스털은 많다. 원하는 게 목록에 없다면 인터넷을 검색하여 자신에게 꼭 맞는 것을 선택해라. 또한 돌이나 금속 재료의 펜듈럼을 쓸 수도 있다. 크기, 모양, 무게를 시험해 가장 편한 것으로 정해라. 어떤 사람은 큰 추를, 또 다른 이는 작은 추를 선호한다. 이는 매우 개인적인 선택이므로 친구와 똑같은 것을 가져야 한다고 느낄 필요는 없다.

펜듈럼의 사슬이 너무 길어 추가 탁자나 땅에 닿을 정도라면 추의 움직임을 해석하기 어렵다. 이런 경우는 사슬을 필요한 만큼 말아 쥐어도 상관없다.

탁자에 앉아 팔꿈치를 탁자에 대어 안정시키고 펜듈럼을 앞뒤로 움직이게 한다. 펜듈럼이 일정하게 흔들리기 시작하면 '예'를 의미하는 방향을 물어보라. 오른쪽으로 돈다면 '예'의 방향이 그쪽임을 알 수 있다. '아니요'와 '모르겠다'라는 답의 방향도 물어본다.

시전하는 사람에 따라 앞뒤로 움직이는 것이 긍정 혹은 부정의 답변이 될 수 있고 완전히 멈추는 것은 반대를 뜻할 수 있다. 지금은 펜듈럼의 움직임을 관찰하고 배우는 시간임을 명심해라. 펜듈럼 수집가라면 모든 펜듈럼이 동일하게 움직이지 않음을 알 것이다. 각각의 펜듈럼마다 '예/아니요'의 움직임을 확실히 알아내야 한다.

몇 가지 기초 질문을 하여 펜듈럼의 답변을 확인한다. 이미 답을 아는 것을 펜듈럼에게 물어보는 것이다. 이때 '예/아니요'로 답할 수 있는 질문을 해야 한다. 다음은 기초적인 질문의 예이다.

- 내 이름이 마리인가요?

- 지금이 낮인가요?

- 지금이 여름인가요?

- 제가 강아지를 키우고 있나요?

- 지금 제가 집에 있나요?

- 붉은색이 제가 제일 좋아하는 색인가요?

　펜듈럼의 답변이 애매하다면 질문을 좀 더 간단하게 할 수 있는지 생각해본다. 이제 어떻게 펜듈럼을 사용하는지 알게 되었으니 질문들을 명확하고 구체적으로 표현할 방법을 정리해보자. 명확하게 표현된 질문의 예는 다음과 같다.

- 어제 본 구직 면접에서 합격할까요?

- 6개월 안에 승진이 가능할까요?

- 앞으로 12개월 안에 결혼할 수 있을까요?

- 목요일에 여행을 가는 게 좋을까요?

- 강아지를 분양받기 좋은 시기일까요?

- 올해 건강이 좋아질까요?

- 지난주에 본 파란색 집을 사는 게 좋을까요?

- 3개월 안에 연애를 할 수 있을까요?

매우 개인적인 내용에 특정 시간 범위를 추가하면 더 명료한 답변을 얻을 수 있다. 예를 들어, "이번 주에 미팅을 해야 할까요?"라는 질문은 어느 정도 구체적이지만 다소 애매하다. 만약 차로 세 시간을 운전해서 업무 회의에 가야 하고 목요일이나 금요일 중에서 가는 날을 선택할 수 있다면 펜듈럼은 날씨가 안 좋거나 교통체증 때문에 막히지 않는 날을 골라줄 것이다.

펜듈럼 사용 시 주의 사항

- **한 번에 한 가지만 질문하기** "내가 강아지나 고양이를 입양해야 할까요?"라고 묻지 말라. 이런 상황에서는 질문을 2개로 분리해라.
- **너무 복잡하게 질문하지 말기** "비가 내릴 수 있으니 외투를 가져가야 할까요?"라는 질문은 "오늘 밤 외투를 가져 가야 할까요?" 또는 "오늘 밤 비가 내릴까요?"처럼 단순화하라.
- **긍정문으로 질문하기** "내가 차를 산 게 잘못된 선택이었나요?"와 같은 질문은 "내가 새 차를 산 게 올바른 선택이었나요?"와 같이 바꿔라.
- **펜듈럼의 움직임의 의미를 결정한 후 이미 답을 아는 것을 계속 묻지 않는다.** 이는 혼란스러운 결과를 초래할 수 있다.

펜듈럼 차트

복잡한 질문에 답을 얻으려면 적절한 답이 적힌 차트를 만들자. 원형 차트가 좋은데 펜듈럼에 중심 시작점을 마련해주고 모든 잠재적인 답에 쉽게 접근할 수 있기 때문이다. 세 군데서 일자리 제의가 들어왔는데 어떤 것이 제일 그대에게 맞는지 알고 싶다면 원형 차트를 세 부분으로 똑같이 나눠 그린다. 차트 중앙에 작은 원을 시작점으로 남겨두어라. 질문을 정리한다.

- 어떤 직업을 선택해야 할까요?
- 어떤 회사가 경력에 더 도움이 될까요?
- 어떤 직업이 가장 보람 있을까요?

차트를 사용하면 질문에 더 창의적으로 접근할 수 있다. 차트는 필요한 만큼 많은 정보 조각으로 나눌 수 있다. 예를 들면 스무 조각으로 나누어 스무 가지의 답을 만들 수 있는 것이다. 하시만 확실한 답을 구분할 수 있도록 각각에 충분한 공간을 할당해야 한다.

그대를 매료시킬 점술

댁틸리오맨시|Dactyliomancy 반지를 이용하는 점술

리토맨시|Lithomancy 귀중한 돌, 부적, 장신구를 이용하는 점술

비블로맨시|Bibliomancy 책, 특히 『성경』을 이용하는 점술

벨로맨시|Belomancy 화살을 던지거나 균형을 잡아 점을 치는 방법 또는 용기에서 화살을 꺼내 점을 침

아컬토맨시|Acultomancy 바늘의 흔들림을 읽는 점술

미래에 불을 밝혀라

양초는 일상에서도 흔히 사용하지만 고인을 추모하여 영적 세계와 연결하기 위해 쓰기도 한다. 또한 미래 예측이나 미래에 영향을 주기 위한 마법 도구로 활용하기도 한다. 위칸은 양초를 이용한 주술을 자주 한다. 양초를 이용한 점술은 세로맨시Ceromancy라고도 부르며 상황에 맞춰 다양한 색상의 양초를 쓴다.

양초 색상

어떤 정보를 얻고자 하는지에 따라 양초 색상을 신중하게 선택해야 한다. 예를 들어, 특정 요일에 더 나은 통찰을 얻기 위해서는 다음과 같이 색상을 선택할 수 있다.

- **일요일** 노란색
- **월요일** 흰색, 은색, 회색
- **화요일** 붉은색, 진홍색
- **수요일** 보라색
- **목요일** 파란색
- **금요일** 초록색
- **토요일** 검은색, 보라색

어떤 분야의 질문인가에 따라서도 색을 달리 할 수 있다.

- **노란색** 건강, 다산, 금전

- **분홍색** 인간애, 사랑, 자존감, 우정

- **빨간색** 사랑, 섹스, 열정적인 연애

- **연보라색(라벤더), 은색** 영적 에너지 상승

- **오렌지** 계획 실현

- **초록색** 돈, 금전적 성공

- **파란색** 충실함

- **흰색** 평화, 신뢰

- **흰색과 검은색** 부정적인 에너지로부터 보호, 부정적인 에너지 파괴

이제 양초 색상을 선택했으니 주문과 의도에 맞는 양초 사용법을 알아보
자. 매력적인 이웃이 있고 그 사람과 로맨틱한 사랑을 원한다면 다음의
주술을 할 수 있다.

1. 로맨틱한 관심을 상징하는 빨간색이나 분홍색 양초를 선택한다.

2. 상대의 이름과 커플이 되고 싶은 날짜를 양초에 적는다. 날짜는 '오늘로부터
두 주 뒤'처럼 구체적으로 정한다. 양초가 유리용기에 들어 있다면 유
리 표면에 적어도 된다.

3. 양초에 식물성 오일이나 당면한 문제에 속하는 에센셜 오일을 바른다. (에센셜
오일 목록과 의미는 282~283쪽 참조)

4. 원하는 상대와 데이트하는 것을 떠올려본다. 데이트 장소는 어디인가? 날씨는 어떠한가? 식사를 한다면 메뉴는 무엇인가? 어떤 대화를 나누고 있는가? 모든 에너지를 떠오르는 이미지에 집중한다.

5. 마음속에 장면이 완성되고 그것이 반드시 이루어질 것이라고 느껴지면 양초에 불을 켠다. 그리고 "내가 본대로 될지어다"라고 주문을 읊는다.

6. 양초를 태운다. 주문과 의도가 어떻게 진행되는지 확인하기 위해 떨어지는 촛농을 해석해본다.

촛농 이미지 해석하기

수직으로 세우는 일반적인 양초라면(기둥형, 끝이 가늘어지는 형태, 원형이나 사각형) 촛농으로 점을 칠 수 있다. 이는 찻잎점과 매우 유사하다. 촛농의 이미지를 살피면 된다. 양초가 타고 있는 동안 촛농의 이미지는 나타났다 사라지거나 완전히 변할 수도 있고, 이미지가 지속되거나 다시 나타나기도 한다. 사랑점을 치는 경우 하트 모양의 촛농이 생길 수 있다. 떨어진 촛농이 집이나 신부 이미지를 만들기도 한다. 남자나 여자 형태의 촛농이 생기기도 하는데 이는 사랑의 경쟁자를 뜻할 수 있다.

촛농이 내부에 머물 수밖에 없는 용기에 담긴 양초를 사용한다면 차갑거나 상온의 물이 담긴 그릇에 촛농을 떨어뜨려 해석할 수 있다. (물그릇은 양초와 다른 색을 써야 이미지를 명확하게 볼 수 있다.) 양초를 기울여 촛농의 일부를 물에 떨어뜨린 뒤 모양을 살펴보라.

모든 다른 형태의 점술처럼 특정 질문에 대한 답으로 촛농을 해석할 수 있고 전체 상황의 일부를 보여주는 것으로 생각할 수도 있다.

타는 모습으로 점치기

양초가 타는 과정을 관찰하여 의도한 대로 상황이 흘러가는지, 에너지의 흐름이 막혀 있는지 판단하는 점을 칠 수 있다. 불꽃을 보고 점을 치는 것은 파이로맨시Pyromancy라 부른다. 다음은 양초를 이용한 사랑점의 해석이다.

- **열린 꽃 모양** 양초가 고르게 녹아 열린 꽃 모양을 보이면 그대의 소망이 실현된다. 그대의 사랑은 응답을 받을 것이다.
- **심지가 촛농에 묻혀 불이 꺼짐** 부정적인 에너지나 누군가의 방해로 그대의 소망이 이루어지지 않고 있다.
- **거대한 촛농 덩어리** 양초 전체가 녹아서 하나의 촛농 덩어리가 되면 그대의 의도가 잘 작동하고 있는, 매우 이상적인 상황이다.
- **높이 타오르는 불꽃** 그대의 의도가 긍정적인 에너지의 힘을 받아 성취되고 있다.
- **낮게 타오르는 불꽃** 부정적이거나 반대되는 에너지가 방해하고 있다.
- **튀거나 펑 소리가 나는 불꽃** 영혼들이 그대의 의도에 연결하려고 시도하고 있다.

- **과도하게 깜빡이는 불꽃** 영혼들이 와 있다. 딸깍거리거나 펑 소리가 난다면 그들이 당신에게 말을 걸려고 하는 것이다.
- **쉽게 꺼지지 않는 불꽃** 영혼들이 여전히 당신의 소망을 위해 노력하고 있다. 양초가 좀 더 타게 두어라.

물론 타고 있는 양초를 절대 방치해서는 안 되며 항상 주의를 기울여야 한다. 양초가 완전히 녹기 전에 자리를 떠야 한다면 물 한 방울이나 캔들 스너퍼Candle Snuffer를 사용해 불을 끈다. 이는 그대를 돕는 정령들에 대한 존경의 표시이다. 다음에 같은 방법으로 해당 문제를 다시 살펴볼 수 있다.

그 외 불과 관련된 점술

램파도맨시Lampadomancy 오일 램프나 횃불을 이용하는 점술

보타노맨시Botanomancy 허브나 나뭇가지를 태워 해석하는 점술

스포도맨시Spodomancy 재나 그을음을 해석하는 점술(테프라맨시Teph-ramancy라고도 부른다.)

캡노맨시Capnomancy 불에서 피어오르는 연기를 해석하는 점술

코지노맨시Causinomancy 물체를 태워서 정보를 얻는 점술

미래는 손 안에 있다

손금점(카이로맨시Chiromancy, 카이로소피Chirosophy)은 어느 정도 힌두교에 기원을 둔 것으로 여겨졌지만 다양한 문화에서 손금점이 행해졌으며, 그 해석 방식은 각기 다르게 발전해왔다. 케이로Cheiro라는 이름으로 알려진 점성가 윌리엄 존 워너William John Warner는 인도에서 손금점 대가들에게 수학한 뒤, 20세기 초 서유럽에서 손금점의 인기를 다시금 되살렸다. 현대 손금점의 많은 요소는 케이로의 연구를 기반으로 하고 있다.

손금점은 방대한 지식과 기술이 요구되는 분야라 그 자체로 한 권의 책이 필요하다. 물론 책이 있더라도 손금을 제대로 해석하기까지는 많은 시간이 소요될 것이다.

손금은 운명의 지도와 같다. 모든 사람의 삶이 다르기에 같은 손금을 지닌 사람은 없다. 다음 정보는 서양과 『베다』[1] 전승의 방대한 손금점 중 기본을 간략히 소개한 것에 불과하다.

먼저 신체 비율을 기준으로 손의 크기를 평가한 다음 손 모양과 손가락 길이를 살펴보자.

---

1. 베다(Vedas): 고대 인도 힌두교의 신성한 경전이자 인도 철학과 종교의 기초를 이루는 중요한 문헌이다. 베다는 산스크리트어로 '지식' 또는 '지혜'를 의미하며, 약 기원전 1500년에서 기원전 500년 사이에 형성된 것으로 여겨진다. 베다는 크게 리그베다(Rigveda), 사마베다(Samaveda), 야주르베다(Yajurveda), 아타르바베다(Atharvaveda)의 네 가지 경전으로 구성되어 있다.

손 크기 보기

먼저 손의 크기와 신체 비율을 평가하는 것부터 시작할 수 있다.

- **큰 손** 예민하고 창의적이며 천성적으로 호기심이 많다. 작은 손을 가진 사람이 놓칠 수 있는 세부사항을 잘 살피며 답을 찾는 데 열정적이다.
- **보통 손** 일반적으로 순리를 따르는 삶을 산다. 화를 잘 내지 않으며 원한을 오래 품지 않고 감정 기복도 심하지 않다. 평온한 삶을 추구한다.
- **작은 손** 훌륭한 사상가이지만 가끔 나무를 보느라 숲을 보지 못한다. 그럼에도 이들은 성취 지향적이며 집중력과 결단력이 있다.

손 모양 보기

이제 손의 모양을 살펴볼 차례이다.

- **두툼하고 네모난 손** 손가락이 짧고 굵으며 손바닥이 넓어 전체적으로 네모난 모양의 손을 가진 사람은 워커홀릭일 가능성이 높다. 이들은 행동을 더 선호하기 때문에 많은 생각에 빠지지 않는다. 감정적이지 않고 실용적이며, 열심히 일하고 유용한 결과를 만들어내는 데서 진정한 만족을 얻는다. 네모난 손은 실용적인 성향을 지닌 사람들에게서 나타나며, 야외에서 일하는 경우가 많다.
- **얇은 손** 생각이 많고 머릿속에 아이디어가 가득 쌓여 있는 유형이다. 매우 똑똑하지만 생각에 따라 기분이 좌우되는 경우가 많아 기분 변화가 심할 수 있다. 그럼에도 이들은 논리적이며 문제에 실용적인 해결책을 찾는 데 능숙하다.

손가락 길이 보기

다음은 손가락을 살펴보자.

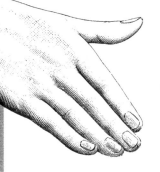

- **중간 길이 손가락** 대다수 삶의 영역에서 균형 잡혀 있고 보통 다재다능한 사람들이다.
- **긴 손가락** 심사숙고 없이 성급하게 행동하는 경향이 있어, 이로 인해 문제를 겪을 수 있다. 감정적으로 행동하며, 중요한 사실을 간과하기도 한다.
- **짧은 손가락** 생각과 행동이 재빠르며 대개는 판단력이 뛰어나다.

손가락 하나하나 보기

다음은 엄지를 제외한 나머지 손가락의 명칭과 특징이다.

- **검지-목성** 목성은 직업과 이상주의를 나타내기에 검지가 길면 자영업을 할 가능성이 크다. 자영업의 범위는 소규모 사업부터 대규모 회사 체인까지 다양할 수 있다. 반면, 목성 손가락이 짧다면 야망이 부족하고 자신감이 결여된 사람일 수 있다.
- **중지-토성** 토성은 심리학을 상징한다. 이 손가락이 길면 사생활과 고독을 좋아하고 배움을 사랑한다. 반면, 손가락이 짧다면 경솔하거나 무관심한 사람으로 보일 수 있다.
- **약지-아폴로(태양)** 약지가 길면 명성과 부를 좇는 경향이 있다. 또한 세련

238

되고 역사와 예술을 사랑한다. 아이들의 성장을 돕는 사랑스러운 사람이다. 약지가 지나치게 길면 다소 자기중심적이며 위험을 무릅쓰는 성향이 있다. 학업적으로는 영리하지만 돈을 쓰며 즐기거나 도박에 빠지기도 한다.

- **새끼손가락-수성** 새끼손가락이 짧거나 다부지다면 소통의 실패와 사회에 순응하기를 어려워하는 사람을 의미한다. 반대는 뛰어난 소통능력을 지녔음을 의미한다. 굽었다면 비밀스러운 사람을 상징한다. 끝이 몹시 뾰족하다면 사이킥 재능이 있음을 의미한다.

손톱 보기

평균적으로 손톱이 손가락 뿌리부터 끝까지 자라는 데는 12주가 걸리며, 손톱 상태는 건강에 관한 많은 정보를 제공한다. 손톱의 크기와 모양역시 그 사람에 대해 많은 것을 알려줄 수 있다.

건강한 손톱은 매끄럽고 유연하며, 손톱 밑 살이 분홍색이고, 뿌리 부분에 흰색의 작은 달이나 반원이 보인다. 손톱에 금이 있거나 우묵한 자국, 주름이 있다면 건강에 이상이 있다는 신호일 수 있다. 손톱이 붉은빛을 띠면 심리적인 문제, 정서적 질환, 중독 성향을 가지고 있을 가능성이 있다. 손톱 모양에 대한 기본적인 해석은 다음과 같다.

- **작은 손톱** 일반적으로 에너지가 넘치지만, 성급하거나 충동적인 성향일 수 있다. 꼼꼼하고, 세심하며, 항상 완벽을 추구한다. 집 안의 모든 물건은 제자리에 있고, 그 자리에 둔 이유가 명확하다. 재치가 있으며 가끔 고집을 부린다. 또한 초조해하거나 신경질적인 사람일 수 있다.

- **크거나 사각형** 자신감 넘치는 성취자들로, 열심히 일한다. 일반적으로 매우 건강하고 지구력과 결단력이 우수하다. 때로는 고집이 세고, 가만히 있지 못하며 안절부절못하는 성향을 보이기도 한다. 종종 사소한 사고를 당하기 쉽고, 어깨나 목과 관련된 허리 통증을 겪을 수 있다.

- **타원형 또는 아몬드형** 가장 좋은 손톱 모양으로 친절하고, 우호적이며, 마음이 넓고, 온화한 성격을 지녔다. 새로운 사람과 생각에 열려 있으며 다른 사람의 스트레스를 덜어주기 위해 애쓴다. 갈등을 피하고 언제나 평화를 유지하려 한다. 당뇨병이나 알레르기에 걸리기 쉬우니 주의.

- **넓거나 부채꼴형** 신경질적이며 에너지를 빠르게 소모하는 경향이 있다. 공상적인 성향을 가졌지만 동시에 안정된 삶을 갈망한다. 헌신적이며 성실하나 변화를 싫어하고 비판에 강한 거부감을 가지고 있다.

손금 해석

손금은 4개의 주된 선이 있다. '감정선', '두뇌선', '생명선', '운명선'이다.

감정선

손가락 바로 밑에 있는 눈에 띄는 선으로 새끼손가락 아래 손바닥 가장자리까지 이어진다. 감정선은 정신 건강이나 연애 성향 등 감정과 관련된 모든 것들을 나타낸다.

- **깊은 감정선** 창의적이고 예술적이며 배려심이 많다.

- **짧은 감정선** 매우 현실적이며 인간관계에서 충성심이 높다.

- **약하거나 끊어진 감정선** 과거에 상처받은 경험이 있을 수 있으며, 사랑에

있어 일관성이 부족하거나 불성실할 가능성을 나타낸다. 또한 기혼자
나 연애 중인 사람과 사랑에 빠질 수
있다.

- **감정선에 결혼선[2]이 연결된 경우** 관계에
서 항상 우위를 점하며 리드한다.

- **사슬 모양이거나 다른 선과 교차되어 있는**
감정선 감수성이 풍부하고 이를 잘 표
현하는 사람이다. 때로는 감정을 조금
과하게 표현할 수도 있다. 사슬 모양의
선은 또한 사랑에 빠지는 것을 즐기며,
마음을 쉽게 주는 경향이 있음을 시사
한다. 이 선에 원이 나타나면 체중 관
리에 주의해야 한다. 그렇지 않으면 이
후 심각한 건강 문제가 생길 수 있다.

요즘에는 감정선의 시작 부분, 즉 중
지(토성의 손가락) 바로 아래에 짧은 가지
나 갈래가 있는 것을 흔히 볼 수 있다. 이는 이혼이나 별거를 나타낸다.
잔선의 가지가 많다면 한 번 이상의 이별을 뜻할 수 있다.

---

2. 결혼선은 새끼손가락과 감정선 사이에 위치한 손바닥 옆면에서 가로로 나온 짧은 선이다. 보통은
굵거나 가는 선이 두세 가닥 나와 있는데 굵은 선은 결혼까지 가는 깊은 인연을, 가는 선은 가벼운 인
연을 말한다고 볼 수 있다.

두뇌선

감정선 아래에서 볼 수 있으며 손바닥을 가로질러 다른 쪽 끝 너머로 이어진다. 이 선은 지식과 배움에 대한 개인의 흥미도를 나타낸다.

- **긴 두뇌선** 호기심이 많을 뿐만 아니라 통찰력이 있고, 지적이며 재치가 있음을 나타낸다.
- **짧거나 한 번 끊어졌다가 다시 시작되는 두뇌선** 집중력이 다소 부족하여 사고나 장기적인 계획을 세우는 데 약하다.
- **생명선과 붙어 있는 두뇌선** 가족에 대한 확고한 애착을 의미하고 독립하기보다 가족과 함께 산다.
- **생명선과 떨어진 두뇌선** 두 선이 분리되어 사이에 틈이 있다면 매우 독립적이어서 이른 시기에 집에서 나가 산다.
- **사슬 모양이 있는 두뇌선** 좋지 않은 징조로 두통 등의 문제를 겪을 수 있다. 쉽게 피로해지거나 불면증에 시달리거나 에너지가 부족할 수 있다.
- **작은 끊김이나 간격이 여러 번 나타나는 두뇌선** 사고의 위험이 있으니 조심해야 한다.

생명선

생명선은 엄지를 반원으로 감싸며 손바닥을 따라 내려가는 선이다. 이 선은 에너지 수준과 육체적 건강, 삶의 전반적인 모습을 나타낸다. 많은 사람이 생명선을 통해 얼마나 오래 살지 예측하려 하지만, 이는 정확한 방법이 아니다. 손금은 나이가 들수록 변할 수 있으며, 짧고 약했던 생명선도 시간이 흐르면서 길어질 수 있다. 생명선이 깊고 뚜렷하다면 높은 에너지 수준과 건강한 삶을 의미하나 생명선이 약하고 잔선이 많다면 에너지 수준이 낮거나 건강에 문제가 있을 가능성을 나타낸다.

양손을 모두 살펴봐야 한다. 일반적으로 왼손은 타고난 성향과 잠재력을 나타내며, 오른손은 후천적인 경험과 현재 상태를 나타낸다. 왼손잡이라면 반대이다. 건강에 해로운 생활습관을 오래 지속한다면 후천적 영향을 나타내는 손바닥의 생명선이 약해지거나 짧아질 수 있다.

- **짧거나 끊긴 생명선** 생명선이 짧거나 끊긴다고 해서 반드시 짧은 수명을 의미하는 것은 아니다. 이는 큰 변화를 상징하거나 불안과 두려움을 느끼는 성향을 나타낼 수 있다. 끊어진 생명선은 삶의 새로운 여정이나 중요한 변화를 나타내는 신호이기도 하다.
- **깊고 붉은 생명선** 높은 에너지와 열정을 나타내며, 건강한 성욕과 활력을 상징할 수 있다.

운명선

운명선은 중지(토성의 손가락)에서 시작하여 손바닥의 중앙을 가로질러 손목까지 내려오는 수직선으로 중간에 방향이 바뀌거나 갈라지기도 한다. 기본적으로 성격과 개인의 운명에 대한 중요한 정보를 제공하는 선으로, 길고 끊김 없는 운명선을 가졌다면 진취적이며 뛰어난 도덕성을 지닌 사람일 가능성이 높다.

- **검지(목성)로 향하는 운명선** 운명선이 검지 방향으로 기울어진다면 이는 일에서의 성공을 의미할 수 있지만 동시에 연애나 대인 관계에서 돈을 낭비할 가능성을 암시할 수 있다.

- **중지(토성)로 향하는 운명선** 고된 노동과 노력 뒤에 따라오는 성공적인 삶을 의미한다.
- **수평으로 가로지르는 선이 있는 운명선** 어려운 삶을 의미하며 종종 불운으로 괴로운 일을 겪을 수 있다. 일부 다른 관점을 지닌 체계에서는 이 선을 영적인 징조로 여겨 배움과 고통스러운 교훈을 통해 삶에서 지혜를 추구한다고 본다.

신비로운 십자가
두뇌선과 감정선 사이의 공간을 쿼드랭글Quadrangle이라 부르는데 작은 활주로처럼 생겼다. 이 공간에 십자가 모양이 있다면 이는 타고난 영적 능력을 지닌 사람을 의미하며 이 십자가를 '신비로운 십자가'라 부른다.

기타 흥미로운 점술

겔로스코피Geloscopy 사람의 웃음 소리, 형태, 빈도 등을 분석하여 그 사람의 성격, 감정 상태, 운명을 해석하는 점술

그래폴로지Graphology 사람의 필체, 글씨 크기, 압력, 기울기 등을 분석하여 성격, 심리 상태, 잠재적인 특성을 해석함

메토포스코피Metoposcopy 이마에 나타난 주름의 위치, 형태, 깊이 등을 분석하여 그 사람의 성격, 과거의 경험, 미래의 운명을 해석함

오니코맨시Onychomancy 햇빛에 비추었을 때 손톱 색깔, 표면에서 반사되는 이미지, 미세한 변화 등을 통해 그 사람의 건강 상태, 운세, 성격을 해석함

완벽한 십자가는 4개의 점이 두뇌선과 감정선에 닿지 않고 중앙에 위치한다. 그러나 십자가가 불완전하다고 해서 영적 능력이 없다는 뜻은 아니다. 이는 단지 그 능력이 다소 약하다는 것을 의미한다.

손가락을 사용해 중지(토성)에서부터 손목까지 선을 그렸을 때, 그 선이 십자가를 지나가는 경우는 드물지만, 많은 마녀에게서 이러한 현상이 나타난다고 한다. 이는 그들이 비밀스러운 가르침에 관심이 있기 때문일 것이다.

손금은 전 세계적으로 다양한 해석이 존재하기에 같은 손금도 문화에 따라 다르게 해석될 수 있다. 따라서 가능한 한 많이 배우고 연습한 뒤 자신의 직관을 믿는 것이 가장 좋다. 손금 읽기는 사람의 본질을 파악하는 데 중점을 둔다. 이 사람이 무엇에 열정을 가지는지, 어디로 향하는지를 이해하는 것이다. 명상으로 마음을 차분히 하고, 미묘한 신체적·영적 신호를 포착하는 것이 성공적인 손금 점술의 핵심이다.

스크라잉 점술

많은 사람이 '스크라잉Scrying'이라고 하면 수정구부터 떠올리지만 사실 다양한 스크라잉이 존재한다. 스크라잉은 특정 물체의 표면이나 매체를 응시하여 그곳에 나타나는 이미지를 해석하는 점술을 의미한다. 스크라잉을 행하는 많은 스크라이어Scryer가 거울, 크리스털, 수정구 또는 물그릇에 담긴 물과 같은 반사하는 표면을 이용한다.

일부 사람들은 이러한 물체의 표면이 두 가지 목적에서 유용하다고 한다. 하나는 스크라이어가 주변 환경에 방해받지 않고 물체 표면에 집

중할 수 있도록 돕는 것이고, 두 번째는 이미지가 나타나는 매체, 즉 통로 역할을 해주는 것이다. 이런 종류의 점술이 처음이라면 당장 비싼 수정구부터 살 필요는 없다. 거울이나 물그릇으로 시작해도 충분하다.

신성한 힘이 당신과 조화를 이루도록 편안하고 이완된 분위기를 조성해야 한다. 양초 혹은 향에 불을 붙이자. 전화기는 끄고 음악이 도움이 된다면 낮은 볼륨으로 틀어놓는다. 반사되는 표면을 가진 물체는 앉아서 편안하게 응시할 수 있는 위치의 안정적인 곳에 놓는다. 공책과 펜을 근처에 두어 스크라잉이 끝나면 바로 기록할 수 있게 한다.

깊이 생각해보고 싶은 질문이 있는가? 이 점술로 원하는 무엇이든 알 수 있다는 사실을 기억하라. 질문에는 한계가 없다. 내년에 이상적인 파트너를 만날 수 있을지, 직장에서 승진할 수 있을지 알아볼 수도 있다. 또 일과는 무관하게 큰돈을 얻게 될지를 질문할 수도 있다.

눈을 감고 깊게 호흡하며 마음에 고요와 평온을 불러온다. 신성한 힘과 하나가 되는 데 집중하고 마음을 비워라.

눈을 뜨고 스크라잉 표면을 응시한다. 눈에 초점을 풀고 시야를 흐릿하게 유지한다. 만약 트랜스 상태로 빠져드는 느낌이 든다면 그 상태를 받아들이고, 질문에 집중하며 표면을 바라본다. 무엇이 보이는가? 처음에는 일부 이미지들이 이해되지 않을 수도 있지만 괜찮다. 나중에 해석하면 된다. 지금은 단지 이미지가 떠오르는 대로 내버려둔다.

이미지가 느려지거나 멈추면 서서히 일상적인 의식 상태로 돌아와 본 것을 기록한다. 아무리 이상하거나 관련이 없어 보일지라도 모두 적어두 어라. 지금은 정보가 불분명하고 혼란스러울 수 있지만, 시간이 지나면 서 그 의미가 중요해질 수 있다.

다른 사람을 위해 스크라잉을 한다면 그들이 알고 싶어 하는 내용을 미리 파악해두는 것이 도움이 된다. 이는 막연히 광범위한 미래를 예측 하는 것보다 훨씬 쉽다. 우주는 무한한 양의 정보를 지니고 있기에 스크 라잉으로 한 개인의 미래와 관련된 다양한 영역들에서 단편적인 정보를 얻을 수 있지만 이것들을 하나의 일관된 해석으로 엮어내는 건 어려운 일이기 때문이다.

심령적 눈을 뜨게 해줄 다른 점술

마가리토맨시Margaritomancy 진주를 사용하여 미래를 예지하는 점술

사이코맨시Psychomancy 영혼이나 정령들을 이용하는 점술

오이노맨시Oinomancy 와인의 색, 투명도, 거품, 침전물 등을 보고 미래 를 예지하는 점술

클레어보이언스Clairvoyance 오감을 뛰어넘어서 물체를 감지하는 것으 로 여섯 번째 감각(이후 육감)으로 알려져 있다.

수정구의 세계

어떤 수정구를 사면 좋은지 알아보는 일은 쉽지 않다. 가장 먼저 알아야 할 것은 진짜 수정구는 꽤나 비싸다는 점이다. 그리고 진짜 수정이라고 광고하며 팔리는 것들 다수는 사실 유리로 만든 것이다. 유리로 된 구를 사는 것도 괜찮다. 유리구는 쉽게 확인할 수 있다. 결함이 하나도 없기 때문이다. 진짜 수정구는 자연이 만든 것이므로 완벽하지 않다. 하지만 약간의 결함은 우주의 비밀을 보여주는 힘에 아무런 영향을 미치지 않는다. (한 손에 쥘 수 있는 크기의 진짜 수정구는 50달러 정도 하는데 유리구는 진짜 수정구의 3분의 1 가격에 살 수 있다.)

전통주의자들은 수정구가 스크라잉에 최고라고 말한다. 수정구가 가장 강력하고 결과를 가장 잘 알려준다는 것이다. 일부 수정구는 주인이 손에 쥐면 구가 이를 알고 주인과 연결을 시도하려 한다고 믿는다. 즉 수정구는 자신과 맞는 사람에게 말을 걸고, 적당한 시기에 적절한 가격으로 자신을 내보일 것이라고 한다.

진짜 수정구를 살 여유가 없다면 유리구로 시작하는 것도 나쁘지 않다. 유리구의 힘을 높이기 위해 유리구 주위에 작은 수정들을 흩뿌려놓는 것도 좋다. 결과를 보장할 수는 없지만 이런 방법으로 영적인 힘을 결합하는 게 나쁠 이유는 없다.

이 장에서 점술에 대해 간단히 다루었다. 다양한 점술을 다룬 책이 많으니, 더 알고 싶은 분야가 있으면 깊이 파고들어 보라. 어떤 점술이 매력적으로 다가오는지 감을 잡고 나서 그 방향으로 나아가면 된다.

Chapter 12

육감 깨우기

우리 모두에게는 상상을 초월하는 힘이 있다. 바로 '육감Sixth Sense'이라 불리는 능력이다. 이 능력은 누구나 태어날 때부터 가지고 있지만, 어떻게 사용하는지 모르는 사람이 많다. 육감을 마스터한 사람은 자신을 둘러싼 외부 환경의 에너지를 인식할 수 있다. 마치 동물들이 위험을 감지하는 것처럼, 상황이 나빠지면 본능적으로 알아차리는 것이다. 예를 들어 쓰나미가 다가올 때 야생동물들이 이상함을 눈치채고 더 높은 곳으로 이동하는 것과 같은 원리다. 이 능력은 어렸을 때 억눌려 사회화 과정을 통해 점차 사라진다.

우리는 이미 어린아이들이 영적 세계와 가까이 있으며, 순수한 감각으로 정령들을 인식할 수 있음을 리애나의 이야기에서 살펴봤다. 아이들은 할머니가 돌아가신 지 1년이 됐음에도 "할머니가 소파에 앉아 있어요"라고 아무렇지도 않게 말하곤 한다. 그러나 대부분의 가정에서는 이러한 아이들의 행동을 꾸짖으며, 이상하게 여긴다. 아이들은 이러한 능력을 억눌러야 한다고 배우고, 시간이 흐르면서 자연스럽게 잊는다.

어린 시절, 마음속으로 질문하기도 전에 어떤 일이 벌어질지 미리 알았던 순간을 떠올려보라. 이는 육감을 사용한 것이다. 우리들 중 많은 사람이 예지력을 갖고 태어나지만 이러한 본능적 감각을 무시하고 논리와 합리만을 인정하려는 경향이 있다.

우리가 다음에 공유하려는 내용은 미지의, 예상치 못한, 초자연적인 경계에 있는 것들이다. 영적 가르침에 대한 우리의 이해에 따르면 영적 능력을 발휘하기로 마음 먹은 사람들은 미래의 대재앙을 막기 위한 '의무'를 부여받는다. 때로는 예지력을 통해 미래를 변화시키는 데 성공하기도 하지만, 그렇지 못할 때도 있다.

FBI의 조사를 받은 숀의 예지력

1975년 12월 29일, 뉴욕 라과디아 공항의 수하물 찾는 곳에서 폭발 사건이 발생했다. 이로 인해 11명이 사망하고 74명 이상의 무고한 사람들이 중상을 입었다. 이 사건이 일어나기 3주 전, 나는 절친이자 뉴욕시의 라디오 진행자와 함께 예언에 관한 라디오 방송을 했다. 둘 다 위카와 오컬트에 매료되어 있었는데 이야기를 시작한 지 21분쯤 되었을 때 끔찍한 감정이 내게 몰려왔고 눈앞에 환상이 나타나면서 온몸이 경직되었다. 친구는 내 상태를 눈치채고 괜찮냐고 물었다. 나는 내가 본 것을 말했다.

"저는 테러리스트 집단이 라과디아 공항에 폭탄을 설치하는 것을 보앗어요 이건 3주 뒤에 일어날 일이고 많은 이가 죽거나 다칠 거예요."

슬프게도 이 경고는 사실이 되었다. 이 사건으로 FBI가 내 예언을 확인하고는 방송 테이프를 몰수한 뒤 친구와 나를 용의자로 주목하고 조사했다. 다행히도 담당 FBI 요원이 예지력을 믿었고, 내 과거 예언들이 실제로 일어난 것을 근거로 우리는 그 끔찍한 사건의 용의선상에서 벗어날 수 있었다.

몇 년 후 나는 정부가 지원하는 CIA 전략 프로젝트에서 일했다. 나는 나와 같은 ESPExtrasensory Perception(초감각적인 지각)를 지닌 사람들과 훈련을 받았는데 우리는 냉전 기간 동안 소련을 염탐하고, 숨겨둔 잠수함을 찾기 위해 원격 투시(멀리 있는 사람, 장소와 물체를 보는 훈련) 교육을 받았다. 이후 내 소명은 세상을 위험에서 구하는 것으로 바뀌었다. 사실, 이 장에서 소개하는 많은 내용이 당시 배웠던 알파 상태에 들어가는 방법에 기초하고 있다. 알파 상태는 정신의 힘이 도달하는 더 높은, 트랜스와 같은 상태로 육감이 강화되고 사이킥 능력이 더 예리해진다. 옛날 신비주의자들은 알파 상태에서 놀라운 능력을 발휘했다.

당신도 할 수 있다. 여기 나온 내용을 바탕으로 육감과 본능의 힘을 개발해보라. 자신을 믿고 마음과 영혼을 연다면 인류의 발전을 위해 영적 능력을 사용할 수 있다.

이 장에서는 당신의 초감각적 힘을 깨우는 다양한 방법을 이야기한다. 당신도 어린 시절처럼 세상을 있는 그대로 바라볼 수 있게 되기를 바란다. 여기서 말하는 세상은 단지 인간의 눈에 보이는 부분만을 의미하지 않는다는 점을 강조하고 싶다.

ESP 유형

ESP는 일반적인 오감(시각, 청각, 후각, 미각, 촉각)을 통해서는 얻을 수 없는 정보를 감지하는 능력, 즉 육감을 뜻한다. ESP에는 몇 가지 형태가 있다.

- **클레어라리엔스**Clairalience 남들이 맡지 못하는 냄새를 통해 영적 정보를 알아내는 능력이다. 예를 들어, 경찰 수사 중 어떤 사이킥이 오렌지 꽃 향을 맡고 이를 통해 범인들이 오렌지 숲에 숨어 있다는 것을 알아낸 경우가 있다. 혹은 오래전에 돌아가신 할아버지의 오드콜로뉴나 담배 연기 향을 맡아 할아버지의 영이 근처에 있음을 알 수 있다.

- **클레어오디언스**Clairaudience 다른 사람이 듣지 못하는 소리를 듣는 능력이다. 주로 죽은 자나 의미 있는 소리를 듣는데, 예를 들어 당신이 아는 누군가가 롤링 스톤스를 좋아했다면, 그의 영이 왔을 때 희미하게 롤링 스톤스의 노래가 들리는 식이다.

- **클레어엠파시**Clairempathy 다른 사람의 경험, 육체적 감각, 감정을 느낄 수 있는 능력으로, 공감 능력과 유사하다. 그러나 클레어엠파시는 사람뿐 아니라 동물의 행복과 고통까지도 정확하게 느낀다. 공감 능력이 풍부한 사람은 주위에 있는 다른 사람의 에너지를 지나치게 흡수하지 않도록 주의해야 한다. 감정에 압도되어 우울해진다면, 사람들에게서 떨어져 홀로 회복의 시간을 가질 필요가 있다.

- **클레어보이언스**Clairvoyance 다른 사람이 보지 못하는 물체, 에너지, 존재들을 감지하는 능력이다. 예를 들어, 누군가를 봤을 때 그가 어린 시절 살았던 집과 그 모습을 떠올릴 수 있다. 그 사람 곁에서 이미 죽은, 그를 사랑하는 사람을 볼 수도 있다. 또한 친구의 미래도 보는데 친구가 외국 도시에 있거나 더 나이 든 모습을 보는 경우가 있다.

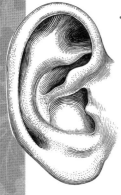

- **미디엄십**Mediumship 영혼과 소통하는 능력을 가진 영매를 말한다. ESP와의 차이점은, 모든 영매가 ESP 능력을 가지고 있지만, 모든 ESP 능력자가 영매처럼 죽은 자와 소통하는 것은 아니라는 점이다. 타고난 영매도 있지만 나중에 이 능력이 개발되기도 한다. 영매는 죽은 자와 모든 형태의 정령을 보고, 듣고, 냄새 맡고, 느낄 수 있다. 미디어십 능력자는 매우 드물며 클레어라리엔스나 클레어보이언스 등을 미디어십으로 오인하기도 한다. (더 많은 정보는 256~257쪽의 '영혼과 소통하기'에서 확인할 수 있다.)

- **예지력**Precognition 미래를 예언하거나 예지몽을 꾸는 능력으로, 예감과 유사하다. 전 세계적인 재앙을 예언하거나 비행기 충돌, 미래의 대통령들을 예지하는 경우가 있다.

- **텔레파시**Telepathy 멀리 떨어진 사람이나 다른 사람들의 생각을 읽거나 느끼는 능력이다. 쌍둥이는 영적인 유대감을 가진 것으로 유명하며, 서로 말하지 않고도 상대방이 어떻게 느끼는지 알 수 있다. 심지어 같은 방이 아닌 멀리 떨어진 다른 지역에 있을 때도 마찬가지다.

이러한 특징 중에서 하나만 지니고 있어도 영적 능력이 뛰어난 것이지만 어떤 사람은 하나 이상의 능력이 있어 동시에 다양한 영역에서 정보를 얻기도 한다. 이러한 능력은 놀라운 선물이지만, 한꺼번에 너무 많은 정보가 들어오면 부담이 될 수도 있다. 그렇기 때문에 자신을 돌보고, 휴식이 필요한 때를 아는 것이 매우 중요하다. (클레어보이언스의 더 다양한 형태에 대해 알고 싶다면 11장 참조.)

영혼과 소통하기

미디엄십을 가지고 있으며 이를 더 개발하고 싶다면, 다음 내용이 도움이 될 것이다.

죽은 자들은 묘지에서 서성거리지 않는다. 그들은 보통 의미 있는 장소들, 가령 집, 교회, 좋아하는 공원 등에서 머문다. 그들이 생전에 사용했던 물건이나 옷이 있다면 영혼과 소통하는 데 도움이 된다. 이는 영혼의 에너지가 이러한 물건들에 각인되기 때문이다. 이로 인해 영매는 영혼에 더 쉽게 접촉할 수 있다.

어떤 일을 끝내지 못하고 죽은 영혼은 이승과 저승 사이에 갇혀 있는데, 이로 인해 영매는 이들과 더 쉽게 소통할 수 있다. 예고 없이 갑작스러운 죽음을 맞이한 사람들도 저승으로 가기를 주저한다.

죽은 자와 연결하기 전에 흰색 양초를 켜고 바닷소금을 곁에 두어라. 이는 원치 않는 영들의 접근을 막아준다. 시작할 때와 끝날 때 기도를 하거나 보호 주문을 낭송하는 것이 좋다.

모르는 존재가 다가오면 즉시 알아채야 한다. 조금이라도 위험하다고 느껴지는 존재가 있다면, 즉시 떠나라고 요청하고 상황이 심각하다면 영혼과의 소통을 끝내라.

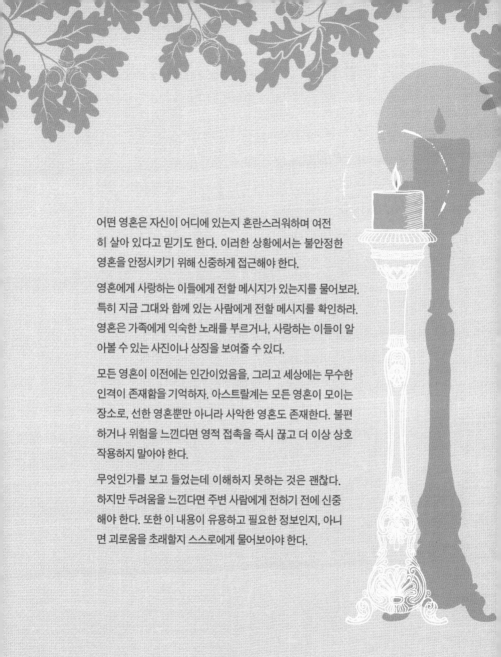

어떤 영혼은 자신이 어디에 있는지 혼란스러워하며 여전히 살아 있다고 믿기도 한다. 이러한 상황에서는 불안정한 영혼을 안정시키기 위해 신중하게 접근해야 한다.

영혼에게 사랑하는 이들에게 전할 메시지가 있는지를 물어보라. 특히 지금 그대와 함께 있는 사람에게 전할 메시지를 확인하라. 영혼은 가족에게 익숙한 노래를 부르거나, 사랑하는 이들이 알아볼 수 있는 사진이나 상징을 보여줄 수 있다.

모든 영혼이 이전에는 인간이었음을, 그리고 세상에는 무수한 인격이 존재함을 기억하자. 아스트랄계는 모든 영혼이 모이는 장소로, 선한 영혼뿐만 아니라 사악한 영혼도 존재한다. 불편하거나 위험을 느낀다면 영적 접촉을 즉시 끊고 더 이상 상호작용하지 말아야 한다.

무엇인가를 보고 들었는데 이해하지 못하는 것은 괜찮다. 하지만 두려움을 느낀다면 주변 사람에게 전하기 전에 신중해야 한다. 또한 이 내용이 유용하고 필요한 정보인지, 아니면 괴로움을 초래할지 스스로에게 물어보아야 한다.

안전한 영적 작업을 위한 준비

영적인 영역에 들어가기 전, 보호 작업은 필수적이다. 우리는 긍정적인 에너지와 부정적인 에너지, 양쪽 모두에 동시에 노출될 수 있기 때문에 영역을 안전하게 지켜야 한다.

우리는 모두 오라, 즉 자신만의 에너지장에 둘러싸여 있다. 이는 매우 사적인 분위기로, 우리가 의식적으로 활동하는 동안 느끼는 감정을 반영하므로, 긍정적일 수도 부정적일 수도 있다. 오라는 적절히 관리한다면 영적인 방패 역할을 한다. 오라는 주변 에너지의 영향을 쉽게 받을 수 있다. 만약 부정적인 사람들이 당신의 주위를 둘러싼다면, 그대의 오라에 나쁜 영향을 준다. 하지만 이는 오직 그대가 무심코 부정적인 에너지가 들어올 틈을 남겨두었을 때만 발생한다.

부정적인 에너지로부터 자신을 지키는 최선의 방법이 있다. 부정적인 에너지를 차단하는 강력한 방어벽을 만드는 것이다. 이는 사이킥 작업이 감정적으로 미칠 수 있는 압박에 대비하는 준비 과정도 된다. 흔히 클레어보이언트나 영매들은 정신적으로 지칠 때 콧날이 조금 아픈 느낌을 받는다. 이런 신호를 알아차리는 것 역시 중요하다. 특별한 징후가 나타난다면, 하던 작업을 멈추고 원기를 회복해야 한다는 신호로 받아들여야 한다.

준비 없이 마라톤을 뛰는 것을 상상할 수 없듯이, 최대한 긍정적인 경험을 하기 위해서는 사이킥 작업을 위한 준비에도 그만큼 진지하게 임해야 한다.

≫≫≫≫ 오라 정화를 위한 목욕 의식 ≪≪≪≪

그대의 오라는 부정적인 존재로부터 자신을 지키는 최전선이다. 그러므
로 오라를 긍정적으로, 방탄복처럼 만들어야 한다. 간단한 목욕으로 오
라를 정화할 수 있다.

준비물

- 이완과 오라 회복을 위한 라벤더 에센셜 오일
- 오라를 재충전하기 위한 시트러스 계열(오렌지, 라임, 레몬) 에센셜 오일
- 몸과 마음을 해독하기 위한 목욕용 소금
- 흰색 양초(향은 상관없다)

의식

1. 욕조를 적절한 온도의 물로 채운 뒤 목욕용 소금을 한
   움큼 더하고 오일 몇 방울을 떨어뜨린다.
2. 촛불을 켠 다음 흰색 빛이 그대를 둘러싸 보호
   한다고 상상하며 최소 20분간 물에 몸을 담그
   고 하루 동안 받아들인 부정적인 에너지나 부정적
   인 생각을 씻어낸다.
3. 때수건이나 천연 스펀지로 몸을 씻은 다음 긍정적인 에너
   지를 깊게 들이마신다.
4. 목욕이 끝나면 조심스럽게 욕조에서 일어나 몸을 헹군 다음
   수건으로 물기를 닦고, 깨끗한 옷(목욕 전에 입지 않았던 새옷)을 입는다.

5. 편안하게 눈을 감고 흰색 불꽃이 주위를 둘러싼다고 상상한다.

6. 그대의 오라가 정화되었다는 느낌이 확실히 들 때 촛불을 끈다.

크리스털 에너지장 세우기

크리스털을 특정한 패턴으로 배열해 오라를 재충전하고 보호할 수 있다. 다음 목록에서 의도에 맞는 원석을 골라라.

- **흑전기석**Black Tourmaline 부정적인 에너지에서 보호한다.
  - **석영** 마음 정화에 도움을 준다.
    - **자수정, 붉은 마노**Fire Agate, **플루오라이트**Fluorite(형석), **젯스톤**Jet Stone, **연수정**Smoky Quartz(또는 다른 색상의 검은색 원석) 부정적인 에너지에서 보호하거나 부정적인 에너지를 파괴한다.
      - **장미석** 부정적인 에너지를 긍정적인 에너지로 바꿔주거나 사랑의 파동을 촉진한다.
        - **터키석** 힐링을 돕는다.
        - **혈석**Bloodstone 에너지 회복에 도움을 준다.
- **홍옥수**Carnelian 창의력을 높이는 데 도움을 준다.

　크리스털 에너지장을 형성하기 위해 적어도 하나의 원석을 고른 다음 특정 의도에 따라 다른 원석을 추가한다. 원석을 침대 혹은 거실이나 침실 바닥에 둘 수 있다. 심지어 이를 활용해 밖에서 의식을 할 수도 있다.

　영적 연결을 시도할 때, 그날의 주목적을 반영하는 돌을 손에 쥔다.

예를 들어, 오늘의 목표가 부정적인 에너지로부터 자신을 보호하는 것이라면 자수정을 손에 쥔다. 이전 영적 교감 때, 소통하지 못했던 영혼과 연결할 창의적인 방법을 찾고자 한다면 홍옥수를 손에 쥔다.

나머지 돌들은 원형이나 다른 패턴으로 배치할 수 있다. 단, 그 중심에 그대가 앉거나 누울 수 있어야 한다. 배치가 끝나면 이번 의식의 의도(목적)에 온전히 집중한다. 의도가 실현되는 모습을 마음속으로 그리며 시각화한다. 이 과정을 마쳤다면 크리스털 에너지에 집중한다. 주목적을 위해 선택한 크리스털(이 경우 자수정이나 홍옥수)이 의도를 실현하는 데 도움을 줄 것이다. 의식이 끝난 후에는 모든 크리스털을 소금물에 하룻밤 담가 부정적인 에너지를 씻어내는 것이 좋다. 그런 다음 햇빛이나 달빛 아래에서 충분히 에너지를 재충전한다.

⨠⨠⨠⨠ 스머징 정화 의식 ⬿⬿⬿⬿

어떤 종류든 영적 교류에 뛰어들기 전에 작업할 물리적 공간에 부정적인 에너지와 존재들이 있는지 확인하고 제거해야 한다. 이를 위한 방법에는 몇 가지가 있다.

첫 번째 방법은 말린 세이지 한 묶음을 준비하여 스머징하는 것이다 (연기로 정화하는 것을 스머징이라고 한다). 세이지는 수천 년 동안 부정적인 에너지를 제거하고 긍정적인 에너지를 채우기 위해 공간을 정화하는 데 사용했다.

준비물

- 내화성 그릇
- 성냥이나 라이터
- 세이지 한 다발
- 세이지에 붙인 불을 끄기 위한 모래
- 안전을 위한 물

의식

1. 그릇 위에서 조심스럽게 세이지에 불을 붙인 다음 불꽃을 꺼서 연기만 나게 한다. (담배나 향 피우는 것을 생각하면 된다. 응급 상황에 대비해 물이나 소화기를 가까이에 둔다.)

2. 손으로 연기를 휘저어 공간에 퍼지도록 한다.

3. 세이지 다발을 몸 위아래로 움직여 오라를 정화한다.

4. 스머징을 하는 동안 다음의 보호 주문을 외운다.

"이 공간을 정화하기 위해 여신을 부르나니
이 공간에 가장 밝은 존재들만 허락하소서.
그렇게 될지어다."

의식이 끝나면 세이지를 모래에 비벼 끈다. 잠시 눈을 감고 긍정적인 에너지와 연결되는 모습을 이미지화한다. 의식의 과정에서 자신만의 성가나 주문을 암송해도 된다. 이는 오직 선한 영혼이나 에너지만 이 공간에 들어

오게 하기 위함이다.

또한 세이지를 이용한 스머징 의식 없이도 성가나 주문을 암송하는 것만으로 부정적인 에너지나 존재로부터 공간을 정화할 수 있다.

신성한 힘과 연결하기

이제 그대와 작업할 공간을 정화했으니 영적 세계과 연결해보자. 초보자에게 가장 좋은 연결 방법은 바로 명상이다. 마음을 고요히 하며 모든 번잡한 것들에서 자유로워짐으로써 영적 신호에 맞추는 것이다.

편안하고 안락한 장소에서 선풍기 등을 백색소음으로 사용해 외부 소음을 차단한다. 스머징을 하거나 양초, 향에 불을 켜고 조명을 어둡게 한다. 음악이 정신을 산만하게 하지 않는다면 작게 틀어놓아도 좋다. 공간을 긍정적인 에너지의 흐름에 열어두어라.

일부 명상 전문가는 편안한 자세를 권장한다. 잠에 빠지지 않는다면 눕는 것도 괜찮다. 가능한 깊이 숨을 코로 늘이마시고, 입으로 길게 내뱉는다. 천천히 긴장이 풀릴 때까지 반복한다. 호흡을 세는 것도 좋은 방법이다. 예를 들어, 4초간 들이쉬고 4초간 내쉬는 식이다. 깊게 들이쉬고 내쉬면서 호흡에 집중한다.

이제 마음속에 질문과 목표를 떠올린다. 영혼들에게 묻고 싶은 게 있는가? 다른 존재와 연결하기를 원하는가? 그대의 마음이 원하는 정보에 닿도록 어떤 방향으로든 떠돌아다니게 하라. 그것이 맞는지, 현실적인지에 고민하지 말고, 그저 계속해서

이 순간의 우주적 흐름에 몸을 맡기며 이완하라.

천천히 현재로 돌아오면서, 느낀 인상을 기록하라. 어떤 감각이 특히 예민해졌는가? 무엇을 들었고, 보았으며, 느꼈고, 맛보았고, 맡았는지 하나씩 점검해보라. 이 연습을 가능한 자주 하라. 육감의 민감도를 높일 수 있다. 연습을 거듭할수록 연결이 자연스러워지고, 필요할 때 더 쉽게 연결할 수 있을 것이다.

리딩이 직업이라면

그대가 리딩을 직업으로 삼는다면 여기 몇 가지 가이드라인이 있다.

1. 의뢰 건당 1시간을 넘기지 않는다.

2. 하루에 세 번 이상 영혼과 연결하지 않는다. 영적 능력을 과도하게 사용하면, 그날이 끝날 즈음에는 머리가 복잡하고 혼란스러워질 수 있으며, 당연히 심신이 지친다.

3. 여성이면 집에서 낯선 남자를 홀로 상대하지 말라. 남성을 경멸하려는 의도는 아니지만, 자신의 안전을 먼저 생각해야 한다. 일반적으로 집에 누군가와 함께 있는 것이 좋다.

4. 피곤하거나 아플 때는 영혼과 연결하지 않는다. 이는 많은 사람의 시간을 낭비하게 한다.

5. 돈을 받고 하는 경우 근처의 다른 이들과 동일한 요금을 받는다.

6. 누군가 요금에 불만을 제기한다면, 요금은 그대의 시간을 대가로 지불하는 것임을, 그리고 리딩이 그대의 직업임을 상기시켜라.

영적 능력 테스트

모든 사람이 영적 세계와 연결하기 위해 사이킥 능력을 훈련하는 것은 아니다. 단지 다른 세계가 있는지 알고 싶어 하는 사람도 있다. 그렇다면 오래된 집이나 골동품 가게처럼 영적 에너지가 충만한 곳을 찾아가기보다 먼저 집에서 편안하게 사이킥 기법을 연습해보자.

준비물은 일반적인 트럼프 카드, 공책, 그리고 펜만 있으면 된다. 물론, 이때도 공간은 방해받지 않고 당면한 과제에 집중할 수 있는 곳이어야 한다. 명상이 마음을 여는 데 도움이 된다면, 시작 전에 명상을 하자.

카드 더미에서 색깔에만 집중해서 열 장의 붉은색 카드와 열 장의 검은색 카드를 뽑는다. 스무 장의 카드를 충분히 섞은 후 쌓아둔다. 공책에 날짜를 쓰고 가운데에 줄을 그어 공간을 세로로 나눈다. 왼쪽 단은 '정답' 이고 다른 쪽은 '오답'이다.

첫 번째 카드를 뽑기 전에 이것이 붉은색인지 검은색인지 예측해본다. 생각에 집중해라. 그대의 직관이 무슨 말을 하는가? 이제 카드를 뒤집는다. 예측이 맞았는가, 틀렸는가? 각각의 예측 결과를 공책에 기록한다. 카드 스무 장의 색상 예측을 마쳤으면 결과를 퍼센트 점수로 계산한다(가령 열 장을 맞혔다면 직관력은 50퍼센트이다).

매일 연습하라. 그날 어떤 기분을 느꼈는지 특히 컨디션이 좋은지 나쁜지도 기록하라. 무엇이 직관에 영향을 주었는가? 수면이 부족했는가? 배가 고팠는가? 누군가와 다투었는가? 가족과 함께 즐거운 주말을 보냈는가? 이를 통해 언제 자신의 사이킥 능력이 최고인지, 최악인지 알 수 있다!

이 예측에 능숙해졌다면 더 높은 수준의 훈련을 해보자. 예를 들어 다이아몬드와 하트로 카드를 나누고 다음에 어떤 종류의 카드가 나올지 예측해본다. 더 나아가 네 종류(다이아몬드, 하트, 스페이드, 클럽)의 카드를 다섯 장씩 모아 쌓아두고 어떤 종류를 뽑을지 예측해봐도 좋다. 이 기법을 마스터한다면(혹은 50퍼센트 이상의 점수가 지속적으로 나온다면) 카드를 섞어 무작위로 26개의 카드를 뽑고 이 연습을 반복한다. 이는 매우 힘든 도전 과제이지만 자신을 테스트해볼 훌륭한 방법이다.

텔레파시 테스트

쌍둥이는 생각과 감정 면에서 감응한다는 사실을 이미 이야기했다. 하지만 많은 다른 관계에서도 그럴 수 있다. 어머니는 흔히 자녀들에게 문제가 생기면 무언가 안 좋은 느낌을 받는다. 절친은 심지어 다른 해안에 살더라도 서로의 감정을 공유할 수 있다.

누군가와 텔레파시적 관계를 갖고 있는지 간단하게 알아볼 수 있다. 그저 물으면 된다. 예를 들어, 매주 일요일마다 여동생과 통화한다고 가정해보자. 방금 그녀와의 즐거운 전화 통화를 마쳤다고 치자. 그런데 화요일 아침이 되자 갑자기 이유를 알 수 없는 우울함이 밀려온다. 도대체 왜 그런지 알 수가 없다. 슬픈 일이 일어난 것도 아니고, 몸이 아픈 것도 아니다. 사실 그대의 삶은 꽤 잘 굴러가고 있다. 그렇다면 혹시 지금 감정적으로 힘든 시간을 보내고 있는 사람이 여동생일지도 모른다는 생각이 들 수 있다. 그럴 때는 다음에 그녀에게 전화할 때 물어보거나 바로 전화를 걸어 그녀에게 묻고 위로해줄 수도 있다.

누군가와 영적인 관계를 맺고 있다고 확신한다면 이것이 사실인지 테스트하는 실험을 해볼 수 있다. 두 사람이 바지나 신발을 사는 데 50달러를 쓰기로 하고 같은 날 가게에 들른 뒤 저녁에 각자 고른 물건을 비교해보는 것이다. 산 물건이 얼마나 비슷한가?

텔레파시 테스트의 최종판은 제너 카드Zener Cards를 사용하는 것이다. (제너 카드는 기초적인 도형이 그려진 카드로, 온라인에서 구매할 수 있다.) 같은 방에 있다면 한 사람이 카드를 보고 나서 텔레파시를 보내고, 상대가 그 카드 모양을 맞추는 방식으로 진행한다. 다른 장소에 있을 경우, 한 사람이 카드를 뽑아 보고 전화로 상대에게 그 모양을 예측하게 해보는 방법도 있다.

ESP를 연마하는 방법

능력을 갈고닦아 세상을 위해 쓰고 싶은가? 그렇다면 연습이 완성도를 높인다는 사실을 기억하라. 매일 ESP를 연마할 수 있는 몇 가지 방법을 소개한다.

• **아침에 침대에서 일어나기 전 꿈을 떠올려보라. 판독해야 할 어떤 메시지가 있는가? 좋은 일이나 나쁜 일에 대한 예지몽이었는가?**

- 일하러 가는 중 어디에서 최적의 주차 장소를 찾을 수 있을지 예측해본다. 그 위치를 그려낼 수 있는가? 진짜처럼 느껴지는가? 예상한 일이 실제로 일어나는가? 대중교통으로 출퇴근한다면, 전철이나 버스가 언제 도착할지 예측해보고 자리가 날지 여부도 떠올려보라.

- 대화 도중 관찰 기술을 사용하여 감각을 향상시켜라. 대화하는 사람에 대해 무엇을 느끼는가? 그 사람은 진실한가? 그를 짜증 나게 하는 것은 무엇인가? 그 사람에 대해 어떤 감정이 드는가?

이런 경험들을 계속 추적하라. 긍정적이든 부정적이든 규칙적으로 기록하고, 매일이 어렵다면 매주 한 번이라도 실천해보라. 이는 당신이 어떤 유형의 ESP에 강한지를 파악하는 데 도움이 될 것이다. ESP 능력이 약한 부분에서는, 그 능력이 강한 사람과 함께 상황과 사람들을 판독하는 작업을 해볼 수 있다.

자신과 상대 읽기

우리 모두는 "지금 아는 것을 미리 알았어야 했는데…"라고 말하며 얼마나 많이 과거의 선택을 후회했는가. 일반적으로 이는 단순히 어려서일 수도 있고 반항심 때문에 타고난 직관을 무시하고 잘못된 방향으로 나아가서일 수도 있다.

연애에서도 마찬가지이다. 종종 우리는 "너무 많은 징조가 있었는데 그것을 무시했어, 빨리 알아차렸어야 했는데…"라고 말한다. 심지어 이웃이 잡혀가는 것을 보고는 "저 사람에게는 뭔가 거슬리는 게 있었는데 그게 무엇인지 몰랐지"같이 말하기도 한다. 이는 확실한 정보가 없는데도 직관력이 발휘되는 순간이다.

이 장에 소개한 어떤 ESP 능력도 없다고 느끼더라도 누구나 자기 자신은 더 잘 읽어내는 방법을 배울 수 있다. 그동안의 삶을 찬찬히 되짚어 보자. 반복해서 잘못된 투자를 하거나 별 볼일 없는 파트너를 고르는가? 손 놓고 그저 "맞아, 내가 나쁜 선택을 했어"라거나 "운이 정말 없네!"라고 투정만 하고 있을 수도 있다. 하지만 자신을 주의 깊게 읽는 훈련을 한다면 방향을 틀어 축복된 삶으로 나아갈 수 있다.

다행히도 우리는 성공적인 직관 사용법을 배울 수 있다.

- **먼저 우리 모두에게 직관이 있다는 것을 인정한다.**

- **마음을 고요히 하는 나만의 밤의식을 한다.** 이는 명상과 유사하나 그렇게 깊게 들어갈 필요는 없다. 그저 오늘 하루를 되돌아본다. 무언가가 그대를 불편하게 했는가? 옳거나 그렇지 않다고 느낀 것이 있는가?

- **하나씩 살펴본다.** 어떤 사람과의 만남에서 이상함을 느꼈다면 이를 들여다보고 정확히 무엇을 다르게 느꼈는지 알아본다. 다음과 같은 질문을 할 수 있다.

  - 그들이 말하는 방식인가?
  - 눈을 많이 안 마주쳤나?
  - 다른 사람과 소통할 때와 무엇이 다른가?
  - 이 모든 게 어떻게 느껴졌는가?
  - 불편함을 느꼈다면 무엇이 그렇게 느끼도록 했는가?
  - 결코 편안할 수 없는 자리에서 이상할 만큼 평안함을 느낀 적이 있는가?(예: 평소 스트레스를 주는 상사와 함께한 자리) 무엇이 이런 느낌을 갖게 했을까?

269

• 상대방에게 또는 그 상황에 무슨 일이 일어나고 있음을 느낄 수 있는가?

어떤 일이 일어날 것 같은데 아직 정확히는 모르겠는 때도 있다. 걱정하지 말라, 직관의 목소리를 듣고 필요할 때 직관에게 물어보라. 예방책을 세워라(돈을 지키는 것에서부터 위험한 사람에게서 떨어지는 것까지). 중요한 것은 이제 그대의 안테나가 작동하고 있으며 더 이상 아무것도 볼 수 없는 맹인이 아니라는 점이다.

바디랭귀지 해석하기

다른 사람과 상호작용하면서 그들의 무의식적인
바디랭귀지를 살펴보면 무슨 일이 일어나고
있는지 이해할 수 있다.

• **눈을 잘 마주치지 않는다면** (좋은 것이든 나쁜 것
이든) 그 사람이 무언가를 숨길 가능성이
있다.

• **몸을 돌려서 대화를 피하려 한다면** 그 사람
의 마음이 아직 열려 있지 않음을
표현한다.

• **바로 앞에 서 있거나 위압적인 자
세를 취한다면** 이는 협박 전
술일 수 있다. 누군가 이렇
게 행동하는 이유는 자신의

주장이 옳다고 설득하기 위해서인데, 심지어 그들 자신도 사실이 아님을 알면서도 그런 행동을 할 수 있다.

- **팔짱을 끼거나 다리를 꼬는 행동을 한다면** 이는 반드시 무언가를 숨기고 있다는 신호는 아니다. 일부 사람은 이 행동을 마음을 닫고 있다는 의미로 해석하지만, 사실 이 자세가 단순히 더 편해서일 수도 있다.
- **동공이 확장되었다면** 이는 스트레스를 의미한다. 확인하기 어렵지만, 친구가 거짓말을 하고 있다고 의심되는데 동공이 크게 확장된다면 이는 나쁜 신호일 수 있다.
- **땀을 흘리는 것도** 스트레스 반응으로, 불안감이나 긴장감을 나타낸다.
- **급하게 숨을 쉬는 것은** 불편함을 느끼고 있음을 보여준다.
- **앞뒤로 몸을 흔들거나 불안정한 자세를 보이는 사람은** 무언가에 대해 불안해하고 있다. 앉아서 다리를 흔들거나 발을 떨고 있는 것도 같은 신호다.
- **뒷걸음 치는 사람은** 보통 거짓말을 하고 있을 가능성이 있다. 이는 무의식적인 행동으로, 상대와의 거리를 두면서 얼굴 앞에서 거짓말하는 것에 대한 죄책감을 줄이려는 의도일 수 있다.

함께하면서 느낀 것을 바디랭귀지와 섞어서 해석해보라. 실수를 크게 줄일 수 있다. 아무도 당신에게 거짓을 말하게 두지 말라. 우리는 위험에서 스스로를 지키기 위해 무언가 잘못되어간다는 느낌을 받는 능력을 갖고 태어난다. 바디랭귀지뿐만 아니라 본능적 직관을 신뢰해야 한다.

어떤 상황에서든 불안과 불편함이 느껴진다면 직관의 목소리를 듣고 그 장소를 떠나라. 누군가를 기분 나쁘게 만든다고 해도 상관없다. 그대의 안전이 가장 중요하다. 어떤 사람이 이상한 행동을 해도 우리는 자주 그저 그가 불쾌한 하루를 보내고 있다고 치부한다. 자신에게 최선의 방향으로 행동하고 싶어도 그러면 이기적으로 비칠까 봐 걱정하기도 한다.

여성은 특히 힘든 상황에서도 미소 짓고, 박차고 일어나고 싶은 상황에서도 인내심을 가지고 예의를 지켜야 한다는 사회적 압력을 받는다. 예의를 지킨다고 자신의 안전을 위태롭게 하지 말라.

일단 ESP를 연마하고 직관을 신뢰하는 법을 배우고 주변 환경을 파악하는 훈련을 규칙적으로 하면 더 나은 선택을 할 수 있다. 그렇다고 상황이 항상 원하는 대로 흘러간다는 뜻은 아니다. 하지만 손해를 보지 않고 문제 상황에서 빠져나올 수 있다. 직관은 마술이 아니지만 올바르게 사용한다면 마술을 부린다!

육감을 깨우는 훈련

오래된 집이나 역사적인 장소 혹은 골동품 가게에 갔는데 뭔가 불안하거나 반대로 매우 평화로운 기분을 느낀 적이 있는가? 이는 그대의 초감각이 오감과 함께 작동해 그곳에 특정 에너지나 영혼이 있음을 알아차린 것이다. 이런 순간들을 이용해 직관의 힘을 확인해볼 수 있다. 그대가 클레어보이언스나 클레어오디언스 혹은 초감각을 지녔다면 그 힘을 최대한 개방해 공간을 탐색해보라.

다음에 사후 세계와 연결된 느낌이 드는 장소에 가게 된다면, 눈을 감고 오감으로 그 순간을 경험하며 느껴보라.

• **냄새** 오래된 물건, 고서나 옷들에서 의미 있는 어떤 냄새가 느껴지는가?
• **맛** 입에서 무언가 이상한 맛이 느껴지는가?
• **시각** 일상적이지 않은 무엇, 그림자나 빛줄기, 안개 같은 것이 보이는가?
• **소리** 설명할 수 없는 이상한 목소리, 웃음, 음악 소리가 들리는가?

- **감각** 소름이 돋는가? 갑자기 온도가 떨어진 것처럼 느껴지는가?
- **내면** 매스껍거나 불안한가? 어질어질한가?

이제 육감을 깨워보자. 육체적 감각이 감정적으로 어떤 느낌을 주는가? 무서운가? 호기심이 발생하는가? 차분해지는가?

육체적 감각 확인은 육감에 주의를 기울이는 것만큼 중요하다. 그러니 클레어보이언스 같은 것을 하기 전에 먼저 몸과 연결되는 시간을 가져라. 역사적인 장소 혹은 의미 있는 장소에 가는 것은 사이킥 능력을 전문가 수준으로 향상시킬 수 있는 방법이다.

영적 능력을 개발하라

자연스럽게 영적인 에너지나 존재를 감지하는 사람은 육감이 발달한 것이다. 하지만 지금 육감을 느끼지 못한다고 이를 개발할 수 없다는 뜻은 아니다. 영적 능력이 뛰어난 사람들에게 배워야 할 가장 중요한 점은 영적인 만남을 열린 마음으로 받아들이는 자세이다. 아스트랄계와 상호작용할 기회가 생긴다면 즐겁게 받아들이자. 영적 만남을 더 많이 받아들일수록 직감이 더욱 향상될 것이다.

클레어보이언스는 일부 선택된 사람들에게만 주어진 능력이 아니다. 약간의 노력을 통해 누구나 자신의 영적 능력을 개발할 수 있다. 자신을 믿어라. 상황, 사람이나 사건에 강한 느낌이 있다면, 반드시 그럴 만한 이유가 있는 것이다. 자신의 직관을 믿고, 느낌 그대로를 받아들여라. 그러면 이미 절반은 성공한 셈이다!

Chapter 13

영적 식물의 힘

정원 가꾸기와 야외 생활을 즐긴다면 자연스럽게 식물, 허브, 나무껍질, 잔가지, 가지, 씨앗 등 자연의 모든 것을 이용해 점을 쳐볼 수 있다. 자연에는 많은 종류의 식물이 있으며 각자 고유의 마법 에너지를 지니기에 사이킥에 활용하는 방법은 셀 수 없이 많다. 이는 보타노맨시라고 하는데 처음에는 식물학 책을 읽어 식물들을 구분하는 것부터 시작해야 한다.

　이번 장에서는 야생꽃과 나뭇잎을 태워 미래를 예지하는 방법뿐 아니라 최상의 점술 해석을 위해 정신을 명료하게 만드는 아로마테라피 같은 현대적인 방법도 논의할 것이다.

식물을 태워 예지하기

대다수 식물점에서는 재를 해석한다. 고대에는 플라타너스나 무화과 나뭇잎 등 특정 식물과 허브를 식물점에 애용했다. 하지만 현대에는 입수할 수 있는 어떤 나뭇잎이든 사용 가능하다. 개인적으로 특별한 의미를 지니는 꽃을 사용해도 좋다. 식물을 모아 태우고 해석하기 전에 다음 사항을 고려해보고 원하는 답변을 줄 수 있는 식물을 선택하라.

- 결혼식, 장례식이나 특별한 행사에서 쓰고 남은 말린 꽃이 있는가?
- 이들이 흥미로운 결과를 가져다줄 수 있을까?
- 마당에 있거나 자주 보게 되는, 특별히 마음이 끌리는 나무나 관목, 식물이 있는가?
- 늘 특정한 과일이나 허브에 끌리는가?

꽃이 지닌 힘과 의미

- 나팔꽃 짝사랑
- 난초 천상의 아름다움
- 데이지 인내심과 결백
- 등나무 꽃 귀향과 환영
- 보라색 라일락 사랑
- 흰색 라일락 추억

- 모란 부끄러움, 분노, 수치
- 목련 자연에 대한 감탄
- 미나리아재비(버터컵) 풍요
- 오렌지색 백합 열정(부정적이든 긍정적이든)
- 흰색 백합 결백, 순수함

- 붓꽃(아이리스) 좋은 소식이 다가옴
- 수선화 헛된 사랑, 나르시시스트
- 아마릴리스 자신감
- 스위트피 감사
- 스노드롭 희망
- 아지랑이꽃 결백
- 앵초 영원한 흠모
- 붉은색 양귀비 추모

- 흰색 양귀비 평화
- 은방울꽃 겸손, 좋은 시간이 돌아옴
- 분홍색 장미 젊음, 우정
- 붉은색 장미 참된 사랑
- 흰색 장미 결백
- 보라색 제비꽃 높은 이상과 꿈
- 흰색 제비꽃 겸손
- 진달래 감사
- 분홍색 카네이션 모성애
- 붉은색 카네이션 열정적인 사랑
- 흰색 카네이션 순수함과 사랑

- 노란색 튤립 짝사랑
- 붉은색 튤립 영원한 사랑
- 흰색 튤립 무의미한 사랑
- 팬지 사랑스러운 생각
- 해바라기 순수

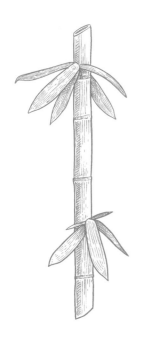

특정 허브와 식물의 점술적 의미

- **고수** 욕정
- **대나무** 강인함, 우아함
- **라벤더** 헌신
- **로즈메리** 추모
- **민트** 의심
- **밀** 번영
- **발삼나무** 열정적인 사랑
- **버드나무** 응답받지 못한 사랑
- **엉겅퀴** 주의
- **오크나뭇 잎** 강인함
- **월계수** 야망, 성공
- **정향(클로브)** 진실, 영원한 사랑
- **회향(펜넬)** 강인함

과일 껍질의 점술적 의미

- **망고** 사랑, 풍요, 불멸
- **사과** 유혹, 욕정, 죄, 고통
- **오렌지** 즐거움, 번영
- **키위** 장애물
- **포도** 다산, 풍요

장미 꽃잎, 사과 껍질, 이파리 다발, 참나무 껍질을 모두 불에 태워 사용할 수 있다. 하지만 성냥에 불을 붙이기 전에 의도하는 바를 명확하게 생각하라. 가령 지금 만나는 사람이 결혼 상대인지 알고 싶다면 붉은색 장미를 태우는 게 적합하다. 취업 면접이 어떻게 될지 알고 싶다면 보라색 제비꽃을 태운다. 사랑하는 사람의 병이 나을지 알고 싶다면 스노드롭을 태운다.

무엇을 태우든 제대로 준비하라. 의도에 집중할 수 있도록 고요하고 평온한 장소를 마련해라. 리딩을 이해하려면 가능한 한 명료하게 질문해야 한다. "내 생일잔치에 어떤 친구가 올까?"와 같은 질문은 답을 판독하기 어렵다. 하지만 "몇 명이 파티에 올까?" 혹은 "파티에서 무슨 일이 일어날지 보여줘"는 숫자, 군중, 어떤 형태의 사건이나 활동으로 나타나기에 해석하기 쉬울 수 있다.

재가 잘 만들어지려면 태우려는 꽃, 잎, 허브가 제대로 말랐는지 확인해야 한다. 습하다면 잘 타지 않기 때문이다. 다음은 보타노맨시 점술을 시작하기에 적합한 주술이다.

>>>> 식물 점술 주술 <<<<

준비물

- 잘 말린 꽃, 과일 껍질, 허브
- 내화성 그릇이나 용기 / 불을 피워도 안전한 바닥
- 라이터와 끈
- 물, 소화기나 모래(응급 상황에 대비하기 위해)

의식

1. 재료들을 끈으로 묶어 다발로 만든 다음, 내화성 용기에 담는다. 여러 가지 재료를 섞으면 더 잘 타고 읽기 쉬운 답변을 얻을 수 있다.

2. 질문에 집중하라. 잠시 알고 싶어 하는 것에 집중한다. 눈을 감고 심호흡을 여러 차례 하면서 마음을 연다.

3. 라이터로 식물 다발에 불을 붙인다. 불꽃이 걷잡을 수 없이 타오르지 않도록 주의 깊게 살피며 재가 될 때까지 타게 한다.

나뭇잎, 꽃잎, 허브 또는 과일 껍질이 재가 되면, 이제 그것을 읽을 차례다. 숨결로 재를 흐트리거나 바람이 방해하지 않도록 주의하라. 무엇이 보이는가? 재 속에서 어떤 형상, 숫자나 패턴이 발견되는가? 그것들이 당신에게 어떤 의미가 있는가? 특정 상징이나 형상의 일반적인 의미를 잘 모른다면, 그 의미를 연구하라.

명료한 해석을 위한 아로마테라피

식물성 에센셜 오일은 사이킥 에너지를 높인다. 마음을 열게 해서 더 상위의 지식과 비전에 접근할 수 있게 한다. 질문에 따라, 현재의 에너지 수준에 따라 오일을 조합할 수 있다.

민트의 자극적인 향은 에너지 흐름이 더디거나 답을 찾는 데 어려움을 겪을 때 유용하다. 오렌지는 차분한 향으로 질문이나 주제

찾기가 어려울 때 유용하다. 시도해볼 만한 오일과 용도는 다음과 같다.

- **라벤더** 진정 효과가 있으며, 불안을 완화함
- **레몬** 주의력과 집중력을 높이는 자극 효과를 가짐
- **로즈메리** 정신을 맑게 하고 집중력을 높여 명확한 사고를 도와줌
- **민트** 정신을 맑게 하고, 활력을 높여 집중력을 강화함
- **바질** 혼란스러운 생각을 정리하고, 마음을 맑게 해줌
- **발삼** 직관을 강화하고 안정감을 주며, 스트레스를 줄여줌
- **백단**Sandalwood 내면의 용기를 키우고 심신의 안정을 돕는 효과를 가짐
- **베르가못** 마음을 진정시키고 긍정적인 태도를 촉진함.
- **월계수 잎** 깊은 통찰력과 용기를 강화해줌
- **베티버**Vetiver 감정 기복을 줄이고 정신을 맑게 함
- **사이프러스** 심리적 안정감을 주고, 상실의 고통을 완화함
- **삼나무** 정신적 강화를 돕고, 분노와 긴장을 완화함
- **세이지** 명상 중 집중을 도와주고, 불안감을 완화함
- **오렌지** 감정을 진정시키고, 마음의 안정을 꾀함
- **유칼립투스** 활기를 주고 에너지를 올려줌

- **일랑일랑** 긍정적 감정을 높이고, 두려움을 줄여줌
- **자몽** 활력을 높여 건강을 증진함
- **제라늄** 스트레스와 불안으로부터 마음을 보호하고 심리적 안정을 꾀함
- **캐모마일** 수용력을 높이고, 과민 반응을 완화함
- **클라리 세이지**Clary Sage 내면의 안정을 유지하고 두려움을 해소함
- **티트리** 정신적 강인함을 주며, 불안과 스트레스를 완화함

에센셜 오일은 목욕할 때 몇 방울 떨어뜨리거나 디퓨저(전기나 양초 디퓨저)와 함께 사용할 수 있다. 피부에 쓰려면 먼저 아몬드나 코코넛오일 같은 캐리어오일Carrier oil에 희석해야 한다. 일반적으로 캐리어오일 한 티스푼당 에센셜 오일을 셋에서 다섯 방울 떨어뜨린다. 보관을 제대로 하지 않으면 산패가 되기 쉬우니 쓰고 남은 오일은 바로 버린다.

향이 영적 교류의 장을 채우게 하라. 의도에 집중하고 육감이 자유롭게 흐르게 하라. 여러 오일을 함께 사용할 수도 있다. 예를 들어, 최근 사랑하는 사람과 헤어진 이유를 명확히 알고자 한다면, 로즈메리와 사이프러스 오일을 함께 사용하는 것이 좋다.

과일과 씨앗 점술

이전에 미신에 관한 부분에서 사과 껍질에 대해 이야기했지만(148쪽 참조), 이 흔한 간식을 이용해 점을 치는 방법이 있다. 한 손으로 사과의 꼭지를 잡고, 다른 손으로 비틀면서 알파벳을 읊어라. 사과에서 꼭지가 떨어질 때 말한 알파벳이 당신의 진정한 사랑의 이름 첫 글자가 될 것이다.

사과 씨앗 식물점도 있다. 이 방법에는 촛불이나 불이 필요하다. 연인으로 발전할 가능성이 있는 이들의 이름을 각각의 씨앗에 할당하고, 하나씩 불꽃에 던져라. 터질 때 가장 큰 소리를 내는 씨앗이 당신의 미래 연인의 이름을 나타낸다.

수박씨로도 비슷하게 해볼 수 있다. 각각의 씨앗에 이름을 할당하고 이마에 붙인다. 가장 마지막에 떨어지는 씨앗의 이름이 미래의 배우자가 될 것이다.

데이지 꽃잎점도 있다. 사랑하는 이를 생각하면서 데이지 꽃잎을 하나씩 떼며 말한다. "그는 날 사랑한다, 사랑하지 않는다." 마지막 꽃잎이 현실로 이뤄질지 그저 꿈인지를 알려준다.

여러 질문에 답을 얻는 화분점도 있다. 씨앗 한 움큼과 몇 개의 화분을 준비한다. 각각의 화분에 가능한 답변이나 결과를 표시한다. 의도나 질문에 집중하면서 씨앗을 각 화분에 심는다. 똑같은 방식으로 화분을 돌본다. 가장 먼저 싹이 트는 화분(혹은 동시에 싹이 나온 경우 가장 강하게 자라

284

는 화분)이 질문에 대한 답이다. 이를 야외에서도 해볼 수 있다. 특히 시간에 따라 바뀔 가능성을 지닌 사안에 대한 답을 찾는다면 말이다!

월계수 잎 점치기

월계수 잎은 다양한 사용법이 있어 미래 예측에 유용하다. 참석한 사람 중에서 누가 제일 처음 결혼할지 혹은 새해에 누가 가장 잘나갈지를 알고 싶다면 사람의 수만큼 월계수 잎을 가져온다.

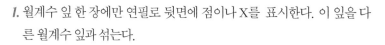

1. 월계수 잎 한 장에만 연필로 뒷면에 점이나 X를 표시한다. 이 잎을 다른 월계수 잎과 섞는다.

2. 다른 친구에게 월계수 잎에 참석한 모든 사람의 이름을 적게 한다. (이 친구는 어떤 잎에 표시가 되어 있는지 알 수 없을 것이다.)

3. 이제 잎들을 그릇에 담고 해당 이름의 사람에게 한 장씩 나눠준다. (뒷면에 표시가 있는 잎을 가진 사람이 가장 먼저 결혼하거나 가장 운수가 좋은 사람이다!)

월계수 잎을 소망 기원에 쓸 수 있다. 몇 개의 월계수 잎에 다양한 소망들을 적은 다음 그릇에 넣고 태운다. 그러면 당신의 의도가 우주에 전달되어 소망이 이루어질 것이다! 또한 명상이나 스크라잉을 행할 때 영적 비전을 보는 힘을 증가시키고 베개에 월계수 잎을 채워넣으면 이미지화 능력이 높아진다.

의도를 강화하고 보호하는 마법의 식물

특정 식물은 보호를 제공하고, 개인의 능력을 강화하거나, 비전 향상에 도움을 준다. 야외로 산책을 나갈 때마다 재료들을 모아보자.

물론, 이러한 식물, 꽃, 허브를 풍부하게 확보하여 점술에 사용하고자 한다면, 직접 사이킥 정원을 가꾸는 것도 좋은 생각이다. 특히 많은 사이킥 작업을 하거나 친구와 가족을 위해 통찰력을 제공하려는 경우에 유용하다!

- **알로에** 가정을 악령과 불상사로부터 보호한다.
- **아니스** 베개나 주머니에 넣어두면 악몽을 꾸지 않는다. 주문을 낭송하거나 명상할 때 부정적인 에너지에서 지켜준다.
- **바질** 사랑 주술에 유용하게 사용된다.
- **블랙베리** 건강을 지켜주고 악령을 퇴치해주며 부와 성공을 가져온다.
- **블랙코호시** 사랑 주술에 사용. 자존감과 자립심, 자신감을 상승시킨다.
- **혈근초, 개박하** 둘 다 사랑, 평화 같은 긍정적인 에너지를 끌어당긴다. 침대 협탁에 장미석과 함께 두면 좋다.
- **캐모마일** 금전운을 불러들이며 삶의 다른 영역에서도 풍요로움을 끌어당긴다. 물에 담가두면 부정적인 에너지를 흡수하여 제거해준다.
- **황화구륜초** 치유 명상과 주문에 사용한다.

- **딱총나무열매(엘더베리)** 번영을 촉진하며 부정적인 에너지를 제거한다. 집 안이나 출입구, 식탁, 벽걸이 위에 두 거나 작은 가지를 휴대하면 좋다.
- **회향(펜넬)** 부정적인 에너지를 제거한다. 마당 이나 화분에 심는다.
- **히비스커스** 사랑과 풍요를 불러들이므로 사랑 주술에 유용하다.
- **호랑가시나무** 부정적인 에너지에서 보호해주며 사랑 주문과 묘약을 만들 때 사용한다.
- **라벤더** 사랑 주문에 유용하다. 라벤더 오일을 옷에 뿌리거나 피부에 바르면 삶에 누군가가 등장한다.
- **매리골드** 부정적인 에너지와 원치 않는 방문자에게서 보호한다. 정원 에 심거나 집 안에서 키운다.
- **민트** 부정적인 에너지를 제거하고 성공을 끌어당기므로 명상과 주술 시 긍정적인 영들을 소환할 수 있다.
- **쐐기풀** 부정적인 에너지를 제거하며 저주를 뒤집는다. 힐링 효과가 있 어 치유에도 사용한다.
- **참나무** 집 안과 주변에 잔가지, 도토리를 두면 폭풍, 번개, 홍수에서 집 을 보호할 수 있다.
- **장미** 사랑 주문에 유용하며 평화와 건강을 가져다준다.

이 책이나 인터넷에서 검증된 주문을 찾을 수 있지만 의도에 맞춰 자 신만의 주문이나 묘약도 만들 수 있다. 하지만 어떤 종류의 묘약을 만들든 사용하려는 허브와 식물이 식용해도 안전한지 확인해야 한다! 캐모마일과 민트 같은 것은 물론 안전하다.

조금 더 긍정적인 태도를 지니고 좋은 일과 사람들을 삶에 끌어들이고 싶다는 목적을 가졌다면 민트 차 한 잔을 마시면서 명상하는 것이 이 의도가 실현되도록 만드는 완벽한 방법이 될 수 있다. 차를 한 모금씩 마시면서 오래된 슬픔, 후회를 내려놓고 원하는 삶을 사람들과 함께하는 것을 그려본다. 다음과 같은 주문을 낭송해도 좋다.

> "정령들이여, 꿈꾸는 삶을 이루게 해주소서.
> 믿는대로 되게 하소서."

블랙베리로 차나 묘약을 끓이는 동안에 뛰어난 성취를 이미지화해볼 수도 있다. 예술가인데 올해 몇 작품을 팔고 싶다고 하자. 그대의 예술 작업을 매우 자세하게 떠올려라. 각각의 작품을 사는 사람들도 떠올려라. 그대가 돈을 받는 것을 이미지화한다. 금전적인 성공을 바란다면 다음과 같은 주문도 사용할 수 있다.

> "손쉽게 돈이 들어온다.
> 나는 이를 확신하고 볼 수 있다."

⫸⫸⫸⫸ 이상형을 만나기 위한 주술 ⫷⫷⫷⫷

준비물

- 사랑을 끌어당기기 위한 혈근초 혹은 개박하
- 사랑의 파동을 촉진시키기 위한 장미석
- 사랑을 위한 분홍색 혹은 붉은색 양초와 촛대

의식

혈근초나 개박하를 침실용 탁자에 장미석과 같이 놓는다. 양초에 불을 켜고 사랑하는 누군가나 이상적인 짝이 될 사람에게 마음을 집중한다. 이 신비로운 사람은 어떻게 생겼는가? 얼마나 키가 큰가? 유머감각이 있는가? 조용한가 혹은 활력이 넘치는가? 그가 그대의 삶에 들어오고 사랑에 빠지는 것을 이미지화한다. 이를 5~10분간 하고 촛불을 끈다.

⫸⫸⫸⫸ 짝을 찾는 또 다른 주술 ⫷⫷⫷⫷

유사한 주술에 호랑가시나무를 사용할 수 있다.

준비물

- 사랑을 위한 호랑가시나무 잔가지 하나
- 사랑의 파동을 촉진시키기 위한 장미석
- 사랑을 위한 2개의 분홍색 양초
- 사랑을 위한 분홍색 장미 한 송이
- 물 한 잔

의식

호랑가시나무, 장미석, 양초를 깨끗한 테이블이나 바닥에 둔다. 양초에
불을 켜고 장미 꽃잎을 떼어 호랑가시나무 잔가지와 장미석 주위에 두른
다. 완벽한 짝이나 그대가 호감을 가지고 있는 대상을 5~10분간 이미지
화한다. 물 한 잔을 전부 마시고 양초를 끈다.

>>>> 치유의 주술 <<<<

준비물
- 쐐기풀 한 다발
- 중간 크기의 그릇

의식

쐐기풀은 누군가가 아플 때 사용할 수 있다. 환자의 침대나 소파 아래에
쐐기풀을 담은 그릇을 놓고, 집중해서 그 사람의 건강을 기원한다. 몇 분
동안 기도하면서 그 사람이 건강했던 상태를 떠올려라. 그런 다음 쐐기
풀을 침대나 소파 아래 그대로 두면 된다.

위치크래프트
FAQ

초월은 학문에서 비롯되며, 우리는 그것이 바로 마법을 작동시키는 원리라고 믿는다. 그리고 마법을 통해 우리는 자신의 운명을 창조하고 자신만의 길을 발견할 것이다. 모든 것은 시간이 지나면서 진화하는데, 마법도 예외는 아니다. 오늘날 일부 위칸은 여전히 전통적인 다신교 신앙을 추구하지만 다수의 위칸은 현대 방식을 받아들이고 자신의 수행에 맞게 전통을 수정해왔다.

우리는 이 책이 그대에게 전달된 것이 우연이 아니라고 믿는다. 이 책이 당신의 마음에도 자리 잡기를 바랄 뿐이다. 모든 일에는 이유가 있으며, 어쩌면 우주가 당신을 이곳으로 인도해 다음 세대의 지도자가 되어 마법을 가르치고 다른 이들이 배울 수 있도록 돕게 하려는 것인지도 모른다. 이 여정에서 당신을 돕기 위해, 우리는 자주 묻는 질문들을 모아 이섹션을 마련했다.

Q 위카와 위치크래프트는 같나요?

A 많은 사람이 이야기하는 대화 주제로 역사적 관점에서 위카는 다신교에 기원을 둔 위치크래프트의 한 형태였다. 또한 신과 여신 그리고 천사를 공경하는 영적인 신앙으로 깊게 뿌리내렸다. 위치크래프트는 실천마법, 주술과 더 깊은 연관성이 있으며 위칸이 아니면서 위치크래프트를 하는 사람이 존재한다. 이 둘은 약간 다르지만 오늘날에는 마녀들을 위칸으로 부른다.

Q 위카는 페미니즘 신앙인가요?

A 대부분의 종교는 중심에 강력한 남성 신, 즉 우주를 다스리는 아버지와 같은 존재를 두고 있다. 물론, 각 신앙에서 남성 신이 가지는 위상은 다르다. (어떤 신은 온화한 반면, 어떤 신은 강압적이기도 하다.) 하지만 그 신은 항상 남성이다. 위카는 이러한 점에서 다르다. 위카는 남신과 여신, 즉 신성한 남성성과 여성성을 모두 기린다. 이는 여성도 남성과 마찬가지로 강하고, 회복력이 있으며, 창조적임을 인정하는 것이나. 사실, 위카의 한 분파인 다이애닉 위카는 오직 여성 신들만 숭배한다. 그 때문에 위카가 여성 중심의 신앙처럼 보일 수도 있지만 많은 남성도 위카를 수행한다.

Q 모든 위칸이 같은 방식으로 위카를 실천하나요?

A 절대 그렇지 않다! 기독교에 여러 분파가 있는 것처럼, 위카 신앙도 여러 형태를 취한다. 엔젤릭, 샤머니즘, 페어리, 서클 크래프트, 절충주의, 가드너리언, 다이애닉, 켈틱, 영국 전통주의 등이 그것이다. 각 분파는 의식, 신자 수, 상징, 신앙 등 다양한 면에서 차이가 있다. 그렇긴 하지만 대부분은 자연과의 친밀한 관계를 중시하고, 자연에서 발견되는 순환에 기반을 두는 등의 공통된 면모를 지닌다. (위카의 다양한 형태에 대한 더 많은 정보는 25~28쪽 참조.)

Q 엔젤릭 위카는 무엇인가요?

A 천사들은 오랫동안 마법 수행에 존재해왔지만, '엔젤릭 위카'라는 용어는 지난 30년 동안 더 많이 사용되었다. 이 현대적인 마녀 운동은 신과 여신의 가르침을 따르기보다는 천사의 파동에 더 중점을 두는 경향이 있다.

Q 위카는 컬트인가요?

A 아니다. 위카는 사이비 종교가 아니다. 사이비 종교는 지상에 지도자를 두고 있으며, 신도들은 그 지도자에게 헌신한다. 위카는 영적 운동으로, 개인이 자유롭게, 그리고 종종 홀로 수행한다. 이들은 오직 영적 신들을 숭배하며, 지구상의 모든 생명체를 동등하게 여긴다.

Q 위치크래프트에서 섹스는 어떤 역할을 하나요? 그리고 마녀는 성교 의식을 하나요?

A 섹스는 자연의 일부이기에 마녀들은 이를 축복한다. 위카 신자 커플이 함께하기로 선택한 경우, 개인적으로 성교 의식을 할 수도 있다. 보통 탄트라 성교가 선호되곤 한다. 일반적으로 오늘날의 위카 사회에서는 성교 의식이 거의 없거나 아예 없다. 마녀들은 섹스를 사랑하는 두 사람을 하나로 묶는 매우 특별한 행위로 여긴다. 그것은 마녀가 아무하고나, 또는 공공장소에서 할 수 있는 일이 아니다.

Q 주문에 피의 제물을 사용하나요?

A 현대의 위카 신앙은 작은 개미, 아름다운 나무, 야생의 동물뿐 아니라 인간까지 모든 생명을 다 소중히 여긴다. 고대에는 신들을 기리기 위한 방법으로 피의 제물이 사용되었지만, 위카 신앙이 수세기 동안 발전하면서 이러한 제사는 거의 사라졌다. 그래서 오늘날 위카 신자들이 이러한 주술에 참여하는 경우는 드물다.

Q 마녀는 사탄을 숭배하나요?

A 아니다. 마녀는 사탄을 믿지 않는다. 이는 기독교적 관념에서 온 것이며 다수의 위칸은 일반적으로 기독교를 믿지 않는다. 사탄 숭배와 위치크래프트는 완전히 다르다. 공통점은 일부 상징으로, 그중 하나가 펜터그램이다. 역사를 보면 기독교 초기에는 많은 페이간 상징을 받아들였다. 그러다 로마 황제 콘스탄티누스 대제가 페이간에 반대하는 법들을 시행했다. 사원은 불타고 기독교인들은 페이거니즘의 상징을 파괴했다. 기독교인들은 뿔이 달린 신으로 나타나는 페이간의 상징인 판(Pan)을 악마로 몰아붙였다. 그리고 페이간의 의식을 악마 숭배로 몰아갔다. 페이간은 끔찍한 최후를 맞이했고 많은 페이간이 목숨을 건지기 위해 기독교로 개종했다. 타락 천사인 루시퍼를 숭배하는 사탄 숭배자는 페이간의 상징인 거꾸로 된 펜터그램을 사용한다. 이는 악마를 상징하지만 위칸들에겐 여전히 뿔이 달린 신인 판을 의미하는 것이다.

Q 백마법과 흑마법, 선한 마녀와 악한 마녀 사이에는 어떤 차이가 있나요?

A 백마법은 최선의 의도와 긍정적인 에너지로 행해지며 더 큰 선을 위해 치유, 기도, 사랑 등을 통해 수행되는 의식과 주문을 포함한다. 반면, 흑마법은 해를 입히거나 어둠을 불러일으키기 위한 주문과 의식을 의미하며, 누군가에게 저주를 내리는 것 같은 어두운 의도를 가진 주술을 행한다. 오늘날 어둠의 주술을 하는 사람은 위카 신자로 간주되지 않는다. 일부 사람들은 아예 '백마녀'라는 개념조차 거부하고 '마녀'라는 용어만 사용해 흑마법이 존재할 가능성 자체를 부인하기도 한다. 이들의 주장은 진정한 마녀는 오직 긍정적인 마법만 사용한다는 것이다.

Q 누군가가 나에게 저주를 건 것 같아요. 저주에 걸렸는지 어떻게 알 수 있나요?

A 명심해라, 오직 저주를 믿을 때만 저주에 걸릴 수 있다! 지금 '누군가가 그대를 저주했다고 말한다면 이를 믿을 수밖에 없을 것이다. 특히 그대의 삶이 꼬이기 시작하면 말이다. 저주는 두려움에 뿌리를 두며, 사람에게 달라붙어 거대한 부정적인 에너지를 만들어낸다. 이는 결국 누군가가 당신에게 저주를 내린 것 같은 느낌을 주기 시작한다. 저주를 물리치기 위해서는 집의 모든 창문에 작은 거울을 바깥쪽으로 향하게 두고, 자신을 황금빛 구체 속에 둘러싸인 모습으로 상상하며 명상하라.

Q 위저드와 워록의 차이는 무엇인가요?

A 일반적으로 위저드와 워록Warlock은 모두 마법을 실천하는 남성을 가리키는 용어로 혼용될 수 있다. 그러나 일부 그룹에서는 이 단어들을 약간 다르게 사용한다. 마법사는 매우 지혜롭고 신중하게 마법을 사용하는 남성을 설명하는 데 사용되며, 워록은 어두운 에너지와 악의적인 의도를 가진 사람을 지칭하는 데 쓴다.

Q 기독교인이면서 위칸일 수 있나요?

A 대대수 기독교 지도자는 동의하지 않겠지만 당신이 두 가지 신앙을 어떻게 조화시킬지에 대한 개인적인 선택에 달려 있다. 『성경』은 유일신을 믿고 다른 신을 숭배하지 말라고 가르치지만, 위카는 다신교로 여러 신과 여신을 기린다. 이는 기독교의 신념 체계와 충돌한다. 그렇다고 해서 기독교 위카 신자가 존재하지 않는 것은 아니다. 이들은 두 가지 신앙 체계를 개인적으로 융합할 방법을 찾는다. 하지만 일반적으로 위카 신자들은 당신이 기독교인인지에 크게 신경 쓰지 않는다. 반면, 기독교 지도자들이 위카 수행을 탐탁지 않게 여길 것은 확실하다.

Q 모든 위칸이 마녀인가요?

A 이 차이를 기억하라. 위카는 영적인 추구이며 위치크래프트는 수행이다. 마녀들은 주문을 걸고, 물약을 만들고, 마법 활동에 참여한다. 모든 마녀가 위칸은 아니다. 이론적으로 그대는 어떤 종교에 속하거나 그렇지 않을 수 있고 여전히 위치크래프트를 수행할 수 있다. 마찬가지로 모든 위칸이 위치크래프트에 빠지는 것은 아니다. 많은 위카 신자들은 어떤 종류의 마법에도 관여하지 않고, 영성에 집중하며 신성한 존재를 숭배하는 것을 선택한다.

Q 자신이 마녀인지 어떻게 아나요?

A 신화와 달리, 마녀들은 사마귀투성이의 늙은 마녀가 아니고, 뾰족한 모자를 쓰고 빗자루를 타고 날아다니는 존재도 아니다. 누구보다 지구와 자연을 사랑하고, 신, 여신, 천사, 자연 등 신성한 근원을 믿는 사람들이다. 진정한 마녀는 대개 모든 마법적인 것들에 관심을 가지며, 대부분의 심오한 주제에 매력을 느낀다. 우리는 자신이 마녀라는 사실을 인식하지 못하는 수많은 사람이 세상에 존재한다고 믿는다. 종종 이런 사람들은 어릴 때부터 자신이 남들과 다르다는 것을 알게 된다. 또한 달에 매혹되고 마법에 깊은 신념을 지니며 허브와 식물을 사용하거나 재배하는 것에 흥미를 가질 수 있다. 자신의 내면을 탐구하고 마음의 소리에 귀를 기울여야 한다. 이 책의 내용 중 어느 것이든 당신의 영혼에 울림을 준다면, 아마도 당신은 타고난 마녀일 것이다.

Q 조상 중 한 명이 마녀였어요. 저도 마녀일까요?

A 개인적으로 위치크래프트에 끌린다면 그대는 세습 마녀일 가능성이 있다(25~28쪽 참조). 흔히 누군가가 유전적으로 위치크래프트에 재주가 있다면 어릴 때부터 위치크래프트에 관한 모든 것에 매료될 것이다.

Q 가끔 미래를 예지하곤 하는데 이런 능력이 저를 마녀로 만드나요?

A 예지력이 있는 사람(클레어보이언트)이라고 해서 모두 마녀는 아니다. 그러나 마녀들은 점술에 관심이 많고 (이를 꾸준히 탐구하므로) 예지력이 뛰어난 경우가 종종 있다.

Q 위카 입문식은 무엇인가요?

A 위카를 수행하면 가끔 위카 입문식을 하기로 선택하는데 이는 위카의 길을 따르고 헌신하겠다는 의식으로 기독교 신자들이 세례를 받는 것과 같다. 입문식을 통해 이들은 신과 여신을 따르고 영적인 길에 헌신하기로 맹세한다. 입문 의식은 일반적으로 집단(코번)의 대사제나 대여사제가 주관하며, 이들은 마법적 힘을 새로운 입문자에게 전달한다. 혼자서 실천하기를 원하는 사람들은 셀프 입문식Self-initiation을 할 수도 있다. 이 입문식은 보통 새 신앙으로 태어나는 영혼을 상징하기 위해 신월New Moon 기간에 수행된다. 셀프 입문식은 여러 방식이 있으며 그중 하나를 302~303쪽에 실어놓았다.

Q 위카 리드란 무엇인가요?

A 위카 리드rede는 위카의 신조, 즉 마법의 의도와 교리를 담고 있는 중요한 선언문으로 마법실천에 있어 도덕적인 지침 역할을 한다. 그 짧은 형태는 다음과 같다.

위카의 율법을 따르라.
완전한 사랑으로, 완전한 신뢰로,
여덟 마디의 위카의 신조를 지켜라.
그대가 원하는 바를 하되 누구도 해치지 말라.

그리고 항상 세 배의 법칙을 기억하라:
그대가 행한 것은 세 배로 돌아오리라.
이를 몸과 마음에 깊이 새겨라.
즐겁게 만나고, 즐겁게 헤어지리라.

더 긴 형식을 인터넷 검색으로 찾을 수 있지만 짧은 구절만으로도 충분히 생각의 깊이를 더해줄 것이다. 위카 리드에서 넘지 말아야 할 선으로 제시한 것은 '누군가에게 해를 끼치는 마법을 해서는 안 된다'이다. 많은 마녀가 주술을 하기 전에 위카 리드를 읽는다. 어떤 사람은 이를 벽에 붙여놓는다.

Q 위카를 따르면 악령을 끌어당기나요?

A 단연코 아니다. 특정 집단에서 위카를 악한 힘이나 사악한 존재와 연결되는 수단으로 여겼기에 악평을 받기도 했으나 진실은 위카가 자연과 우리 주위의 남성적/여성적인 다양한 신성을 숭배한다는 사실이다. 수행할 수 있는 많은 위카 의식이 있는데 무엇보다 중요한 것은 그대의 의도이다. 그대가 사악한 영을 불러들이기로 했다면 늦든 빠르든 이들과 만날 것이다. 하지만 그대의 의도가 신성한 신과 여신과의 연결에 있다면 긍정성과 평온을 경험할 것이다.

Q 마법진이란 무엇이며 왜 중요한가요?

A 마법 의식을 시작하기에 앞서 마녀는 마법진을 만든다. 이는 에너지로 원을 그려서 신성한 공간을 만들거나 혹은 부정적인 에너지와 근원으로부터 자신을 지키는 것이다. 마법진은 간단하게 시각적으로도 시전된다. 그저 그대가 원하는 공간을 눈으로 보기만 해도 되는 것이다. 아

악마의 눈

이는 의도치 않게 누군가에게 보내질 수 있는 일종의 저주다.
마음의 힘은 우리가 생각하는 것보다 훨씬 강력하다. 단지 누군
가를 나쁘게 생각하는 것만으로도 부정적인 에너지를 생성할
수 있으며, 이는 결국 상대방에게 불운으로 작용할 수 있다.

부정적인 에너지는 상대방에게 들러붙을 가능성이 크기에, 다
른 사람에게 증오의 에너지를 보내지 않도록 주의해야 한다. 만
약 받는 사람이 이 부정적인 파동을 떨쳐낸다면, 그 에너지는
다시 발신자인 자신에게 되돌아와 불운을 초래할 것이다.

이러한 이유로 마녀들은 '보낸 것은 반드시 되돌아온다'고 믿으
며 늘 긍정적인 생각을 가지려 노력한다. 분노와 증오가 느껴진
다면 그 자리에서 벗어나 마음을 다른 곳으로 돌리는 것이 중요
하다.

니면 분필이나 소금으로 원을 두르거나 혹은 네 가지 원소의 상징을 원의 네 방향에 둔다(북쪽은 땅, 남쪽은 불, 동쪽은 공기, 서쪽은 물). 또한 각 방위에 양초를 둘 수도 있다. 일부 관습에서는 마법진의 지름이 9피트(약 274센티미터)여야 한다고 하지만 다른 이들은 목적에 따라 마녀가 결정하면 된다고 믿는다. 다른 요소는 의도에 맞게 두면 된다. 사랑 주술을 한다면 장미 꽃잎, 번영은 동전과 원석을 사용할 수 있다. 코번에서는 함께 작업한 모든 구성원이 원 안에서 같은 의도에 집중해 마법진의 힘을 높인다.

Q 제단은 어떻게 꾸며야 하나요?

A 우선, 전통을 따른다면 제단이 향할 방향을 결정하는 것이 중요하다. 많은 사람이 동쪽을 선호하는데, 태양이 동쪽에서 떠오르기 때문일 것이다. 하지만 이는 전적으로 당신의 선택이며, 자신이 끌리는 방향을 따르면 된다. 테이블이나 작업대면 충분하며, 현대의 마녀들은 주방의 작업대를 제단으로 사용하기도 한다. 원한다면 제단을 천으로 장식할 수 있지만, 나무로 만들어졌다면, 천을 덮지 않고 나무 자체의 아름다움을 기리는 것도 좋은 방법이다. 제단에는 다음의 것을 놓을 수 있다.

- 선택한 신의 조각상
- 제단 뒤쪽에 놓는 거대한 제단용 양초들
- 토템 동물, 가령 큰토끼, 고양이, 부엉이 인형 혹은 조각상
- 물 원소를 나타내는 잔, 조개껍데기, 거울
- 대지를 상징하는 돌, 나뭇잎, 뼈, 펜터그램
- 천사를 상징하는 깃털
- 당면한 과제에 적합한 크리스털
- 수행할 주술과 관련된 꽃잎이나 꽃

Q 『그림자의 서』는 무엇인가요?

A 마녀들이 가지고 다니는 일종의 일기장이다. 여기에 의식, 주문, 허브, 크리스털, 양초, 지구의 원소 또는 수행력을 높일 그 무엇이든 기록해 둔다. 마녀들은 이 일기장에 강한 자부심을 가지고 다양한 주문, 시, 기도, 그밖의 글을 적거나 그림을 그린다. 일부 사람들은 매년 새 일기장에 기록하는 것을 좋아하며, 그해의 음력을 기록하는 것으로 시작한다. 여기에는 꿈과 시도해본 주문들을 기록해도 좋다. 또한, 위카 리드도 적어두면 의식에 도움을 줄 수 있다. 전통적으로 『그림자의 서』는 마녀가 죽을 때 파기한다. 하지만 오늘날에는 가족 구성원에게 물려주거나 비슷한 마음을 지녔던 마녀에게 전한다.

Q 마녀들은 정말 빗자루를 타고 날아다니나요?

A 전설에 따르면, 마녀들은 흰독말풀, 가지속 식물, 만드레이크 뿌리와 같은 환각성 허브로 '비행용 연고'를 만들었다고 한다. 이 연고를 빗자루의 자루를 이용해 생식기에 바르면 마치 하늘을 나는 것 같은 느낌을 준다고 여겼다. 하지만 이런 연고는 매우 독성이 강해서 죽을 수도 있다. 위카에서 빗자루를 일컫는 용어는 베솜Besom이며 오늘날 많은 마녀가 집을 정화하는 의식을 위해 난로 옆에 베솜을 세워두곤 한다. 부정적인 에너지를 제거하기 위해 때때로 베솜으로 바닥의 먼지를 문 쪽으로 쓸어

낸다. 베솜의 자루는 남성의 성기를, 솔 부분은 여성의 성기를 상징하며, 이는 남성과 여성, 즉 양성성을 모두 포함한다고 여겨진다.

Q 명상을 올바르게 하고 있는지 어떻게 아나요?

A 심신의 긴장을 완전히 풀고 명상하면 몸이 깃 털처럼 가볍고 둥둥 떠 있는 느낌이 들 것이다. 이 상태를 유지하면서 잠에 빠지지 않으면 큰 이점 을 얻을 수 있다. 흔히 10분의 올바른 명상이 4시 간의 수면과 맞먹는 효과를 낸다고도 한다. 때로 는 눈을 감고 있을 때 시야에 환영이 나타나거나, 영혼이 앞뒤로 흔들리는 듯한 느낌을 경험할 수 도 있다.

Q 모든 의식에 양초가 필요한가요?

A 아니다. 모든 의식에 양초가 필요하지는 않다. 숙련된 위칸들은 심지어 주문을 읊는 동안 양초 가 타는 것을 심상화하기도 한다. 양초를 사용할 때는 주문의 효력을 높일 수 있는 색상을 선택하 는 것이 중요하다. 어떤 색상이 적절한지에 대한 확신이 없다면 하얀색 초를 사용하는 것이 좋다. 하얀색은 모든 주술에 사용할 수 있는 색상이기 때문이다.

Q 마법력을 증가시키는 방법이 있나요?

A 마법을 처음 접하면, 그저 형식적인 의식을 통 해 막연히 무언가에 연결되기를 기다리는 듯한 기분이 들 수 있다. 이는 반은 맞는 이야기이다. 결국 중요한 것은 신성한 힘에 연결되는 것이며 이를 강화할 방법도 존재한다. 특히 명상은 매우 유용한 방법인데 자연으로 나가 조용히 앉아 있 는 것만으로도 효과가 있다. 위카 신앙을 가진 이 들은 대지와 특별한 관계를 가지고 있어, 자연 속 에 있는 것만으로도 에너지를 끌어올 수 있다. 또 한 더 많이 연습할수록 내면의 마법을 확장시킬 수 있다. 이는 마치 체육관에 가서 근육을 단련하 는 것과 비슷하며, 꾸준히 계속할수록 더 능숙해 진다. 관련 문헌을 많이 읽는 것도 능력을 향상시 킨다.

Q 의식에 필요한 도구는 어디서 구매할 수 있나요?

A 대다수는 뉴에이지 상점이나 온라인에서 구 할 수 있다. 인터넷은 위치크래프트 연습을 아주 쉽게 만들었다. 투구꽃Wolfsbane이나 뉴트의 눈 Eyes Of Newt도 찾아 헤맬 필요 없이 클릭 몇 번으 로 배송받을 수 있다. 또한, 온라인 상섬들은 고 대 재료들을 대체할 수 있는 것들을 알려주기도 한다. 21세기 마녀로서 가장 멋진 점 중 하나는 전 세계에서 도구와 허브를 손쉽게 구할 수 있다 는 것이다. 한때는 구하기 거의 불가능했던 것들 을 이제 온라인을 통해 구할 수 있다.

Q 금전운을 위한 주술을 하는 건 잘못인가요?

A 오늘날 마녀는 돈이 지구에서 살아가기 위해 필요한 하나의 에너지라고 생각하며, 돈이 필요 할 때 만능 항아리에 담긴 돈을 조금씩 꺼내 쓸 수 있다고 믿는다. 하지만 금전운을 위한 주술을 해도 큰 금액을 얻을 가능성은 희박하며, 대부분 필요한 만큼만 받는다. 복권에 당첨되거나 거액 을 얻으려는 주술을 했다면 그 결과에 실망하게 될 것이다. 정말 필요한 만큼만 바라야 하며, 딱 그만큼만 얻을 수 있다.

Q 사랑을 위한 주술은 안전한가요?

A 그렇다. 다만 상식을 가지고 행동할 때만이다. 오늘날 많은 위칸 공동체에서는 다른 사람의 자유 의지에 개입하는 것을 비윤리적이라고 본다. 하지만 몇몇 고대 마법에서는 사랑을 위해 주술을 거는 게 꽤 자연스러운 일이었다. 이러한 주술이 장기적으로 어떤 영향을 끼칠지 생각해보라. 사랑을 끌어당기는 주술이 특정 사람이 사랑에 빠지도록 주술을 거는 것보다 더 안전하고 낫다. 다른 방법은 자신이 타인에게 더 매력적으로 보이게 하는 주술 혹은 더 자신감 있게 만드는 주술을 하는 것이다. 관계에 생긴 균열을 치유하는 마법도 상당히 안전하다. 연애에서 결혼으로 넘어갈 때는 더 행복한 결혼을 위한 주술을 해라.

Q 핸드패스팅이 무엇인가요?

A 서유럽에서 시작된 위카의 약혼 의식이다. 대부분의 커플은 이 의식을 초승달 기간에 하기를 좋아한다. 이 의식은 원래 1년과 하루 동안 커플이 서로에게 헌신하는 임시 결혼식이나 약혼식이었다. 이 기간이 지나고 정확히 1년과 하루 후에 커플은 다시 서약을 갱신하고 영구적인 결혼을 맹세했다. 보통 고위 사제가 집전하며, 커플은 화려한 리본으로 손을 묶어 결합을 상징한다(301쪽 참조). 오늘날에는 신랑과 신부가 손님들을 초대하고, 손님들은 선물 대신 맛있는 음식과 좋은 와인을 가져와 참석자들과 함께 나눈다. 날씨가 좋다면 야외에서 의식을 진행할 수 있으며, 비가 많이 오는 지역에서는 실내에서 행사를 치르는 것이 더 적절하다.

Q 위카닝이란 무엇인가요? 애기 이름 지어주는 날인가요?

A 위카닝 또는 네이밍Naming은 위카식 유아 세례로 즐거운 의식이다. 아기는 위카 신앙에서 환영받으며 아이를 보호하고 안전하게 하기 위한 의식을 하는 것이다. 축하 행사는 핸드패스팅과 유사하며, 손님들이 음식과 음료를 가져와 나눈다. 손님은 보통 아기의 건강, 번영, 행복을 기원하는 의미를 담아 만든 선물을 증정한다. 의식은 종종 야외에서 진행되며, 손님들은 부모와 아이를 둘러싸고 원을 형성한다. 날씨가 좋지 않을 경우에는 집 안에서 더 비공식적으로 행사가 이루어질 수 있다. 이때 아이가 신앙 속에서 평생 동안 도움과 지도를 받을 수 있도록 대부와 대모가 지정된다. 이들은 고위 사제가 의식을 집전할 때 원 안에 초대된다. 그 후 아이에게 이름이 주어지고 축하 행사가 이어진다.

Q 마법이 효력을 발휘하려면 믿어야 하나요?

A 주술이 성공하려면 긍정적인 의도를 투영하는 것이 중요하다. 주문이 효과를 발휘할 것이라고 믿을수록 그 효과는 더 커질 가능성이 높다. 자신의 능력을 의심한다면, 그 주문은 효과를 발휘하지 않을 가능성이 크다.

Q 위자보드 사용은 안전한가요?

A 위자보드Ouija Board를 할 때는 조심해야 한다. 경험이 많은 일부 마녀들은 이를 예언 도구로 보기도 하지만, 무심코 악령을 지상으로 불러들이는 도구가 될 수도 있기 때문이다.

Q 온라인에서 돈을 내고 주술 서비스를 받는 것은 괜찮나요? 누군가에게 주술을 부탁하는 것은 어떤가요?

A 자신의 필요에 따라 직접 주술을 하는 것이 모르는 사람이 하는 것보다 훨씬 더 효과적일 가능성이 크다. 안타깝게도, 마법을 처음 접하는 사람들을 이용하려는 사기꾼들이 많기 때문에 주술 등 마법 행위에 돈을 지불하는 것은 권장하지 않는다. 그러나 마법에 재능이 있는 사람을 안다면, 주술을 부탁하고 의식에 사용할 양초나 오일, 기타 재료의 비용을 기부하는 것도 좋은 방법일 수 있다.

Q 아이들이 주술을 해도 되나요? 위험하지 않나요?

A 위카에 헌신하는 삶을 사는 사람이라면 자연스럽게 자녀에게도 이 신앙과 마법을 가르치려는 마음이 생긴다. 어린아이들에게 위카와 위카의 의식을 알려주는 것은 괜찮다. 다만 불을 다루는 것은 위험하므로 촛불을 사용하지 않는 마법만 알려준다. 아이가 신, 영적 지도자, 천사를 일찍 인식할수록 성인이 되었을 때 이들과 더 깊이 연결될 가능성이 커진다.

Q 위카에 관심이 있고 마음이 맞는 사람을 어떻게 찾나요?

A 여전히 주위에서 코번을 찾기가 어렵다. 이제 마녀들은 온라인 위카 공동체에 합류한다. 이는 많은 문화를 접하고, 주문과 의식도 서로 공유할 수 있어 지식을 넓히는 훌륭한 기회가 된다. 당신도 공동체에 자신의 주술과 의식을 나누어줄 수 있다.

Q 가족에게 마녀라는 사실을 어떻게 말해야 할까요?

A 많이 받는 질문이다. 여전히 색안경을 끼고 마녀를 보는 이들이 존재하지만, 이러한 편견은 무지에서 비롯된다. 누군가의 편견을 부드럽게 깨기 위한 가장 좋은 방법은 내가 어떤 책을 읽고 있는지 말한 뒤, 다 읽고 나서 가족에게 읽어보라며 건네주는 것일 수 있다.

현대 핸드패스팅에서 각 사람의 역할과 준비물

◆**고위 사제** 오랫동안 위카를 믿고 수행해온 사람으로 핸드패스팅 의식을 주도하며 커플을 결합시킨다.

◆**보좌관**Right-Hand Man 옛날부터 신랑의 가장 중요한 조력자를 일컫는 표현이다. 주로 신랑의 형제나 가까운 친구가 맡는데, 의식이 시작되기 전에 종을 울려 참석한 사람들을 불러모으고 하루 동안 신랑에게 필요한 모든 것을 챙긴다.

◆**의식 관리자**Handmaiden 오늘날 '브라이드메이드'라고도 불리는 역할이다. 이 여성들은 의식 내내 고위 사제에게 필요한 물건들을 가져오고 전달하는 일을 수행한다.

◆**제단 관리자**Altar Maiden 핸드패스팅 전에 제단을 준비하고, 의식이 진행되는 동안에는 제단을 관리한다.

◆**소금** 의식 관리자가 고위 사제에게 전달하고 고위 사제는 커플의 발 주위에 소금을 뿌리며 정화한다.

◆**의식 음식** 많은 축복이 음식을 나누면서 이루어진다. 의식 음식은 풍요의 상징으로, 커플이 항상 충분한 음식을 얻을 수 있음을 보장한다. 커플은 장식된 성배로 와인을 나눠 마시고, 하나의 빵을 쪼개어 나눠 먹는다. 이후 의식 관리자가 손님들에게도 빵과 와인을 대접하고 다 같이 음식을 즐긴다.

◆**허니 블레싱**Honey Blessing 커플이 서약하기 전에 허니 블레싱(꿀 축복)이 이루어진다. 서약은 보통 각자 작성하며, 고위 사제가 꿀을 묻힌 숟가락을 그들의 입에 댄 뒤 서약을 소리 내어 읽는다.

◆**깃털, 오일, 리본** 제단 관리자가 고위 사제에게 깃털을 전달하면 사제는 깃털을 오일에 담갔다 꺼낸 다음 커플의 손목에 오일을 바른다. 이후 제단 관리자가 리본을 사제에게 건네면, 사제는 그 리본으로 커플의 손을 묶는다. 커플은 묶인 손을 손님들에게 보여준다.

◆**결혼반지** 전통적인 기독교 예식처럼 커플은 반지를 교환해 왼손 약지에 낀다. 고대 로마인들이 이 손가락의 혈관이 심장에 직접 연결되어 있다고 믿었기 때문이다.

◆**빗자루** 축복이 끝나면 장식된 빗자루를 땅에 놓고 커플이 손을 잡고 함께 이를 뛰어넘는다. 18~19세기, 결혼식을 치를 여유가 없는 사람들이 빗자루를 넘는 것으로 결혼식을 대체한 관습에서 비롯했다. 빗자루를 넘는 행위는 두 사람이 함께 새로운 삶을 시작한다는 의미도 담고 있다.

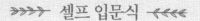

셀프 입문식

준비물

- 흰색의 긴 양초
- 소금(26온스, 약 737그램)
- 펜터그램 장신구

의식

셀프 입문식을 하기 전에 위카 이름을 선택해야 한다. 운 좋게 코번에 합류했다면 코번 구성원에게 이름을 골라달라고 하는 것도 좋다. 만약 그런 그룹에 속해 있지 않다면, 자신과 연결되는 이름을 명상하며, 당신의 영적 안내자에게 신호를 달라고 요청하라. 당신이 올바른 이름을 선택했을 때 그 이름에 깊은 애정을 갖고 연결된 느낌을 받을 것이다.

따뜻한 물로 목욕을 하고 약간 느슨한 옷을 입는다. 가능한 한 세속적인 제약에서 자유로워지도록 하고, 집이 조용한지 확인하라. 흰색 양초에 불을 밝히고 소금으로 만든 원 안에 서서 다음의 말을 읊어라.

" 위카 이름 은(는) 우주의 신비를 깨닫고자 하며,
신과 천사께 경배를 맹세하나이다.
마법의 지식과 지혜를 얻기 위해 정진할 것이며,
'누구도 해하지 딸라'는 위카 리드를 따르리라.

위카의 교리와 원칙을 수호할 것을 서약하며,
오늘 나는 신과 천사의 자녀로 새롭게 태어나
항상 그들과 함께하리라.

오, 신성한 존재여, 나를 인도하소서.
당신께 더 가까이 다가갈 수 있는 지혜를 주소서.
신성한 근원의 지혜를 깨닫게 하소서.

나의 눈을 축복하시어 새로운 길을 명확히 보게 하소서.
나의 입술을 축복하시어 존경과 경외의 말을 하게 하소서.
나의 마음을 축복하시어 사랑을 나누게 하소서.
나의 손을 축복하시어 다른 이들을 치유하고 돕게 하소서.
나의 발을 축복하시어 신과 천사와 함께 여정을 걷게 하소서.

나는 마법에 헌신할 것을 서약하나이다.
그렇게 될지어다"

서약 후 펜타그램 장신구를 착용하여 입문의 상징으로 삼아라. 양초
는 몇 시간 동안 태우다가 꺼도 되며 나중에 의식에 다시 사용하거나 기
념으로 보관해도 좋다.

Witchcraft Tomorrow
희망, 비젼, 꿈

나는 지난 28년 동안 위치크래프트에 대한 잘못된 인식을 없애고, 이 온화한 신앙에 대한 진실을 세상에 알리기 위해 노력해왔다. 더 이상 마법이 부정적인 것으로 간주되지 않는 세상이 오도록 만드는 것이 나의 궁극적인 바람이다. 더 많은 마녀가 자신의 코번을 만들고, 같은 생각을 가진 사람들에게 위치크래프트의 경이로움을 가르치고 안내하는 것을 보고 싶다. 나의 꿈은 전 세계 사람이 위카를 쉽게 접할 수 있고, 이 신앙이 현대 세계에서 자신의 자리를 깃는 것이다.

나는 마법이 젊은 세대를 통해 확산될 것이라고 믿는다. 매년 수백 통의 메일을 십대 및 젊은 세대에게 받는데, 이들은 오롯이 위카를 알고 싶어 한다. 많은 이들이 마법에 담긴 진리를 알고 싶어 하고, 더 배우고 싶어 한다. 이러한 사람들을 만날 때마다 나는 기쁘고 행복하다.

반드시 위칸이 될 필요는 없다. 집에 몇 개의 크리스털을 놓고, 명상 음악을 자주 들으며, 아름다운 물건들로 자신을 둘러싸라. 이 놀라운 여정을 시작하고 내면의 숨겨진 마녀를 발견하기 위해서는 항상 선을 행하려 노력해야 한다.

이 세상에는 너무나도 많은 증오와 불행이 존재한다. 당신이 단 한 사람에게라도 긍정적인 영향을 줄 수 있다면, 자신의 역할을 다한 것이다. 그것은 진정으로 영혼을 치유하는 일이다. 나의 영적 안내자 피터는 항상 더 나은 사람이 되기 위해 노력해야 한다고 말한다. 그것이 우리의 주요 목적이기 때문이다. 다른 이들에게 친절을 베풀고, 특히 아직 당신의 수준에 도달하지 못한 사람들에게 인내심을 가져라. 기억하라, 모든 사람은 각자의 길을 따라 자신의 속도로 나아가고 있다는 것을.

　- 리애나 그리너웨이

　　오늘날의 학생들이 내일의 스승이 되기를 간절히 기도한다. 우리는 사랑과 마법으로 둘러싸인 기회가 가득한 세상에 살고 있다. 그러나 만약 우리가 우리의 뿌리와 전통을 잊는다면 순수한 미덕들은 위험에 처할 것이다. 분명한 것은 마녀로서의 책임을 다해야 한다는 것이다. 우리는 함께할 때 더욱 강력하다. 우리의 행성을 지키고 보호하기 위해 노력해야 한다.

　　진정한 영웅들은 목소리를 내는 사람들이다. 인생에서 운이 좋지 않은 사람들에게 친절과 이해를 보여주고, 우리의 존재를 위협하는 사회적, 종교적 불의에 맞서 싸워야 한다. 무엇보다도 우리는 앞서 걸은 이들에게 감사해야 하며 그들의 가르침이 우리를 미래로 이끌어준다는 것을 잊지 말아야 한다. 마법의 안녕은 우리의 집단 지성과 지혜의 성장에서 비롯되며, 이는 다른 이들에게 전해질 것이다. 우리의 역사는 이미 마법이 승리할 것임을 보여주었다. 내가 당신과 전 세계의 모든 형제자매에게 바라는 것은, 당신이 혼자가 아니라는 사실을 아는 것이다. 우리는 하나이다!

　- 숀 로빈스

주술과 의식 차례

주술과 의식 차례

번역자 노트

『위치스 웨이』는 마법을 처음 접하는 분들에게 마법의 세계로 들어가도록 돕는 훌륭한 길잡이가 될 것입니다. 다만, 책에 소개된 주술 재료들 중 일부는 한국에서 구하기 어려운 것들이어서 당황할 수도 있습니다.

그러나 걱정하지 마세요. 꼭 정해진 것만 주술에 사용할 수 있는 것은 아니니까요. '상응성의 원리'를 이해한다면, 쉽게 구할 수 있는 재료로도 주술의 의도를 충분히 실현할 수 있습니다.

예를 들어, 파스타 요리에서 바질 페스토가 없는 경우 시금치나 케일 같은 잎채소를 활용해 대체 소스를 만들 수 있듯이, 『위치스 웨이』에 나오는 주술 재료 역시 비슷한 속성과 에너지를 지닌 다른 재료로 바꿀 수 있습니다.

상응성의 원리란, 재료가 가진 속성과 에너지를 이해하고, 이를 기반으로 비슷한 효과를 내는 대체재를 사용하는 것입니다. 예를 들어 붉은색 루비는 생명력, 활력, 투지, 결단력과 같은 속성을 지닙니다. 주술에 쓸 루비가 당장 없다면 같은 에너지를 가진 붉은빛을 띄는 원석으로 대체하면 됩니다. 대부분의 붉은색 원석은 루비와 같은 속성을 가지고 있기 때문입니다.

이 책에는 마법에 사용되는 다양한 재료들의 속성과 에너지가 상세히 설명되어 있습니다. 이를 참고해 여러분만의 창의적인 주술을 만들어 보세요. 그것이 모이면 여러분만의 주술책이 완성될 것입니다.

다음은 대체나 교차 사용이 가능한 식물 재료의 목록입니다.

식물류 대체 가능 재료들

나라마다 자라는 식물, 나무나 꽃, 허브에는 차이가 있습니다. 의식 준비 시, 우리나라에서 구하기 어려운 식물이 있다면 필요한 특성을 살펴보고 구하기 쉬운 재료로 대체하면 됩니다. 생화나 생나무를 구하기 힘들다면 말린 재료나 에센셜 오일을 사용하는 것도 좋은 방법입니다. 중요한 점은 여러분의 의도를 강화할 수 있는 특성을 가진 재료를 선택하는 것입니다.

다음은 대체 재료의 예입니다. 책에 있는 자료와 인터넷 정보를 활용하여 의도를 실현하는 데 도움이 되는 적절한 재료를 선택해보세요.

재료	속성	대체재
딱총나무 열매	사랑, 치유, 조화	장미꽃잎(사랑), 매리골드(치유)
레몬나무	건강, 순결, 악령으로부터 보호	월계수(악령으로부터 보호)
발삼나무	열정적인 사랑, 인내, 회복	붉은 장미(열정적인 사랑), 오크나무, 버드나무(인내와 회복)
블랙코호시	감정 안정, 내면의 평화	캐모마일(심리적 안정), 라벤더(내면의 평화)
세이지	공간 정화, 부정적 에너지 제거	프랑킨센스(공간 정화), 머스크(부정적 에너지 제거)
스노드롭	희망, 감정 안정, 순수함	흰색 튤립(감정 안정), 백합(순수함)

재료	속성	대체재
아몬드나무	지혜, 사업 성공, 예지력	호두나무(지혜, 사업 성공), 갈대(예지력)
안젤리카	에너지 증강, 보호, 정화, 치유	생강(에너지 증강), 세이지(정화), 로즈메리(보호), 라벤더(치유)
앵초	영원한 흠모, 사랑	분홍색 카네이션(사랑), 분홍색 장미(흠모)
아지랑이꽃	결백, 보호, 용기	붉은 장미(보호), 붉은색 꽃(용기)
에키네이서	면역력 증진, 염증 완화	금잔화(염증 완화), 매리골드(면역력 증진)
일랑일랑	휴식, 스트레스 완화, 관능적 에너지	장미(관능적 에너지), 백합(휴식, 스트레스 완화)
패션플라워	불안감 및 신체 통증 완화	로즈메리(불안감 완화), 히숍(신체 통증 완화)
혈근초	정화, 보호와 저주 차단, 치유	마늘(보호, 저주 차단), 세이지(정화), 캐모마일(심리적 안정과 치유)
헤더	매력, 평화 기원	마조람(평화 기원), 장미(매력)

※ 매리골드(천수국), 금송화, 만수국은 품종이 다르지만 같은 마법
   적 속성을 공유하므로 의식의 목적에 따라 대체재로 사용할 수
   있다. 금잔화와 금송화 또한 일부 속성이 겹치기 때문에 대체재
   로 사용 가능하며, 금잔화는 보호와 태양 에너지 관련 의식에,
   금송화는 치유와 정화 의식에 주로 활용한다.

7행성의 에너지와 이를 담은 원석들

고대 점성학에서 달, 수성, 금성, 태양, 화성, 목성, 토성은 인간과 자연에 큰 영향을 미치는 주요 천체로 여겨졌습니다. 이 천체들은 각각 고유한 에너지를 가지고 있으며, 이를 상징하는 원석을 통해 그 에너지를 강화할 수 있습니다.

7행성의 에너지와 그에 상응하는 원석은 의도를 실현하거나 감정적 안정과 영적 성장에 도움을 줄 수 있습니다. 예를 들어, 화성의 에너지를 담은 가넷은 용기와 결단력이 필요한 상황에 도움을 줍니다. 중요한 발표를 앞두고 가넷을 손에 쥔 채 깊게 호흡하며 성공을 시각화하거나, 목걸이나 반지로 착용하면 화성의 에너지를 더욱 느낄 수 있습니다.

또한, 루비는 자신감과 성공을 상징하는 태양의 속성을, 가넷은 용기와 활력을 촉진하는 화성의 속성을 갖습니다. 행성과 원석의 에너지를 일상 속에서나 명상 중에 활용해 보세요.

달 감정 치유, 모성애, 정화, 여행 및 바다 여행 시 안전, 사이킥 능력

- 투명 수정: 투명하고 순수한 에너지 전달, 달빛의 정화 에너지 강화
- 셀레나이트: 은은한 흰색 또는 반투명. 감정 정화와 직관력 향상
- 문스톤: 유백색이나 무지갯빛. 달의 주기를 반영하며 특히 여성성과 연관 있는 직관력과 내면의 지혜를 강화한다.

수성 학업, 좋은 스승, 달인의 길, 손재주·계산 능력·웅변력 향상

- 마노: 회색이나 흰색 계열. 지혜와 집중력 향상
- 토파즈: 황색이나 황금빛. 의사소통과 명확한 사고 촉진
- 플루오라이트(형석): 녹색이나 보라색. 정신적 명료함 강화

금성 연애운, 매력, 로맨스, 예술, 심미적 성공

- 장미석: 연분홍빛. 사랑과 조화 증진
- 페리도트: 밝은 연녹색. 조화와 번영 촉진
- 라피스 라줄리(청금석): 짙은 파란색. 내면의 진실과 아름다움 반영, 심미적 에너지 강화
- 산호: 붉은색과 흰색. 감정적 안정과 매력 강화

태양 명예, 건강, 자신감, 인기, 승진, 성공(특히 정치인 및 연예인으로 성공)

- 루비: 강렬한 붉은색. 자신감과 활력 증진
- 가넷: 짙은 붉은색. 열정과 성공 촉진
- 토파즈: 황색. 태양의 따뜻함으로 번영 촉진
- 금: 태양의 권위와 번영 상징. 긍정적 에너지 강화

화성 용기, 활력, 결단력, 소송 및 대결 승리, 포츠 관련 업계 성공, 보호 에너지 증진

- 혈석: 짙은 녹색에 붉은 점이 있는 원석. 용기와 보호 에너지 강화
- 레드 재스퍼: 붉은색. 강렬한 에너지와 활력 제공
- 가넷: 붉은색. 생명력과 결단력 강화

목성 자비, 평화, 풍요, 금전운, 종교적 깨달음, 종교적 승격, 천사 소환

- 자수정: 보라색. 영적 깨달음과 평화 증진
- 사파이어: 짙은 파란색. 지혜와 번영 촉진
- 에메랄드: 녹색. 풍요와 균형 강화

토성 오컬트 지식, 근면함, 농업 성공, 신중함, 지혜, 방종에서 벗어남

- 흑요석: 검은색. 정화와 강력한 보호 에너지 제공
- 흑진기석: 짙은 검정색. 부정적 에너시 차단
- 자철석: 은은한 검정빛. 보호와 정화